KB202661

살아계신 하나님을 증명하며 살기 원하는 분의 책

살아계신 하나님을 증명하라

강요셉 지음

전도는 세상에 살아계신 하나님을 증명하는 것이다.

성령

살아계신 하나님을
증명하라

성령

들어가는 말

하나님은 영이십니다. 영이신 하나님은 살아계십니다. 예수를 믿고 성령으로 거듭난 크리스천들이 하나님이 영이시라 보이지 않으니 관념적인 하나님으로 알고 있는 경우가 많습니다. 그러나 하나님은 살아계십니다. 지금도 초자연적으로 천지 만물을 다스리고 계십니다. 살아계신 하나님은 예수를 모르는 사람들에게 살아계심을 증명하시기를 좋아하십니다. 크리스천들이 이방인들에게 하나님의 살아계심을 증명하는 삶을 살기를 원하십니다. 성경에 보면 많은 믿음의 선진들이 하나님의 살아계심을 이방 나라와 이방인들에게 증명했습니다. 사도행전에도 성령께서 예수님의 제자들을 통하여 살아계신 하나님을 증명하면서 무형 유형교회들이 세워졌습니다.

살아계신 하나님의 증명은 성령과 믿음으로 되는 것입니다. 예수를 믿는 우리는 그저 성령님의 감동을 받고 순종하면 되는 것입니다. 성령께서 감동하시는 대로 순종하면 성령께서 살아계심을 증명하십니다. 이 책에는 성경에 수록된 살아계신 하나님을 증명한 사건이 들이 설명되어 있습니다.

읽으면 읽을수록 신나는 기적 같은 일들을 경험하게 될 것입니다. 정말 하나님께서 살아계시는 구나하고 감탄하게 될 것입니다. 필자도 글을 쓰면서 하나님의 살아계심에 은혜 충만, 성령 충만을 몸으로 마음으로 느끼면서 글을 썼습니다. 낮에는 집회하고, 밤에 글을 쓰는데 피곤한 줄도 모르고, 시간 가는 줄도 모르고 글을 썼습니다.

그런데 하나님은 성경에 기록된 사건들뿐만 아니라, 지금도 믿음의 사람들을 통하여 살아계심을 증명하고 계십니다. 성경에 "예수 그리스도는 어제나 오늘이나 영원토록 동일하시니라(히 13:8)" 하셨습니다. 지금도 살아서 역사하시며 세상에 살아계심을 증명하고 계십니다.

이 책을 통하여 살아계신 하나님을 날마다 체험하고, 날마다 살아계신 하나님을 증명하는 크리스천들이 많아지기를 바랍니다. 관념적인 신앙에서 체험적이고 실제적인 살아 있는 신앙인들이 되기를 소원합니다. 그리하여 자신 안에 계신 하나님을 기쁘시게 하는 모두가 되시기를 소원합니다.

주후 2016년 7월 2일
충만한 교회 성전에서
저자 강요셉목사.

세부적인목차

1부 살아계신 하나님의 증명의 필요성

1장 하나님께서 살아계신 것 모르는 성도 있나.

(요 11:27)"이르되 주여! 그러하외다 주는 그리스도시오, 세상에 오시는 하나님의 아들이신 줄 내가 믿나이다."

하나님은 영이십니다. 하나님은 영이시지만 살아계십니다. 영이시기 때문에 일반적인 눈으로는 보이지 않습니다. 그래서 관념적인 하나님으로 알고 믿음 생활하는 크리스천들이 적지 않습니다. 관념적인 하나님은 성경지식으로 하나님을 안다고 하는 것입니다. 성경지식은 눈이 아닙니다. 관념입니다. 바른 지식은 보는 것에 도움이 되지만, 잘못된 지식은 보는 것을 방해 합니다. 하나님은 살아계십니다. 실제적인 하나님이십니다. 반드시 성령으로 충만한 가운데 영 안에서 믿음으로 알 수가 있는 분입니다. 필자가 몇 개월 전 새벽에 기도하는데 하나님께서 이렇게 말씀하셨습니다. "내(하나님)가 살아있다는 것을 증명하는 목사가 되라." 즉 살아계신 하나님을 증명시키라는 하명입니다.

이렇게 말하면 어떤 분들은 이렇게 말할 것입니다. 하나님께서 살아계신다는 것을 모르는 성도가 있나! 필자에게 하나님께서 강조하시는 것은 하나님께서 살아계신다는 것은 알고 있지만, 관념적으로 알고 있는 성도들이 많다는 것입니다. 실제적인 체험적인 살아있는 하나님으로 알도록 하라는 것입니다. "하나님께서 살아계신다. 살아서 천지만물을 통치하고 계신다." 이 말은 정말이지 온 세상 인류를 향하여 가장 크게 외치고, 또 외치면서 전해야 할 진리가 아니겠습니까? 필자가 매주 성령치유 집회를 하면서 주일 예배를 드리면서 "하나님은 살아계십니다"라고 참석을 하고 있는 모든 영혼들에게 큰소리로 외치고 또 외치는데 눈물이 핑 돌고 가슴이 뜨거워집니다.

세상 사람들 중에는 지식을 가지고 사는 사람도 있고, 체험으로 사는 사람이 있고, 이성으로 사는 사람이 있고, 과학을 통해서 사는 사람이 있고, 이런 저런 의지하는 것 없이 그저 되는대로 사는 사람도 있습니다.

우리 기독교인들도 말씀을 지식적으로 알고 믿은 관념적인 믿음으로 생활하는 성도가 있고, 성령의 인도를 받으며 말씀을 삶에 적용하여 체험한 실제적인 믿음으로 생활하는 목회자와 성도가 있습니다. 우리 기독교인은 반드시 체험적인 실제적인 믿음으로 살아야 합니다. 하나님께서 말씀을 주셨으므로 성령으로 난 믿음으로 살면 오늘날도 하나님께서는 초자연적인 기적을 나타내 주십니다. 분명하게 하나님은 살아서 동행하고 있다는 것을 눈으로 보고 인정하고 감탄하게 하십니다. 오늘날도 홍해가 갈라지고, 메추라기가 날아오고, 쓴물이 정화되어 식수가 되며, 바위에서 물이 솟아오르는 기적이 일어납니다.

오늘날도 귀신이 쫓겨 나가고 병자가 낫고 죽은 자가 살아나는 기적이 일어나는 것입니다.

우리 크리스천은 체험적인 실제적인 믿음이 되어 하나님이 살아계심을 증명해야 합니다. 하나님은 이렇게 말씀하십니다. "예수 그리스도는 어제나 오늘이나 영원토록 동일하시니라"(히 13:8). 이렇게 믿고 체험하라는 것입니다. 이것인가 저것인가 불분명한 관념적인 신앙이 아이라, 하나님은 살아계신다고 증명시키는 믿음을 요구하십니다. 이는 하나님께서 동행하고 계신다는 것을 체험했을 때 담대하게 증명시킬 수가 있습니다. 그래서 기독교는 체험의 종교인 것입니다. 하나님께서 살아계시기 때문입니다.

많은 크리스천들이 성경의 약속은 '약속'대로 믿는다고 자기 스스로 그렇게 생각합니다. 자기 나름의 믿음이지요. 많이 알고 열심히 하니까, 자기가 제일 하나님을 잘 아는 것으로 믿습니다. 그런데 실제 삶의 현장에서 고난이나 위기가 부딪히면, '하나님의 보호'(성취)를 믿지 않습니다. 그래서 몹시 불안해합니다. '하나님의 인도'를 믿지 않습니다. 그래서 당황해 합니다. '하나님의 주권'을 믿지 않습니다. 그래서 하나님을 의심합니다. 그리고 해결하는 방법을… 인간적으로 모색합니다. 사람을 찾고 사람을 의지합니다.

우리 목회자들이나 성도들의 가장 큰 문제는 능력이 있다는 사람을 의지하는 것입니다. 영육의 문제해결도 능력 있는 사람을 통하여 해결하려고 메 달립니다. 교회에 와서도 자신 안에 주인으로 계시는 하나님께는 관심도 없고 유명한 목사님만 바라봅니다. 자신 안에 있는 성전에 주인으로 계시는 하나님은 뒷전입니다. 자칭 성도라는 사람이 주인으로 살아계신 하나님을 소외시킵니다. 은혜도 사람을 통하여 받으려고 쫓아다닙니다. 능력도 능력 있고 명성이 있는 사람을 통하여 받으려고 물불을 가리지 않고 따라다닙니다. 어떤 목회자는 성령의 불을 받으려고 능력이 있다는 어떤 목사가 운영하는 기도원에서 7년을 살다시피 했는데 성령의 불이고 능력이고 아무것도 받지 못했다고 합니다. 포기하고 지내다가 어떤 분의 소개를 받고 우리 충만한 교회에 와서 3일 만에 성령의 세례와 치유를 받고 너무나 좋아하는 것을 보았습니다. 필자가 자신 안에 계신 하나님께 기도하여 성령의 세례를 받으라고 방법을 알려주었더니 순종하여 3일 만에 해결이 된 것입니다.

사람은 너나나나 모두 미완성이기 때문에 미완성인 사람에게 얻을 것이 없습니다. 필자는 자주 이런 말을 합니다. 목회자나 성도가 자기 스스로 능력자라고 자처하는 사람은 이단이거나 사이비이나 사기꾼이니 주의하라고 합니다. 문제를 해결하고 불치병을 치유했어도 살아계신 하나님께서 자신을 통하여 하신 일이라는 것입니다. 우리 성도들이나 목회자들이 순진하여 능력이 있다, 병을 고쳤다. 귀신을 쫓아낸다, 하는 사람에게 관심을 둡니다.

필자는 이는 샤머니즘의 신앙의 잔재라고 생각합니다. 분명하게 성경에는 하나님께서 사람을 통하여 문제를 해결하는 것으로 기록되어 있기 때문입니다. 하나님은 이렇게 강조하시는 것입니다. "여호와께서 이와 같이 말씀하시니라 무릇 사람을 믿으며 육신으로 그의 힘을 삼고 마음이 여호와에게서 떠난 그 사람은 저주를 받을 것이라(렘 17:5)” 사람을 의지하지 말도록 강하게 말씀하고 계십니다. 아사왕은 발에 병이 났는데 이 병이 굉장히 심했습니다. 아마 요사이 제가 추측 건데 발에서 생긴 당뇨병 후유증인가 봅니다. 백방으로 의사를 불러서 치료해도 낫지를 않았습니다. 그리고 난 다음 2년 후에 아사는 쓸쓸히 죽었습니다. 성경은 그 상황을 역대하 16장 12절에 기록해 놓았습니다. “아사가 왕이 된 지 삼십 구 년에 그 발이 병들어 심히 중하나 병이 있을 때에 저가 여호와께 구하지 아니하고 의원들에게 구하였더라” 그가 의원들에게 치료받은 것이 나쁜 것이 아닙니다. 의원만 구하고 주 예수 그리스도를 통해서 하나님께 구하지 않았기 때문에 하나님께서 축복해주지 아니하므로 의원의 힘으로 못 고쳤습니다. 결국 죽고 말았습니다.

관심을 자신 안에 계신 하나님께 돌려야 무한대의 능력과 지혜와 권능과 성령의 역사가 흘러나옵니다. 하나님은 “명절 끝날 곧 큰 날에 예수께서 서서 외쳐 이르시되 누구든지 목마르거든 내게로 와서 마시라. 나를 믿는 자는 성경에 이름과 같이 그 배에서 생수의 강이 흘러나오리라 하시니(요 7:37-38)” 하나님과 관계가 열려야 어디를 가나 하나님께 문의하여 인생 제반사 문제들을 해결하면서 신 바람나는 믿음생활을 할 수가 있는 것입니다.

그런데 주님을 믿습니다! 하면서도… 관념적이지, 실제로는 인간적 수단으로 사는 것입니다. 감사헌금 봉투에 기도제목을 써도 하나님! 도와주세요. 가 아니고 목사님! 도와주세요. 라고 기록하면서 보이는 사람을 의지하는 것입니다.

이런 성도는 성경의 약속을 그저 어렴풋한 희망 정도로만 믿는 사람은 마치 멀리 바라보는 무지개처럼 믿고 싶어 하는 감상적이고 관념적 신앙을 가진 사람입니다. 우리들의 믿음에 문제가 있다는 말입니다. 분명하게 "예수께서 온 갈릴리에 두루 다니사, 그들의 회당에서 가르치시며 천국 복음을 전파하시며 백성 중의 모든 병과 모든 약한 것을 고치시니 그의 소문이 온 수리아에 퍼진지라 사람들이 모든 앓는 자 곧 각종 병에 걸려서 고통당하는 자, 귀신 들린 자 간질하는 자, 중풍병자들을 데려오니 그들을 고치시더라"(마 4:23-24). 라는 말씀은 많이 들어서 잘 압니다. 그러나 체험하지 못했기 때문에 지금도 이런 일이 일어날 수가 있는가? 하면서 의심을 합니다. 그러다가 세상에서 영적이고 정신적인 고통을 당하는 사람을 만나면 고작 조언하는 것이 약물치료나 심리치료입니다. 체험하지 못했기 때문입니다.

요한복음 1장 45-49절까지 나오는 나다나엘과 똑같은 현실입니다. 나다나엘도 처음에는 믿지 않았습니다. 나다나엘은 율법을 알고 있어서 관념적으로만 믿었습니다. 그런 점에서 나다나엘은 훌륭한 믿음을 가졌습니다. 이유는 이 사람은 구약성경을 알고, 모세의 율법을 알고, 모세의 율법을 통해서 메시아가 오리라는 것까지도 알고 있었습니다. 성경에 대한 이해가 있고, 상당한 지식이 있습니다. 그러나 오늘 성경 자세히 보면 재미있는 부분이 있습니다. 자기 친구 빌립이 찾아와서 "내가 메시아를 만났다", "어디서?", "나사렛." "그래, 그랬었구나. 참 감사할 일이다. 우리 마을에 메시아가 났다니?" 이렇게 받아들여야겠는데, 이 사람 한다는 소리가 "나사렛에 무슨 선한 것이 나겠느냐?" 설사 선지자가 와도 우리 동네는 아니다, 이것입니다. 절대로 우리 이웃은 될 수가 없다. 이렇게 일축해 버립니다. 이렇게 나다나엘은 처음에는 "관념적 믿음"을 갖고 있었습니다.

예수님을 인격적으로 만나야 "실제적으로" 믿게 됩니다. 친구 빌립이 말하기를 "내가 진짜 메시아를 만났다" 그럽니다. 그 때에 나다나엘은 지금까지 생각했던 성경적 지식, 자기가 생각하는 편견, 자기의 성경의 이해, 이런 자기 생각을 다 버리고 논리적인 생각과, 지식적 방법을 버리고, 그는 이 시간에 '만남'이라고 하는 방법으로, 진리추구 방법을 바꿉니다. 만나지 않으니까 문제가 많아요. 이해할 수가 없습니다. 성경의 지식으로 예수님을 정확하게 알 수가 없기 때문입니다. 예수를 일대일로 인격과 인격이 만날 때…. 이것은 이론의 문제가 아닙니다. 모든 이론을 다 초월할 수 있습니다. 그래서 예수를 만나기 위해서 그가 예수님께로 옵니다. 의심도 많아요, 생각도 많아요, 일단 믿음이 가지 않아요. 하지만 예수님께로 나옵니다.

이렇게 나아오는 나다나엘을 예수님께서 보시고 말씀하시기를 "이 사람은 참 이스라엘 사람이다"라고 말씀합니다. 나다나엘이 묻기를 "어떻게 저를 아십니까?" 예수님 말씀하시기를 "네가 무화과나무 아래에 있을 때 내가 보았다. 네가 내게 오기 전에 내가 너를 먼저 보았다"고 말씀합니다. 이 한 마디에 나다나엘은 그만 굴복하고 맙니다. "당신은 이스라엘의 임금이요, 하나님의 아들이로소이다"하고 신앙을 고백하게 됩니다. 그럼 이 한 마디가 왜 이렇게 중요했느냐 이것입니다. 이스라엘 사람들은 경건한 이스라엘인은 당시에 하루에 3번씩 기도했습니다. 아무리 바쁜 일을 하다가도, 시간으로 말하면 9시, 12시, 3시, 세 번만은 딱 멈추고 조용히 기도합니다.   나다나엘은 무화과나무 아래서 묵상하며 율법을 생각했습니다. 하나님 앞에 기도하는 그런 시간을 가졌던 것 같습니다. 예수님은 멀리서 벌써 보셨습니다. 저기에 경건한 사람이 있다고, 그리고 그를 만나 주셨습니다.

　나다나엘에게도 여러 가지 생활이 있습니다. 잠 잘 때도 있고, 밥 먹을 때도 있고, 죄 지을 때도 있고, 예배드릴 때도 있고, 기도할 때도 있고, 잘못된 길로 갈 때도 있습니다. 그러나 그 생애 전부 묻지 아니하시고 나다나엘로 말하면 경건의 절정이요, 경건의 피크요, 가장 경건하고 가장 거룩한 그 시간에, 예수님이 보셨다는 겁니다. 나다나엘의 입장에서 보면 자신의 진실을 알아주시고, 자신의 경건을 알아주시고, 자신의 이 부족한 믿음을 알아주시는 그 분을, 그 분에게 그만 감격하고 맙니다. 이걸 잊지 말아야 합니다. 예수님이 자신을 믿어 주셨다는 것입니다. 자신을 찾아주시고, 자신을 이미 알고 계신다는 것입니다. 자신을 벌써 아시는 분에게 신앙을 고백하게 됩니다. 특별히 예수님은 그를 "참 이스라엘"이라고 추켜 세워주십니다.

그가 고백합니다. "당신은 왕이십니다. 당신은 메시아입니다. 당신은 하나님의 아들입니다" 하고 고백합니다. 이제 그는 만족합니다. 이 한 마디로 그는 완전히 그리스도의 사람이 되고 맙니다. 인격적인 만남이 있고나니 나다나엘의 관념적인 믿음이 체험적인 믿음으로 바뀌게 됩니다. 이와같이 만나야 바뀝니다.

우리 크리스천들도 이렇게 관념적인 믿음에서 체험적인 실제적인 살아있는 믿음으로 바뀌어야 합니다. 한국에 수만 개의 교회가 넘게 있고, 8만 명 가까이 목사님들이 있고, 천만 명 가까이 교회에 소속된 교인들이 있건만, 하나님께서 살아계신다고 외치는 소리들이 점점 식어가고 있습니다. 이미 각 교회들의 전단지와 홍보물들은 복음적이지 못하고 문화적인 것으로 정복을 당했고, 하나님께서 살아 계신다고 외치는 소리를 듣는 것이 쉽지 않는 실정이 되었습니다. 살아계신 하나님의 체험은 더 더욱 어렵습니다.

전도지라고 해도 마음 편안하게 해주는 성경구절 불신자들도 부담이 없는 성경구절과 화려한 꽃의 사진이나 산과 들의 풍경들이 전단지를 장식을 하고 있어 불신자들도 부담이 없이 드려다 볼 수는 있을 것입니다. 그나마 성경 구절이 적혀 있기에 다행이기는 하다라고 생각을 할 수는 있겠지만, 솔직히 하나님께서 살아 계심의 증거로 불신자들이 보기에는 어림도 없어 보입니다.

주변 교회들의 전단지를 받아 보게 되는 경우가 있는데 이미 아내의 십계명 남편의 십계명 또는 알기 쉬운 의학 상식 등이 하나님께서 살아 계신다는 내용을 대신하고 있습니다. 교회의 전단지라고 알 수 있는 것은 그나마 교회 이름이 적혀 있고 예배 안내가 있기 때문입니다.

문화적인 것으로서 가정의 화목을 말하고 있고 부부간의 화목을 말하고 건강하게 살도록 의학 상식을 주고 있기에 사람들의 마음에 전혀 부담이 없는 것은 사실입니다. 하지만 교인들의 피와 땀으로 헌신을 하여 만들어진 헌금으로 만들고 있는 전단지에 하나님의 살아 계심의 증거가 전혀 없는 의학 상식이나 부부 생활에 관한 것으로 도배가 되어 있는 것은 살아 계신 하나님을 나타내야 하고 보여 주어야 하는 교회의 본분과는 너무도 거리가 멀기만 한 것입니다. 그래서 하나님께서 필자에게 "내(하나님)가 살아있다는 것을 증명하는 목사가 되라." 고 말씀하신 것입니다.

예수께서 이 땅에 오셔서 신유와 이적과 귀신을 쫓아내시고 병을 고치시는 현장마다 주변에 구경을 하던 사람들의 한결 같은 고백은 살아계신 하나님께 영광을 돌리며 이는 살아계신 하나님께서 함께 하심이라는 증거들이었습니다.

오늘날 교회와 목회자와 교인들에게서 이러한 증거를 보기가 어렵다는 것입니다. 주변의 사람들이 보고 과연 "하나님은 살아 계십니다." 라고 외칠 수 있어야 하는데, 웬일인지 한국교회는 살아계신 하나님을 알게 하는데 에는 전혀 관심이 없어지고 있는 것 같습니다. 참으로 안타까운 현실입니다.

지금 한국교회에는 많은 수의 크리스천들이 체험적이고 살아 있으며 성령의 인도를 받는 실제적인 믿음생활이 아니고, 많이 알고 열심히 하면 다된다는 관념적인 믿음생활을 하고 있습니다. 정말 문제가 심각합니다. 보이는 면을 가지고 판단하는 것입니다. 보이는 면으로 열심히 하면 성령 충만한 것으로 믿어버리는 것입니다. 필자가 제일 안타까워하는 것이 있습니다. 젊은 시절 믿음생활을 아주 열심히 하던 분이 영적이고 정신적인 문제로 정상적인 생활을 하지 못하고 요양원에서 지냈다는 말입니다. 저에게 전화를 하는 분들이 많습니다. 대표적인 예를 하나 들겠습니다. 목사님! 저는 ○○○에 사는 크리스천 김○○입니다. 저의 어머니를 어떻게 하면 좋겠습니까? 사연인즉, 자신의 어머니가 젊은 시절 복음에 열정이 있어서 노방전도도 다니고, 교회봉사도 열심히 하고, 예배란 예배는 빠지지 않고 다 드리고, 철야기도도 많이 하셨고, 교회 건축할 때 건축헌금도 많이 하셨고, 구역장으로 여전도회장으로 열심 있게 믿음생활을 하셨는데 50이 넘고 갱년기에 들어서 우울증에다가 불면증으로 고생하시다가 60대 초반에 너무 증세가 심하여 집에서 지낼 수가 없어서 3년 전에 요양원에 가셨습니다.

목사님! 제가 목사님의 책들을 읽고 영적인 면에 눈을 뜨고, 깨닫고 느껴지는 것은 어머니의 내면세계에 형성된 상처와 혈통의 문제를 젊은 시절에 해결하지 못하여 이런 지경까지 온 것 같습니다. 무조건 열심히 많이 알면 되는 관념적인 신앙생활이 저의 어머니를 이 지경으로 만든 것 같습니다. 언제인가 성령 치유하는 곳으로 모시고 갔는데 입구에서부터 너무 악을 쓰면서 거부가 심하여 들어갈 수 없어서 돌아왔습니다. 외할머니도 어머니와 같은 증세로 고생하시다가 세상을 떠나셨습니다. 지금 저의 어머니가 같은 증상으로 고생을 하십니다. 주변에서 잘 이해하지 못하는 분들이 예수 믿어도 소용이 없다고 빈정대는 말이 제일로 듣기가 거북스럽습니다. 목사님! 어찌하면 좋겠습니까? 자매님의 말이 맞습니다. 젊은 시절에 성령의 인도를 받으면서 내면세계에 형성된 상처들을 정화했으면 이런 지경까지 오지 않았을 것입니다. 이제 누구에게도 탓하지 마시고 받아들여야 합니다. 어머니에게 기도를 시키세요. 숨을 들이쉬면서 예수님! 내쉬면서 사랑합니다. 소리를 내지 못하니 마음으로 계속 예수님을 찾도록 해야 합니다. 무의식적으로 '예수님 사랑합니다.' 가 나올 수 있도록 시켜야 합니다. 그래서 영원한 천국에 가실 수가 있습니다. 마음으로 계속 기도하게 하세요.

그리고 자매님도 내면세계에 관심을 가져야 합니다. 생명의 말씀과 성령으로 적극적인 치유를 해야 합니다. 그래야 나아가 들어 갱년기에 들어서 어머니와 같은 고생을 하지 않습니다. 적극적인 믿음생활이 되려면 교회를 잘 찾아가셔야 합니다. 필자는 아무리 혈통에 영육으로 정신적으로 흐르는 비정상적인 문제가 있다고 할지라고 성령으로 충만하여 내면을 정화하는 믿음생활을 하면 건강하게 장수하면서 지내다가 영원한 천국에 간다는 믿음과 실증(체험)이 있습니다. 실제로 우리 교회는 93세가 되신 분도 건강하게 걸어서 교회에 오셔서 예배드리고 기도하면서 심령을 성령으로 정화하니 영육이 건강하게 지내시는 것입니다. 얼마 전에는 주일날 예배드리고 월요일 날 영원한 천국에 가신 권사님도 계십니다. 이분은 젊은 시절부터 영적으로 정신적으로 상처가 많아서 고생하셨는데 우리 교회에 오셔서 생명의 말씀과 성령으로 내면세계를 정화시키니 건강하게 된 것입니다. 그래서 건강하게 지내시다가 주일 예배드리고 월요일 날 영원한 천국에 가신 것입니다. 지금도 87세 된 권사님이 아주 정정하게 예배드리면서 기도하면서 내면을 성령으로 정화시키면서 건강하게 예배를 드리며 지내시고 있습니다. 특별하게 혈통에 영적이고 정신적이고 육체적인 문제가 흐르는 분들은 성령의 강한 역사가 있는 교회에 적을 두고 믿음 생활하는 것이 자신을 위해서도, 가족을 위해서도, 하나님을 위해서도 좋다고 생각합니다. 영원한 천국에 입성하는 날까지 관심을 가져야할 부분입니다. 필자는 모든 성도들이 늙도록 부하고 존귀하며 건강하게 살다가 영원한 천국에 입성하는 것이 잠재의식 심기도록 매주일 예배 때마다 선포하며 기도하고 있습니다. 이는 하나님의 뜻이기 때문입니다. 말과 생각이 중요합니다. 그래서 말씀을 아는 것으로 열심히 하는 관념적인 믿음생활은 전인격이 변화를 받지 못한다는 것입니다. 성령의 인도를 받는 체험적이고 실제적인 믿음 생활이 되어야 합니다. 젊어서부터 체질화 되어야 합니다. 하나님께서 자신 안에 살아계신다는 것을 날마다 체험하면서 믿음생활을 해야 합니다. 관념적이 되어서는 하나님께서 주신 것들을 누릴 수가 없습니다. 더 나아가 하나님께서 살아계신다는 것을 증명하는 믿음생활이 되어야 합니다. 이렇게 적극적인 믿음 생활이 되면 절대로 늙어서 요양원에 가지 않을 것입니다. 살아계신 하나님께서 자신의 주인이 되어 장악하고 계시는데 어떻게 혈통의 문제가 문제를 일으키겠습니까? 필자가 항상 강조하는 것이 있습니다. "나는 걸어 다니는 성전이다. 하나님께서 나의 주인이다. 내 안에 하나님이 계신다. 그분에게 질문하면 어떤 문제도 해결할 수 있는 지혜를 주신다. 주신 지혜대로 순종하면 문제는 하나님께서 해결하신다." 아주 중요합니다. 살아계신 하나님을 날마다 체험하는 아주 좋은 관심이고, 습관입니다. 내면세계에 형성된 상처나 혈통의 문제는 절대로 세상방법이나 관념적인 믿음생활로는 해결되지 못합니다. 반드시 살아계신 성령의 역사가 영의차원에서 역사해야 해결이 됩니다. 내면세계에 대하여는 "내면세계의 역할과 영적 능력" 책을 참고하시기를 바랍니다.

어느날 일산에서 영적인 문제로 고생하는 성도에게서 전화가 왔습니다. 목사님! 우리 혈통에 이런 문제가 있어 저도 고생하지만 저의 남동생을 더 심각합니다. 아비지가 알코올중독자 이었는데 2년 전이 돌아가셨습니다. 그런데 남동생이 알코올중독자가 되었습니다. 목사님 책을 보니 무엇 때문인지 이해가 갑니다. 그런데 우리 교회에서는 이런 영적인 말을 못합니다. 귀신 이야기를 하면 이단이라고 합니다. 그래서 두려워서 누구와도 말을 못합니다. 목사님! 어떻게 하면 좋겠습니까? 참으로 안타까운 교회입니다. 교회가 영적인 말을 못하게 하니 세상 집단이 된 것입니다. 이런 교회에 살아계신 하나님의 역사가 일어나겠습니까?

교회가 살아계신 하나님의 역사가 일어나지 않고 관념적이 되어가는 것을 다 적으려면 한도 끝도 없습니다. 이 책에 성령께서 감동하시는 대로 적어서 표현하겠습니다.

하나님의 계시의 말씀에는 하나님께서 함께 역사하사 따르는 표적으로 그의 살아계심을 보증하시고 나타내 주십니다. 그렇기 때문에 교회가 종교화 되지 말고, 관념화 되지 말고 살아계신 하나님의 입으로 나온 말씀대로 곧 성경대로 생명의 말씀을 전해야 합니다. 성경대로 행한다면 교회마다 표적으로 충만한 하나님의 보증의 역사가 나타납니다. 이러한 보증으로 교회 주변의 모든 사람들은 살아계신 하나님께서 역사하시는 교회를 보면서 "하나님은 살아계시는 군요" 하고 예수님을 믿고 하나님 앞에 나오게 될 것입니다.

또한 교인들이 하나님의 말씀대로 산다면 당연히 성경대로 사는 교인들의 주변의 사람들은 하나님은 살아계십니다. 하고 자복하고 회개하며 살아계신 하나님 앞에 나오게 될 것입니다. 한국 교회여 초대교회로 돌아갑시다. 살아계신 하나님께서 함께 하시며 역사하사 표적으로 보증을 해주시는 살아있는 성령님이 주인된 유형 무형교회가 되기를 바랍니다.

2장 하나님의 살아계심을 증명해야 하는 이유

(행 1:8)"오직 성령이 너희에게 임하시면 너희가 권능을 받고 예루살렘과 온 유대와 사마리아와 땅 끝까지 이르러 내 증인이 되리라 하시니라"

예수님께서는 세상에 천국을 건설하려고 사람의 몸을 입고 오셨습니다. 예수님께서 공생애에 하신 일을 보면 아버지께서 가르치신 대로 하셨습니다. 요한복음 8장 28절에 "또 내가 스스로 아무것도 하지 아니하고 오직 아버지께서 가르치신 대로 이런 것을 말하는 줄도 알리라" 라고 하셨습니다. 이 말씀은 "예수님은 하나님 말씀 그대로 순종하셨음"을 의미합니다.

예수님은 하나님의 아들이면서 하나님이십니다. 그럼에도 예수님은 철저히 하나님의 말씀에 순종하셨습니다. 예수님의 5가지 생애 즉 ①탄생, ②십자가 죽으심, ③부활, ④승천, ⑤재림도 하나님께서 말씀하신 대로 순종하신 것입니다. 예수님은 하나님의 말씀에 절대적으로 순종하셨습니다.

항상 아버지가 기뻐하시는 일을 하셨습니다. 요8:29절에 "나를 보내신 이가 나와 함께 하시도다 나는 항상 그가 기뻐하시는 일을 행하므로 나를 혼자 두지 아니하셨느니라"라고 하셨습니다. 이 말씀은 예수님은 "하나님이 기뻐하시는 일을 하셨음"을 의미합니다. 예수님은 하나님께서 기뻐하시는 일을 하셨습니다.

우리도 하나님이 기뻐하시는 일을 하면서 살아야 합니다.

　많은 사람을 믿게 하셨습니다. 요8: 30절에 "이 말씀을 하시매 많은 사람이 믿더라" 라고 하셨습니다. 이 말씀은 예수님은 "많은 사람을 구원하셨음"을 의미합니다. 눅4장 43절에 보면 예수님께서 이 땅에 오신 목적이 나옵니다. 기적을 체험하게 하여 믿게 하는 전도입니다. 예수님은 전도하기 위해 이 땅에 오셨습니다. 그리고 많은 사람을 구원하셨습니다. 예수께서 온 갈릴리에 두루 다니시면서 그들의 회당에서 가르치시며 천국 복음을 전파하시며 백성 중의 모든 병과 모든 약한 것을 고치셨습니다(마 4:23). 하나님께서 살아서 역사하시는 것을 친히 보여주신 것입니다. 예수님께서 이 땅에 천국을 건설하려고 오신 것을 이방인들이 눈으로 보고 믿게 하신 것입니다. 기적을 행하신 것입니다. 천국을 체험하게 하신 것입니다. 예수님의 소문이 온 수리아에 퍼졌습니다. 그러자 사람들이 모든 앓는 자 곧 각종 병에 걸려서 고통당하는 사람을 데리고 나와서 고침을 받았습니다. 귀신 들려서 고통당하는 자들을 귀신으로부터 해방시켜주셨습니다. 간질하는 사람을 데리고 나와서 치유 받았습니다. 중풍병자들을 데려오니까 그들을 고치셨습니다(마4:24). 기적을 체험하니 갈릴리와 데가볼리와 예루살렘과 유대와 요단 강 건너편에서 수많은 무리가 따랐다고 성경을 말씀하고 있습니다(마 4:23-25).

　이제 우리가 이일을 해야 합니다. 관념적인 믿음으로는 사명을 감당할 수가 없습니다. 하나님의 살아계심을 세상에 증명하지 못하기 때문입니다. 그렇게 되면 하나님과 상관이 없는 크리스천이 될 수가 있습니다. 관념적이 되지 않기 위하여 하나님은 성령으로 세례를 받으라고 말씀하십니다. 예수를 믿으면서도 오만가지 문제와 고통을 당하면서 사시는 분들을 보면 모두가 하나같이 관념적인 믿음 생활을 했다는 것입니다. 그래서 고린도전서 4장 20절에서 "하나님의 나라는 말에 있지 아니하고 오직 능력에 있음이라" 하신 것입니다. 필자는 목회자와 성도들을 영적으로 바꾸며 치유를 전문으로 사역하는 목사입니다. 제가 15년이 넘도록 사역을 하면서 체험한 바로는 성령으로 세례 받아 체험적인 믿음이 되지 못하니 자신의 상처와 자아와 혈통의 문제를 해결 받지 못하여 30년을 믿어도 여전하게 불통의 생활을 하고 있었습니다. 불통의 세월뿐만이 아니라, 오만가지 문제와 상처와 정신적이고 영적인 문제로 고생하고 있었습니다. 물론 전부 다는 아닙니다. 일부 성도들이 세상 사람들과 똑 같은 문제로 고생을 하면서 살아갑니다. 이는 예수를 믿고 교회에 나와 성령으로 세례를 받아 전인격을 성령이 지배하게 하여 섞인 세상 것을 정화하지 못한 연고입니다. 반드시 크리스천은 말씀과 성령으로 섞인 세상 것을 해결해야 하나님께서 원하시는 마음천국과 아브라함의 복을 받습니다. 왜냐하면 "세례 요한의 때부터 지금까지 천국은 침노를 당하나니 침노하는 자는 빼앗느니라(마 11:12)" 하셨기 때문입니다. 성령으로 세례를 받아야 성령의 권능으로 살아계신 하나님을 증명하면서 살아갈 수가 있습니다.

어느 집사가 영육의 문제와 정신적인 문제로 사람노릇을 제대로 하지 못하다가 우리 교회를 찾아와 집중치유를 받고 정상으로 회복되어 직장을 다니게 되었습니다. 이분이 몇 주마다 한 번씩 집중치유를 받으러 옵니다. 어느날 저하고 교회 세면장 앞에서 만났습니다. 제가 얼굴을 보니 너무나 평안하고 건강하게 변했습니다. 그래서 "집사님 지금까지 신앙생활을 바르게 하지 못한 것 같습니다." 그랬더니 이분이 하는 말이 "목사님! 저 신앙생활 열심히 했습니다. 예배란 예배는 빠짐없이 참석했고요, 필요하면 기도원도 가서 기도했습니다." 그래서 제가 "그것이 아니고 성령으로 세례 받고 성령의 인도와 지배를 받는 체험적인 신앙생활을 하지 못했다는 말입니다. 성령의 지배를 받지 않는 관념적인 믿음생활을 하다가 보니 영육의 문제가 치유되지 않아 고생하신 것입니다. 성령의 세례를 받지 않고 그냥 막연하게 관념적으로 열심히 믿음 생활을 하면 이렇게 불필요한 고생을 합니다." 이 성도가 성령으로 세례를 받고 내면세계에 있던 상처와 혈통의 문제가 해결되어 정말로 많은 변화가 일어났습니다. 집안 식구들이 얼굴이 밝게 피었다고 한다는 것입니다. 하나님께서 만든 얼굴이 되었다는 것입니다. 필자가 보더라도 너무나 평안한 얼굴로 변했습니다. 관념적으로 신앙생활을 할 때는 영적으로 육적으로 정신적으로 오만가지 문제를 가지고 얼굴에는 항상 수심이 가득한 채로 살았습니다. 그렇게 살아야 되는 것으로 알고 살았다는 것입니다. 그러나 하나님의 살아 역사하심을 체험하고 주변사람이 인정하도록 변화된 것입니다. 이래서 하나님의 살아계심을 증명하는 믿음 생활이 되어야 한다는 것입니다.

이렇게 하나님의 살아 역사하심을 체험하는 것이 하나님의 살아계심을 증명하는 일입니다. 다른 사람들이 하나님께서 살아계신 다는 것을 인정하게 된 것입니다. 하나님의 살아계심을 체험하여 체험적인 믿음이 되니 자신도 좋습니다. 주변 식구들도 좋습니다. 하나님께서도 좋습니다. 그래서 하나님의 살아계심을 증명하면서 살아가라고 하시는 것입니다.

우리가 알아야 할 것은 예수를 믿고 성령으로 세례 받고 체험적인 믿음을 가진 성도가 인생을 살아가면서 일어나는 모든 일은 자신의 일이 아닙니다. 자신은 예수를 믿을 때 죽었습니다. 다시 예수로 태어났습니다. "그리스도의 사랑이 우리를 강권하시는 도다 우리가 생각하건대 한 사람이 모든 사람을 대신하여 죽었은즉 모든 사람이 죽은 것이라. 그가 모든 사람을 대신하여 죽으심은 살아 있는 자들로 하여금 다시는 그들 자신을 위하여 살지 않고 오직 그들을 대신하여 죽었다가 다시 살아나신 이를 위하여 살게 하려 함이라(고후 5:14-15)" 죽은 자는 일을 할 수가 없는 것입니다. 다시 사신 예수님의 일입니다. 예수를 믿는 사람들은 하나님의 택한 사람입니다. 하나님께서 주시는 것으로 세상을 살아갑니다. 하나님의 방법으로 문제를 해결합니다. 하나님의 방법으로 문제를 해결하니 해결하지 못할 문제가 없습니다. 모든 문제를 하나님의 방법으로 해결하려고 해야 합니다. 하나님의 방법으로 문제를 해결하고, 하나님께서 주시는 것으로 살려고 하면 성령의 인도를 받아야 합니다. 하나님은 "오직 하나님이 성령으로 이것을 우리에게 보이셨으니 성령은 모든 것 곧 하나님의 깊은 것까지도 통달하시느니라(고전 2:10)" 하십니다. 성령의 인도를 받으려면 먼저 성령으로 세례를 받아야 합니다. 예수를 믿은 성도가 성령으로 세례를 받지 않으면 살아계신 하나님을 체험하며 살아갈 수가 없습니다. 성령으로 세례를 받는 다는 것은 참으로 중요합니다. 모든 것이 살아계신 성령으로 되기 때문입니다.

　성령세례에 대한 여러 견해가 많아서 성도들이 혼동하는 경우가 있습니다. 그러나 하나님은 성령으로 세례를 받으리라(행 1:5). 말씀하십니다. 저는 십 년이 넘도록 성령치유 사역을 했습니다. 성령치유 사역을 하다가 보니 성령의 세례를 받으면 그때부터 치유가 이루어지기 시작 했습니다. 저는 성령의 세례를 이렇게 표현하기도 합니다. 성령의 세례는 예수를 영접할 때 내주하신 성령께서 순간 폭발하여 전인격을 사로잡는 것이라고 아래도 합니다. 예수를 믿으면 성령이 내주하십니다. 즉시로 죽었던 영은 살아납니다. 그러나 육체는 성령으로 장악당하지 않은 상태입니다. 육체는 구습을 따르는 옛 사람이 그대로 있다는 말입니다. 그러므로 옛 사람에게 역사하던 세상신이 여전히 주인노릇을 하고 있다는 뜻도 됩니다. 하지만 성령으로 세례를 받으면 성령께서 전인격을 사로잡으므로 옛 사람에게 역사하던 세상신이 떠나가기 시작을 하는 것입니다.

그래서 하나님은 성도들이 성령으로 세례를 받아 영적으로 변하기를 소원하십니다. 영적으로 변해야 살아계신 하나님을 증명하면서 살아갈 수가 있고, 성령으로 세례를 받아야 전인격이 하나님을 따를 수 있기 때문입니다. 목회자나 성도나 할 것 없이 성령의 불 받기를 사모합니다. 그러나 성령의 세례를 받아야 성령의 불로 세례를 체험할 수가 있습니다. 저의 개인적인 견해로는 성령의 세례가 없이는 성령의 불세례를 받을 수가 없습니다. 성령의 불세례를 받으려면 먼저 성령의 세례를 체험해야 합니다. 성령의 세례를 받으려면 세례를 받을 수 있는 영육의 상태가 되어야 합니다.

성령의 세례를 받으려면 먼저 마음을 열어야 합니다. 성령은 사람의 영 안에서 역사하십니다. 영은 사람의 마음 안에 있습니다. 그래서 마음을 열어야 영 안에 계신 성령이 역사하는 것입니다. 성령이 역사해야 사람이 영적인 상태가 되는 것입니다. 영적인 상태가 되어야 영이신 하나님과 교통할 수가 있는 것입니다. 그러므로 우리는 회개의 세례인 물세례로 만족하지 않고 다음은 성령의 세례를 받아야 합니다.

세례요한은 "나는 너희로 회개하게 하기 위하여 물로 세례를 베풀거니와 내 뒤에 오시는 이는 나보다 능력이 많으시니 나는 그의 신을 들기도 감당하지 못하겠노라 그는 성령과 불로 너희에게 세례를 베푸실 것이요"(마 3:11)라고 말씀한대로 물세례를 받기 이전이든지 이후든지 성령의 세례를 반드시 받아야 합니다.

어떤 성도들은 성령의 세례 받으면 물세례를 안 받아도 되느냐 묻는 사람이 있는데 그것은 잘못된 것입니다. 예수님께서도 세례요한에게 직접 물세례를 받았습니다. "이때에 예수께서 갈릴리로부터 요단강에 이르러 요한에게 세례를 받으려 하시니, 요한이 말려 이르되 내가 당신에게서 세례를 받아야 할 터인데 당신이 내게로 오시나이까, 예수께서 대답하여 이르시되 이제 허락하라 우리가 이와 같이 하여 모든 의를 이루는 것이 합당하니라 하시니 이에 요한이 허락하는지라"(마 3:13-15)고 했습니다. 세례를 행하므로 하나님께 의를 이루는 것임으로 성도는 물세례를 받아야 합니다. 그렇지만 물세례로 만족하지 말고 성령의 세례를 사모해야 합니다. 사모해야 성령으로 세례를 체험할 수가 있습니다. 물세례는 예수를 믿고, 구원 받은 사람 즉 중생한 사람의 표로 받는 것이라면 성령의 세례는 구원받은 사람이 하나님의 권능으로 살기 위하여 받는 것입니다. 그래서 "성령이 너희에게 임하면 권능을 받고 예루살렘과 유대와 사마리아 땅 끝까지 이르러 내 증인이 되리라"(행 1:18)고 말씀하셨습니다.

　성령의 세례는 보편적으로 두 가지 견해가 있습니다. 첫째가 성령의 내주하심입니다. 두 번째가 예수를 믿고 특별한 체험을 하는 경우입니다. 제가 성령세례를 받아야 한다고 강조하는 것은 바로 두 번째 사건을 말하는 것입니다.

　이는 사도 베드로께서는 예루살렘에 올라갔을 때, 고넬료가 믿게 된 사실을 말씀하면서 "내가 말을 시작할 때에 성령이 저희에게 임하시기를 우리에게 하신 것과 같이 하는지라. 내가 주의 말씀에 요한은 물로 세례를 주었으나 너희는 성령으로 세례를 받으리라 하신 것이 생각났노라"(행 11:15,16)고 하셨습니다. 이것은 자신이나 고넬료에게 있어서 성령의 세례가 최초성을 가지고 있음을 설명한 것이었습니다.

사도 바울께서"주의 이름을 불러 세례를 받고 너의 죄를 씻으라"(행 22:16)고 하신 말씀과 "주 예수 그리스도의 이름과 우리 하나님의 성령 안에서 씻음과 거룩함과 의롭다 하심을 얻었느니라"(고전 6:11)고 하신 말씀을 비교해 보면, 우리는 성령의 세례에 정결성이 있음을 봅니다. 또 사도 바울께서는 고전 12:13에서 "다 한 성령으로 세례를 받아 한 몸이 되었고, 또 다 한 성령을 마시게 하셨다"고 하심으로서, 성령 세례의 보편성에 대해 말씀했습니다. 우리는 성경에 성령의 세례는 받으라는 명령이 없는 사실과, 한 번 성령의 세례를 받았던 사람이 다시 받았던 예도 없었던 사실을 통해, 성령의 세례가 하나님의 주권성과 단회성을 가지고 있음을 알게 됩니다.

우리는 성령의 세례란, 죄인을 회심시켜 중생케 하시는 성령의 사역을 의미한다고 보아야 합니다. 그래서 성령의 세례를 내가 지금까지 성령사역을 하면서 체험한 바를 요약해서 설명하면 이렇습니다. 물세례는 목사님들이 예수님의 위임을 받아 베풀고 있습니다. 그러나 성령의 세례는 그러한 인간 제도를 통해 주어지는 세례가 아닙니다. 성령의 세례는 영적인 세례입니다.

눈에 보이지 않는 신령한 질서를 따라 주어지는 은총의 세례입니다. 이 성령의 불세례는 인간 집례 자가 베풀 수 없습니다. 오직 하늘에 계신 예수님이 베풀어 주십니다. 살아계신 성령 하나님이 자신을 장악하여 죄악을 씻어내고 장악하여 새사람으로 거듭나게 합니다. 그렇기 때문에 성령의 세례는 모든 성도에게 베풀어지지 않는 것입니다. 그러나 우리 예수님은 우리 모든 성도들이 이 성령의 세례를 받아 성령이 충만하여 기쁨이 넘치는 승리의 삶을 살길 원하십니다. 성령세례의 의미에 대해서는 교단마다 또 교회마다 또 개인에 따라서 달라지기 때문에 이것이 성령세례입니다 하고 말씀드리기는 조금 어려운 단어입니다.

필자가 성령으로 세례를 받아야 한다는 것은 체험적인 성령세례를 말하는 것입니다. 성령의 특별한 역사로 자신도 알고 옆에 있는 교우도 알게 되는 체험적인 성령세례를 말하는 것입니다. 이런 경우 성령세례란 우리의 일생에 한번 체험할 수 있는 사건이 될 수 있습니다. 성령의 세례를 체험하고 나면 성령에 강하게 사로잡힐 때마다 성령의 역사를 체험하게 된다는 뜻입니다.

바울 사도가 한 번은 에베소 교회를 방문했습니다. 교인들에게 바울이 "너희가 믿을 때에 성령을 받았느냐 가로되 아니라 우리는 성령이 있음도 듣지 못하였노라 그러면 너희가 무슨 세례를 받았느냐 대답하되 요한의 세례로라"(행 19:2-3)고 했습니다. 이때에 "바울이 그들을 안수하매 성령이 그들에게 임하시므로 방언하고 예언도 하니 모두 열 두 사람쯤 되니라"(행 19:6)라고 해서 성령 세례의 필요성을 알게 된 것입니다.

하나님은 성령의 세례를 체험하게 하고 단련하여 하나님의 마음에 합한 자를 하나님의 일에 사용하십니다. 베드로의 경우를 예로 들어봅니다. 고기를 잡는 어부였던 베드로가 예수님의 부르심으로 그물을 버리고 주님을 따랐습니다. 주님을 따라 다니면서 문둥이를 치유하고, 죽은 자를 살리고, 오병 이어의 기적을 일으키고, 귀신을 쫓아내는 이적과 기적을 보면서 3년 동안 주님을 따랐습니다. 베드로가 이렇게 주님의 능력을 인정하고 주님을 따르면서 3년 동안 훈련을 받았지만 믿었던 주님이 십자가에 죽게 되자 세 번씩이나 주님을 모른다고 부인한 겁쟁이입니다. 왜 그렇습니까? 성령으로 세례를 받지 못해서 그런 것 아니겠습니까? 성령의 세례를 체험하지 못하고 인도받지 못하니 아직 육신적인 믿음의 수준을 넘지 못한 증거입니다.

그러던 베드로가 마가의 다락방에서 120 문도와 함께 기도하다가 성령으로 세례를 받고 완전히 사람이 변했습니다. 육신적인 사람이 초자연적인 사람으로 변화되었습니다. 성령이 베드로를 장악한 것입니다. 그러자 성령의 언어를 합니다. 어떻게 변화되었습니까? 초자연적인 성령의 사람이 됩니다. 베드로는 오순절 마가의 다락방에서 완전히 변화되어 성령 충만한 사도로 능력의 삶을 보여 주기 시작하였습니다. 귀신이 떠나가고, 병자가 고쳐지고, 죽은자가 살아났습니다. 베드로가 전하는 말씀에 감동을 받아 하루에 3천명이 예수님을 믿고 구원받는 역사가 나타났던 것입니다. 기적이 일어났습니다. 하나님의 살아계심이 증명되었습니다. 놀라운 일이 아닐 수 없습니다. 우리도 성령의 세례를 체험하고 성령의 인도 하에 하나님의 훈련을 순종하면서 받으면 우리에게도 베드로와 같이 하나님의 살아계심을 증명하는 역사가 나타날 수 있다고 확신합니다. 성령으로 세례를 받음은 하나님의 영으로 사로잡히는 것입니다. 성령의 세례는 성도의 마음을 그리스도에 대한 이해와 사랑과 신뢰로 가득 차게 하며, 성령이 삶의 주관자가 되게 하며, 하나님의 자녀로서 하나님의 부름에 적합하도록 능력을 부여합니다. 거듭나는 것과 성령으로 세례 받은 것과는 다른 별개의 사건입니다. "누구든지 그리스도의 영이 없으면 그리스도의 사람이 아니라(롬 8:9)"

그리스도인은 성령에 의해 태어난 사람으로 성령은 그 사람 안에서 중생의 사역을 이루십니다. 그리스도인이란 그 안에 성령이 내주 하는 사람을 지칭하며 성령세례 받은 자를 의미하는 것은 아닙니다. 거듭남으로 구원을 받게 됩니다. 즉 성령으로 거듭나서 하나님의 자녀가 되는 것입니다. 그러나 사람이 성령에 의해 거듭났지만, 성령으로 세례를 받지 못한 경우도 있습니다. 그러므로 중생과 성령세례는 동의어가 아니라는 뜻입니다.

우리가 성령의 세례를 체험하려면 사모해야 합니다. 하나님은 사모하는 영혼에게 만족함을 주십니다. 성령의 세례도 사모해야 받는 것입니다. 사모하고 뜨겁게 기도하면서 성령의 세례가 올 때까지 구하면서 기다려야 합니다.

성령으로 세례를 받아야 그때부터 성도가 영적으로 변하기 시작 합니다. 왜냐하면 성령의 세례를 받으면 비로소 육이 영의 지배를 받기 시작하기 때문입니다. 육이 영의 지배를 받아야 비로소 영적인 사람으로 변하기 시작하는 것입니다. 성령으로 세례를 받지 않으면 육은 여전히 세상신이 장악하고 있으므로 예수를 삼십 년을 믿어도 여전히 육의 지배를 받는 것입니다. 하나님의 말씀을 들어도 비밀을 깨닫지를 못하는 고로 육의 사람의 특성인 합리를 가지고 받아들이니 기적을 체험하지 못하는 것입니다. 왜냐하면 영의 능력은 약하고 육의 능력은 강하기 때문입니다.

필자는 성도라면 모두가 예수를 영접하고 성령으로 세례를 받아야 한다고 강조합니다. 제가 말하는 성령의 세례는 성령의 내주하심이 아니라, 성령이 전인격을 장악하는 성령 폭발을 말하는 것입니다. 내주하신 성령이 폭발하여 성도의 전인격을 장악해야 육이 치유되어 영의 지배를 받는 영의 사람으로 변하는 것입니다. 성령이 전인격을 장악해야 비로소 육체에 역사하던 세상신이 떠나가기 시작하기 때문입니다.

이는 성도에 따라 성령께서 장악하는데 시간이 다르게 걸립니다. 그래서 하나님은 "항상 기뻐하라! 쉬지 말고 기도하라! 범사에 감사하라! 이것이 그리스도 예수 안에서 너희를 향하신 하나님의 뜻이니라"(살전5:16-18). 하시는 것입니다. 전폭적으로 성령의 인도를 받으며 맡기는 성도는 빨리 변화가 되고, 그렇지 못한 성도는 변화되는데 시간이 더 걸릴 것입니다.

성도가 성령으로 빨리 장악이 되면 그 만큼 연단의 기간도 짧아지는 것입니다. 하나님은 성도가 성령으로 전인격이 장악이 되어 하나님이 원하시는 수준이 되어야 성도에게 배당된 하나님의 복을 풀어주시는 것입니다. 그러므로 성도는 부단하게 성령으로 세례를 받고 전인격이 성령의 지배를 받으려고 의지적인 노력을 해야 합니다. 자신의 생각이나 의지를 내려놓고 전폭적으로 성령의 인도하심을 따르면 좀 더 빨리 하나님이 원하시는 영적인 수준에 도달할 수가 있는 것입니다.

　　성령의 세례는 성도에게 와있는 영육간의 문제를 치유하는데도 지대한 영향을 미치게 됩니다. 성령으로 세례를 받지 않으면 치유가 되지 않습니다. 육체에 역사하는 세상신의 힘이 강하기 때문에 좀처럼 치유가 되지 않습니다. 그러다가 성령으로 세례를 받고 뜨겁게 기도하기 시작을 하면 육체가 성령의 지배를 받게 됨으로 치유가 되기 시작을 하는 것입니다.

　　여기서 우리가 더 알아야 할 것이 있습니다. 첫 번째는 성령의 세례를 이론으로 알고 스스로 성령으로 세례를 받았다고 자처하는 성도들입니다. 이런 분들이 영육으로 문제가 생겨서 치유를 받으러 옵니다. 와서 본인이 기도를 하고, 안수를 해주어도 성령의 역사가 일어나지 않습니다. 몇 주를 다니면 그때에야 반응이 있기 시작합니다. 왜냐하면 자기만의 자아가 있어서 영적인 말씀이 귀에 들리지 않기 때문입니다.

　　두 번째는 몇 년 전에 성령을 체험했다고 자랑하는 성도들입니다. 얼마 전에 여 집사가 2년 전에 성령을 체험했다고 하면서 치유와 능력을 받으러 왔습니다. 2일을 기도하고 안수를 하니까, 성령의 역사가 일어나 몸이 뒤틀리고 괴성을 지르는 것입니다. 한참을 안수하니 성령이 장악을 했습니다. 귀신들이 소리를 지르면서 떠나갔습니다. 지금 교회에는 몇 년 전에 성령을 체험했다고 안심하고 지내는 성도들이 있습니다.

이런 분들이 열심히 믿음 생활을 하면서도 여러 가지 문제로 고통을 당합니다. 왜냐하면 자기에게 역사하는 상처와 악한 영의 역사로 일어나는 것입니다. 그러므로 한번 성령을 체험했다고 다 된 것이 아니라, 지속적으로 성령을 체험하며 깊은 영의기도를 하여 심령을 정화시켜야 합니다. 그래야 깊은 영성이 되어 하나님과 교통하는 기도를 할 수가 있습니다. 한번 성령을 체험했다고 자랑삼아 말하는 분들은 자기 관리에 신경을 써야 할 것입니다. 우리가 육체가 있기 때문에 영성에 꾸준하게 관심을 가져야 합니다. 한번 체험했다고 멈추면 얼마 있지 않아 육으로 돌아갑니다.

충만한 교회에서는 매주 목요일 밤 19:30-21:30 성령 ,은사, 내적치유집회를 정기적으로 진행하고 있습니다. 성령세례와 체험을 원하시는 많은 분들이 찾아오셔서 성령세례를 받고, 성령은사를 받으며, 질병과 마음의 상처를 치유 받고, 귀신들을 떠나보내고 있습니다. 담임목사가 일일이 1시간이상 안수하여 성령으로 기도하며 성령의 강력한 역사가 일어나서 오시는 분들이 많은 은혜를 받고 있습니다.

3장 살아계신 하나님은 누가 증명해야 하나

(마 27:54)"백부장과 및 함께 예수를 지키던 자들이 지진과 그 일어난 일들을 보고 심히 두려워하여 이르되 이는 진실로 하나님의 아들이었도다 하더라."

살아계신 하나님을 체험한 크리스천들이 세상에서 살아계신 하나님을 증명하기를 소원하십니다. 흔히 불신자들은 하나님이 어디에 계시느냐? 보여 달라고 합니다. 하나님의 존재를 과학적으로 증명해 보라고 합니다. 그러나 하나님의 존재는 과학으로 증명될 수 있는 것이 아닙니다. 성경은 "하나님은 영이시니 신령한 것은 신령한 것으로 분별하느니라."고 말씀하고 있습니다. 필자는 성령체험한 크리스천이 살아계신 하나님을 증명할 수가 있다고 믿고 있고 증명하고 있습니다. 체험하여 보았고 밖으로 나타나는 모습을 보면 하나님께서 살아계심을 쉽게 깨달아 알 수가 있기 때문입니다. 그런데 관념적으로 믿음 생활을 하던 크리스천은 하나님의 살아계심을 증명하기란 그리 쉽지 않을 것입니다.

살아계신 하나님은 크리스천들이 믿음으로 행할 때 보증으로 살아계심을 나타내 주시는 것입니다. 성경 몇 군대 보면서 살아계신 하나님을 증명한 사건을 보겠습니다. 열왕기상 17장 20절 이하에 보면 사르밧과부의 아들이 죽었습니다. 과부의 아들을 엘리야가 하나님께 기도하여 살립니다. 아들을 살려서 사르밧과부에게 돌려주니까 이렇게 말합니다. "여호와께서 엘리야의 소리를 들으시므로 그 아이의 혼이 몸으로 돌아오고 살아난지라. 엘리야가 그 아이를 안고 다락에서 방으로 내려가서 그의 어머니에게 주며 이르되 보라 네 아들이 살아났느니라. 여인이 엘리야에게 이르되 내가 이제야 당신은 하나님의 사람이시오, 당신의 입에 있는 여호와의 말씀이 진실한 줄 아노라 하니라(왕상 17:22-24)" 사르밧과부는 하나님의 은혜로 가뭄은 견디었으나 죽은 아들은 살리지 못한다고 생각했으나 엘리야가 죽은 아들을 살려서 살아계신 하나님을 증명하여 믿게 한 것입니다.

엘리야가 갈멜산에서 이세벨의 상에서 먹던 선지자 450인과 아세라의 선지자 400명과 영적대결을 합니다. 하나님께서 엘리야의 기도를 들어주셔서 하늘에서 불이 내려서 재단을 태웁니다. 그러자 이스라엘 사람들이 이렇게 말합니다. "이에 여호와의 불이 내려서 번제물과 나무와 돌과 흙을 태우고 또 도랑의 물을 핥은지라. 모든 백성이 보고 엎드려 말하되 여호와 그는 하나님이시로다. 여호와 그는 하나님이시로다, 하니(왕상 18:38-39)" 엘리야가 강퍅한 이스라엘 사람들에게 하나님의 살아계심을 증명시킵니다. 강퍅한 이스라엘 사람들이 여호와가 하나님이시라고 입술로 시인하게 만든 것입니다.

엘리사가 나아만 장군의 문둥병을 치유하여 살아계신 하나님을 증명하니, 나아만이 입술로 살아계신 하나님을 인정합니다. "나아만이 모든 군대와 함께 하나님의 사람에게로 도로 와서 그의 앞에 서서 이르되 내가 이제 이스라엘 외에는 온 천하에 신이 없는 줄을 아나이다. 청하건대 당신의 종에게서 예물을 받으소서 하니(왕하 5:15)"

다니엘 6장 7절 이하에 나온 사건입니다. "나라의 모든 총리와 지사와 총독과 법관과 관원이 의논하고 왕에게 한 법률을 세우며 한 금령을 정하실 것을 구하나이다. 왕이여 그것은 곧 이제부터 삼십일 동안에 누구든지 왕 외의 어떤 신에게나 사람에게 무엇을 구하면 사자 굴에 던져 넣기로 한 것이니이다. 그런즉 왕이여 원하건대 금령을 세우시고 그 조서에 왕의 도장을 찍어 메대와 바사의 고치지 아니하는 규례를 따라 그것을 다시 고치지 못하게 하옵소서 하매 이에 다리오 왕이 조서에 왕의 도장을 찍어 금령을 내니라, 다니엘이 이 조서에 왕의 도장이 찍힌 것을 알고도 자기 집에 돌아가서는 윗방에 올라가 예루살렘으로 향한 창문을 열고 전에 하던 대로 하루 세 번씩 무릎을 꿇고 기도하며 그의 하나님께 감사하였더라(단6:7-10)" 그러자 다니엘을 시기하던 신하들이 왕에게 고자질을 합니다. "이에 그들이 나아가서 왕의 금령에 관하여 왕께 아뢰되 왕이여 왕이 이미 금령에 왕의 도장을 찍어서 이제부터 삼십 일 동안에는 누구든지 왕 외의 어떤 신에게나 사람에게 구하면 사자 굴에 던져 넣기로 하지 아니하였나이까 하니 왕이 대답하여 이르되 이 일이 확실하니 메대와 바사의 고치지 못하는 규례니라 하는지라(단6:12)"

왕이 다니엘을 사자굴에 넣으라고 명령합니다. "이에 왕이 명령하매 다니엘을 끌어다가 사자 굴에 던져 넣는지라. 왕이 다니엘에게 이르되 네가 항상 섬기는 너의 하나님이 너를 구원하시리라 하니라(단6:17)" 왕이 밤을 새우기 고민하다가 날이 밝아지니 다니엘 부릅니다. "다니엘이 왕에게 아뢰되 왕이여 원하건 대 왕은 만수무강 하옵소서, 나의 하나님이 이미 그의 천사를 보 내어 사자들의 입을 봉하셨으므로 사자들이 나를 상해하지 못하 였사오니 이는 나의 무죄함이 그 앞에 명백함이오며 또 왕이여 나는 왕에게도 해를 끼치지 아니하였나이다 하니라. 왕이 심히 기뻐서 명하여 다니엘을 굴에서 올리라 하매 그들이 다니엘을 굴에서 올린즉 그의 몸이 조금도 상하지 아니하였으니 이는 그 가 자기의 하나님을 믿음이었더라(단6:21-23)" 왕이 살아계신 하나님을 증명하고 찬양하면서 영광을 돌립니다. "내가 이제 조 서를 내리노라! 내 나라 관할 아래에 있는 사람들은 다 다니엘의 하나님 앞에서 떨며 두려워할지니, 그는 살아 계시는 하나님이 시오, 영원히 변하지 않으실 이시며, 그의 나라는 멸망하지 아니 할 것이요. 그의 권세는 무궁할 것이며, 그는 구원도 하시며, 건 져내기도 하시며, 하늘에서든지 땅에서든지 이적과 기사를 행하 시는 이로서 다니엘을 구원하여 사자의 입에서 벗어나게 하셨음 이라 하였더라(단6:26-27)"

신약성경에 보면 베드로가 나면서부터 앉은뱅이가 되어 성전 문에서 구걸하던 앉은뱅이를 구원한 기적이 기록되어 있습니다. 앉은뱅이가 찬양을 합니다. "뛰어 서서 걸으며 그들과 함께 성 전으로 들어가면서 걷기도 하고 뛰기도 하며 하나님을 찬송하니 (행 3:8)" 대제사장이 사도들을 가운데 세우고 묻되 너희가 무슨 권세와 누구의 이름으로 이 일을 행하였느냐고 질문합니다. "이 에 베드로가 성령이 충만하여 이르되 백성의 관리들과 장로들아

만일 병자에게 행한 착한 일에 대하여 이 사람이 어떻게 구원을 받았느냐고 오늘 우리에게 질문한다면 너희와 모든 이스라엘 백성들은 알라 너희가 십자가에 못 박고 하나님이 죽은 자 가운데서 살리신 나사렛 예수 그리스도의 이름으로 이 사람이 건강하게 되어 너희 앞에 섰느니라(행4:8-10)" 베드로가 유대인들에게 하나님의 살아계심을 증명합니다. 우리도 이렇게 하나님의 살아계심을 세상 사람에게 증명하는 일꾼들이 되어야 합니다.

마태복음 27장은 수난주간의 금요일, 예수님이 십자가에 못 박히시던 때의 모습을 그려주고 있습니다. 죄 없으신 예수님이 여기 강도 두 사람과 함께 십자가형을 당하고 있습니다. 한 강도는 오른쪽에 한 강도는 왼쪽에 달렸고, 마지막으로 예수님이 십자가에 달려 세워지셨습니다. 지나가는 사람들이 머리를 흔들면서, 예수를 모욕하였습니다. "성전을 허물고 사흘 만에 짓겠다던 사람아, 네가 하나님의 아들이거든, 너나 구원하여라. 십자가에서 내려와 보아라." 대제사장들도 율법학자들과 백성의 원로들과 함께 조롱하면서 말하였습니다. "그가 남은 구원하였으나, 자기는 구원하지 못하는가 보다! 그가 이스라엘 왕이시니, 지금 십자가에서 내려오시라지, 그러면 우리가 믿을 터인데! 그가 하나님을 의지하였으니, 하나님이 원하시면 이제 그를 구원하시라지, 그가 말하기를 '나는 하나님의 아들이다' 하였으니 말이다."

한 마디로 그들은 조롱과 비난 속에서 예수님을 향하여 '하나님 살아계심을 보이라!'고 요구하고 있습니다. 네가 믿는 하나님이 살아 계시다면, 그 하나님을 보여 달라고 그들은 오만방자하게 하나님의 아들을 향하여 요구하고 있습니다. 과연 예수님은 십자가에 달려 돌아가신지 사흘 만에 다시 살아나셔서 그들에게 하나님 살아계심을 보여주었으나, 그들은 마음이 금강석처럼 굳어져서 끝끝내 예수님을 믿지 않았습니다.

그러나 "예수께서 다시 크게 소리 지르시고 영혼이 떠나시니라. 이에 성소 휘장이 위로부터 아래까지 찢어져 둘이 되고 땅이 진동하며 바위가 터지고 무덤들이 열리며 자던 성도의 몸이 많이 일어나되(마 27:50-52)" 이런 표적들이 일어나니 "백부장과 및 함께 예수를 지키던 자들이 지진과 그 일어난 일들을 보고 심히 두려워하여 이르되 이는 진실로 하나님의 아들이었도다 하더라(마 27:54)" 눈으로 보이는 초자연적인 증명들이 나타나니 예수님을 살아계신 하나님의 아들로 인정합니다.

이렇게 현대인들은 하나님 믿기를 너무 어려워합니다. 어떻게 보면 우리가 높이 세운 과학문명은 하나님께 대한 의심의 문화입니다. 보이지 않는 하나님, 증명될 수 없는 하나님을 어떻게 믿느냐고 사람들은 생각합니다. 불신자들은 말할 것도 없고, 심지어 교회에 다니는 사람들까지 하나님이 살아 계신지를 확신하지 못하고 있는 사람들이 많습니다. 하나님 살아계심을 믿지 못하니까, 사람에게만 보이려고 신앙생활을 합니다. 하나님보다 사람을 두려워하고, 하나님의 평가보다 사람의 인정에 더욱 신경을 쓰며, 하나님 중심으로 살지 않고 자기중심으로만 살아갑니다. 하나님이 살아 계시다면, 어떻게 믿는 사람들이 상습적으로 간음을 행하며, 남의 것을 훔치고, 의도적인 거짓말을 쉴 새

없이 할 수 있겠습니까? 교회의 십자가는 높아지지만, 사람들의 하나님 믿음은 점점 낮아지고 있습니다. 예수님 시대 뿐 아니라 지금도 우리는 "하나님 살아계심을 보이라!"는 사람들의 부르짖는 간구를 듣고 있습니다. 하나님은 어떻게 우리 시대에 살아계심을 나타내 보이고 계십니까? 우리는 어떻게 하나님 살아계심을 보고 확신을 얻으며, 하나님의 살아계심을 증명하며, 이 의심의 문화 속에서 믿음을 잃지 않고 살 수 있겠습니까?

첫째, 하나님은 말씀으로 하나님 살아계심을 증명하신다. 말씀으로 세상을 만드시고 말씀으로 없는 것을 있게 하시며, 말씀으로 사람을 변화시키시고 말씀으로 새 역사를 이루십니다. 말씀대로 살 때 하나님이 그곳에서 역사하셔서 놀라운 일을 이루시고, 이런 과정을 통하여 믿음의 사람들은 하나님 살아계신 것을 알게 됩니다. 모세를 광야에서 부른 것도 하나님의 말씀이며, 홍해와 요단강을 건너게 한 것도 하나님의 말씀이고, 사무엘을 이스라엘의 영도자로 세운 것도 하나님의 말씀이고, 베드로를 부르실 때 그물 가득히 물고기가 잡히게 하신 것도 말씀이었습니다. 예수님은 말씀 한마디로 병자를 고치시고 바다를 잔잔케 하셨습니다. 말씀을 붙들 때 내 안에서 변화의 능력이 되고 새로운 삶을 창조하는 힘이 됩니다.

예수님의 어머니가 가나의 혼인잔치에 예수님과 함께 갔을 때, 포도주가 떨어졌다고 말씀드렸더니 주님께서는 빈 항아리에 물을 채우라고 말씀하셨습니다. 종들은 왜 물을 채워야 하는지, 또 물을 채운다고 떨어진 포도주가 생겨날 리는 만무하다는 생각을 하면서도 주님 말씀대로 빈 항아리에 물을 채웠습니다. 그리고 그 물을 잔치를 주관하는 분에게 갖다 주라고 말씀하셨을 때에도 이상했지만, 말씀대로 갖다 주었습니다. 그런데 말씀대로 다 하였을 때 그들은 물이 포도주가 된 것을 보았고, 잔치 손님들은 전의 포도주보다 후의 포도주가 더 맛있다고 하였습니다. 물을 채우는 일, 물을 떠서 갖다 드리는 일, 이것은 내가 할 일입니다. 많은 크리스천들이 잘못알고 있는 것이 있습니다. 현실 문제를 가지고 하나님께 기도만하면 하나님께서 해결하여 주시는 것으로 알고 있습니다. 물론 하나님께서 해결하여 주십니다. 그런데 하나님께서 현실 문제를 해결하시는 방법이 있습니다. 크리스천들이 현실 문제를 가지고 하나님께 기도하면 해결할 수 있는 지혜를 주십니다. 알려주신 지혜대로 순종하면 성령께서 문제를 기적적으로 해결하십니다. 알려주신 대로 순종하지 않으면 문제는 해결되지 않습니다. 현실 문제를 하나님의 방법으로 해결하면서 믿음이 커지도록 인도하십니다.

분면하게 주님께서 말씀대로 행하는 곳에 오셔서 역사하십니다. 말씀대로 순종할 때 살아계신 것을 나타내시면서 기적을 행하시는 것입니다. 세상은 세월이 갈수록 힘이 떨어지고 아름다운 것도 쇠하나, 하나님 말씀대로 사는 곳에는 세월이 지날수록 더욱 아름답고 능력 있는 삶이 됩니다. 이전 포도주보다 말씀대로 행하여 얻는 다음 포도주가 훨씬 맛있을 것입니다.

우리 크리스천들은 현실문제에 봉착하면 당황하지 말고 하나님께 기도해야 합니다. 하나님께 기도하여 해결방법을 질문해야 합니다. 자신이 당하는 모든 문제의 해결방법은 하나님께서 가지고 계시기 때문입니다. 우리들이 인생길을 걸어 나아갈 때 우리 스스로 해결할 수 없는 문제들이 많이 있습니다. 사람들은 문제를 만나면 먼저 마음이 무너집니다. 어느 젊은 여 집사가 저에게 전화를 했습니다. 목사님! 저는 지금 정상이 아닙니다. 직장을 다니고 있는데 몸이 비정상입니다. 가슴이 답답하고, 잠을 자도 늘 피곤하여 닭이 병든 것과 같이 꾸벅꾸벅 졸기 일 수입니다. 기도가 막혀서 기도를 할 수가 없습니다. 그리고 조그마한 소리도 받아들이지 못하고 짜증이 심합니다. 불안하고, 두렵고, 우울할 때도 있습니다. 몸이 천근만근 무겁습니다. 그래서 서울대 병원에 입원하여 450만원을 들여서 건강검진을 받았습니다. 그런데 결과는 모든 기능이 정상으로 나왔습니다. 그런데 몸은 비정상입니다. 목사님! 이유와 원인이 무엇입니까? 하나님의 은혜로 해결 받고 싶습니다.

필자가 이렇게 말했습니다. 집사님이 바르게 아셔야 할 것이 있습니다. 집사님은 예수를 믿어서 하나님의 자녀가 되었습니다. 하나님의 자녀는 하늘에 시민권이 있습니다. 이제 하나님께서 주시는 것으로 살아야 합니다. 영육의 문제도 하나님이 알려주시는 방법으로 치유를 해야 합니다. 하나님께서는 자녀들의 문제를 하나님의 사람을 통하여 치유하십니다. 세상에서 치유하지 못하는 문제도 하나님께 기도하면 하나님께서 하나님의 사람을 만나게 하여 치유하십니다. 하나님은 치유하지 못하시는 것이 없습니다. 하나님께서 치유하실 것이니 걱정하지 마세요.

여 집사가 토요일 날 개별 집중치유를 예약하여 집중치유를 받았습니다. 첫날 기도를 하는데 성령세례를 받지 않은 상태였습니다. 일단 성령의 임재가 여 집사를 장악하게 하여 성령세례가 임하도록 했습니다. 얼마 지나자 성령세례가 임했습니다. 소리를 내면서 한동안 울었습니다. 울음이 그치니 기침을 사정없이 했습니다. 그러면서 분노가 올라왔습니다. 들어보니 남편을 향한 분노였습니다. 제가 남편이 힘들게 합니까? 그랬더니 울먹이는 소리로 그렇다는 것입니다. 사사건건 충돌이 일어난다는 것입니다. 계속 기도를 하게 했습니다. 또 다른 문제가 있었습니다. 아파트를 매매하려고 1년 6개월 전에 부동산에 매물로 내놓았는데 나가지를 않는다는 것입니다. 세종시에 아파트를 분양받아 대전아파트가 나가야 되는 데 나가지를 않는다는 것입니다.

필자가 돌아가서 남편을 설득해서 남편하고 같이 와서 치유를 받으라고 했습니다. 의외로 남편이 쉽게 성령으로 장악이 되었습니다. 안수를 하니까, 깊은 곳까지 치유가 일어났습니다. 여 집사의 깊은 곳에서 치유가 일어났습니다. 남편도 생전처음 성령으로 세례를 받고 체험했다고 좋아했습니다.

돌아가서 이렇게 메일로 소식이 왔습니다. "한 달 전 남편과 같이 대전에서 올라와 치유 받은 ○○○ 집사입니다. 답답했던 가슴이 뚫리고 기도가 너무나 잘됩니다. 건강도 아주 좋아졌습니다. 더군다나 1년 6개월 동안 팔리지 않았던, 대전 아파트가 며칠 전 계약이 되었습니다. 먼저 하나님께, 그리고 목사님께 감사드립니다. 목사님께서 알려 주신 데로 남편과 같이 순종하면서 열심히 대적 기도를 했습니다. 대적기도의 결과 응답되었고, 앞으로 마귀를 불러들이는 일은 하지 않아야겠다고 깨닫게 되었습니다." 이분들은 문제를 통하여 하나님의 군사가 된 것입니다.

예수를 믿고 성령의 인도를 받아 교회에 나온 크리스천은 하나님의 방법으로 문제를 해결해야 합니다. 자신의 문제를 해결하려고 이리 뛰고, 저리 뛰고 해도 해결되지 않습니다. 세상방법으로 해결이 된 다해도 임시요법에 불과한 것입니다. 다시 재발한다는 말입니다. 하나님의 자녀의 문제는 하나님의 방법으로 해결을 해야 합니다. 문제가 생겼을 때 불필요한 시간 낭비 마시고 주님만이 나의 모든 문제의 해결 자가 되십니다. 주여! 나를 도와주옵소서. 나를 불쌍히 여겨 주옵소서. 하고 주님께 나와 기도하면 방법을 알려주시고 순종하면 해결하여 주십니다.

둘째, 하나님께서 살아계심을 증명하신다. 하나님은 이적과 기사와 능력으로 오늘도 살아계심을 증거 하십니다. 반드시 살아계심을 나타내십니다. 살아계신 것을 눈으로 보고 몸으로 체험하여 믿게 하기 위해서입니다. 과학의 문화는 기적을 인정하지 않습니다. 그러나 믿음의 세계에는 날마다 기적이 일어납니다. 아침에 해가 뜨는 것도, 별이 반짝이는 것도, 봄에 싹이 트고, 겨우내 얼었던 강물이 풀려 소리 내며 흘러가는 것도, 꽃이 피며 새가 노래하는 것도 다 기적이 아닙니까? 필자는 날마다 기적을 체험하면서 살아가고 있습니다. 사람들의 마음이 왜 사랑으로 설레는지, 세상은 어떻게 이렇게 질서 있게 돌아가며, 역사는 그 많은 문제와 모순 속에서도 큰 강물처럼 도도히 흘러가는지,

그리하여 결국 하나님의 목적과 의도대로 모든 것이 이루어지는지… 믿음의 눈으로 보면 모든 것이 기적이요, 기사입니다.

그러나 여기에 머무르지 않고 하나님은 때로 초자연적인 능력으로 기적을 일으키셔서 당신이 우리 삶에 개입하고 동행하고 계심을 보여주십니다. 우리 충만한 교회는 매주 화-수-목 집회가 있습니다. 집회 때마다 여러 가지 기적이 나타납니다. 물론 모든 분들의 문제와 질병이 다 나았거나 모든 사람이 다 초자연적인 은사를 체험한 것은 아닙니다. 그러나 적어도 인정할 수밖에 없는 몇 가지 기적만으로도 우리는 하나님이 우리 가운데 기적으로 역사하고 계시는 것을 알 수가 있습니다.

허리에서부터 얼굴까지 반신불수가 되어 12월 20일부터 다음해 4월 25일 충만한 교회에 오기 전까지 반신불수가 되어 거동을 못하며 집안에서 지내던 목사님의 이야기 입니다. 교회는 문을 닫았고 영적으로 육적으로 고통을 당했습니다. 친한 친구 목사님들이 충만한 교회에 가면 치유가 된다는 말을 듣고 차에 실려 우리 교회 성령치유 집회에 참석하여 은혜를 받았던 이야기 입니다. 그런데 참석한 첫날부터 강한 성령의 불을 받고 온몸이 불덩어리가 되더니 몸이 뒤틀리기 시작 했습니다. 악한 귀신들이 발작을 한 것입니다. 제가 "예수 이름으로 명하노니 허리를 잡고 있는 더러운 귀신은 떠나가라"하고 안수 기도를 할 때마다 수많은 귀신들이 발작을 하면서 떠나고 소리를 지르면서 떠나갔습니다.

목사님의 이야기입니다. "저는 이때까지 내가 허리디스크와 좌골 신경통으로 이렇게 거동을 못하게 되었지, 악한 영의 역사로 이렇게 되었다고는 꿈에도 생각을 하지 않고 병원치료만 하였습니다. 한마디로 영적인 무지한이었습니다. 성령님의 인도로 충만한 교회에 와서 성령의 불을 받고 아~ 이것이 영적으로 문제가 되어 발생한 것이구나! 체험적으로 인정을 했습니다.

저는 충만한 교회에 오기 전에 영적인 집회에 참석을 많이 했습니다. 심지어는 미국에 가서 빈야드 집회도 참석을 했습니다. 그때도 몸이 뒤틀리고 발작을 했습니다. 거기 있는 사역자들이 성령의 불을 받은 것이라고 했습니다. 저는 성령의 불을 받았기 때문에 저에게 악한 영이 역사한다는 것은 꿈에도 생각을 못했습니다. 저의 허리를 아프게 하는 것은 악한 영의 역사라고 인정을 하니 귀신이 떠나가고 치유되기 시작하다가 며칠 지나니 저 혼자도 걸을 수가 있었습니다.

강 목사님이 안수 기도를 하면 할수록 몸이 편안해졌습니다. 허리 아픈 것이 점점 없어졌습니다. 몸이 뒤틀리고 발작하는 것도 없어졌습니다. 정말 신기할 정도로 안정을 찾았습니다. 치유되고 능력을 받으니 심령이 읽어지는 지식의 말씀의 은사가 나타나고 안수 기도하면 강요셉 목사님 같이 성령의 역사가 강하게 나타났습니다. 그래서 다시 목회를 시작하니 교회가 점점 부흥이 되었습니다. 몇 개월 다니면서 치유를 받으니 이제 몸도 완치가 되었습니다. 저를 치유하신 하나님에게 영광을 돌립니다. 현실 문제를 기적같이 치유하시면서 군사가 되게 하신 것입니다."

하나님은 오늘도 기적으로 역사하십니다. 과학의 시대를 사는 사람들은 애써 기적을 인정하지 않으려 합니다. 그러나 성경에 근거하여 성령 사역을 하는 필자는 책을 읽는 분들에게 상식과 과학을 인정하는 것처럼, 기적도 인정하라고 권면하겠습니다. 하나님은 기적의 하나님이십니다. 그리고 기적과 이사와 능력을 통하여 오늘도 하나님의 살아계심을 의심하는 사람들에게 보여주십니다. 하나님은 사모하는 영혼들에게 오늘도 기적을 보여주시고, 기적을 통하여 하나님 살아계심을 보이십니다.

셋째, 믿음의 생활을 통해 기적을 증명해야 한다. 긍정적으로 생각하고 이루어진 모습을 꿈꾸고 그리고 말씀을 그대로 시인하고 믿고 확신이 오면 담대하게 입술로 고백해야 합니다. 그러면 기적은 일어나게 되는 것입니다. 우리가 삶을 다스리기 위해서는 진리가 있어야 하며, 또 그 진리를 알아야 다스릴 수 있습니다. 진리를 모르면 마귀의 협박과 공갈에 넘어가게 됩니다. 따라서 성경을 믿으면 우리는 십자가 대속의 은혜의 터전에서 삶을 다스릴 수 있는 것입니다.

예수님을 믿으면 죄의 세계에서 옮겨서 그 사랑의 아들 나라로 이주를 받게 됩니다. 우리는 지금 죄의 나라의 시민이 아니라, 예수 그리스도의 죽으신 보혈을 통하여 죄를 청산하고 벗어버리고 하나님의 아들 나라로 옮긴 것입니다. 그러므로 우리가 어디를 가든지 예수님을 마음속에 주인으로 모시고 있으면 내게서 죄는 사라지고 악은 사라지도록 다스릴 수 있는 것입니다.

그리고 병을 다스릴 수 있는 것은 성경 베드로전서 2장 24절에 "친히 나무에 달려 그 몸으로 우리 죄를 담당하셨으니 이는 우리로 죄에 대하여 죽고 의에 대하여 살게 하려 하심이라 그가 채찍에 맞음으로 너희는 나음을 얻었나니"라고 말씀하고 있습니다. 그러므로 "질병아, 너는 나에게 달라붙으려고 애를 쓰지만 예수님이 2천 년 전에 채찍에 맞음으로 내가 나음을 입었다. 성경에 기록되어 있다. 그러니 물러가라!"하며 다스릴 수 있는 것입니다.

주님이 주신 권위를 사용하여 하나님의 살아계심을 세상에 증명해야 합니다. 환경이 어려워지고 가시와 엉겅퀴가 나오고 사업이 안 되고 가정이 풍비박산이 되면 성경 고린도후서 8장 9절에 "우리 주 예수 그리스도의 은혜를 너희가 알거니와 부요하신 이로서 너희를 위하여 가난하게 되심은 그의 가난함으로 말미암아 너희를 부요하게 하려 하심이라"고 기록되어 있습니다. 그러므로 우리는 스스로 "나는 예수님의 은혜로 부한 삶을 살게 되어 있다" 담대하게 선포하여 환경을 바꾸어 하나님의 살아계심을 세상사람에게 증명시켜야 합니다. 살아있는 권위가 주어 졌습니다.

충만한 교회에서는 직장인, 학생, 주부들을 위하여 주일날도 동일하게 성령 내적치유 집회 형식으로 예배를 인도합니다. 담임목사는 주일날 밖에 교회에 나올 수 없는 성도들이 하나님의 뜻대로 내면을 치유 받고 성령 충만하여 현제 천국을 누리면서 살아가도록 관심을 가지고 신앙을 지도하고 있습니다. 매주 영적인 말씀을 들으면서 40-50분 이상 기도하면서 안수하여 막힌 영의통로를 뚫고, 마음의 상처를 치유하고, 영적인 문제를 해결하며, 성령님과 동행하도록 예배를 인도하고 있습니다. 예배시간은 11:00- / 13:30-입니다. 평일 시간이 없으신 분들은 오셔서 진리의 말씀을 듣고 치유도 받으시기를 바랍니다.

4장 자연인이 살아계신 하나님을 시인하게 한다.

(왕하 5:15)"나아만이 모든 군대와 함께 하나님의 사람
에게로 도로 와서, 그의 앞에 서서 이르되 내가 이제 이스
라엘 외에는 온 천하에 신이 없는 줄을 아나이다. 청하건
대 당신의 종에게서 예물을 받으소서 하니"

하나님께 살아계심을 증명하시는 이유는 이방인들이 하나님
의 살아계심을 인정하고 경배하게 하기 위함입니다. 오늘 하나님
의 살아계심을 증명하는 이방인이 있습니다. 바로 나아만 장군입
니다. 구약시대 엘리사 선지자가 활동하던 때에 북방의 아람 나
라에 나아만이라는 장군이 있었습니다. 그는 아람 왕의 군대장관
으로서 전에 아람 나라를 적국으로부터 구해낸 일로 왕의 총애를
받는 사람이었습니다. 그런데 그는 큰 용사였으나 문둥병자였습
니다. 문둥병은 세상 의술로는 치유할 수가 없는 질병입니다. 나
아만은 백방으로 노력을 했을 것입니다.

그 즈음, 그는 자기 집에서 일하는 포로로 잡혀와 식모를 살고
있는 이스라엘 소녀를 통해서 사마리아에 계신 선지자가 그의 병
을 고칠 수 있다는 말을 들었습니다. 이에 나아만은 왕에게 이 사
실을 고하고, 이스라엘 왕에게 보내는 왕의 친서와 많은 예물을
가지고 사마리아로 떠났습니다.

나아만으로부터 아람 왕의 친서를 받아 읽어본 이스라엘의 요
람 왕은 얼굴빛이 하얗게 변했습니다. 거기에는 "내가 내 신하 나

아만을 당신에게 보내오니 이 글이 당신에게 이르거든 당신은 그 문둥병을 고쳐주소서”라고 쓰여 있었습니다. 요람 왕은 자기 옷을 찢으며 신하들에게 말하기를 “내가 어찌 하나님이 관대 능히 사람을 죽이며 살릴 수 있으랴 저가 어찌하여 사람을 내게 보내어 그 문둥병을 고치라 하느냐 너희는 깊이 생각하고 저 왕이 틈을 타서 나로 더불어 시비하려 함인 줄 알라”고 했습니다. 역시 이스라엘의 요람왕은 사람입니다. 자신의 능력으로 모든 것을 해결하려고 한 것입니다. 자신이 할 수 없으니 옷을 찢은 것입니다. 두려움에 사로잡혀서 이스라엘에 하나님께서 계신다는 것을 순간 잊은 것입니다. 우리 크리스천들은 어떠한 위급한 일이 닥치더라도 당황하거나 두려워하지 말아야 합니다. 문제는 우리가 해결할 것이 아니고 하나님께서 해결하실 것이기 때문입니다. 할 일은 담대하게 하나님께 기도하면서 하문하는 것입니다. 하나님께서 알려주시는 지혜대로 순종하면 기적같이 해결이 되는 것입니다. 평소에 성령으로 충만하여 믿음을 굳건하게 해야 합니다.

하나님의 사람인 엘리사는 이스라엘 왕이 자기 옷을 찢었다 함을 듣고 왕에게 사람을 보내어 말을 전했습니다. “왕이 어찌하여 옷을 찢었습니까? 그 사람을 내게로 보내십시오. 저가 이스라엘 중에 선지자가 있는 줄을 알게 될 것입니다” 이리하여 나아만이 말들과 병거들을 거느리고 엘리사의 집을 찾아갔습니다. 나아만은 엘리사가 나와서 허리를 굽히고 마중할 줄로 알고 온 것입니다. 큰 기대를 하고 엘리사 집에 도달한 것입니다. 그 때 엘리사는 사환을 저에게 보내어 말하기를 “요단강에 몸을 일곱 번 씻으시오.

그러면 장군의 문둥병이 깨끗하게 될 것입니다"라고 했습니다.

나아만은 대단히 화가 났습니다. 그는 발걸음을 돌이키면서 말했습니다. "내 생각에는 저가 내게로 나아와 서서 그 하나님 여호와의 이름을 부르고 상처 위에 손을 흔들어 문둥병을 고칠까 하였도다. 다메섹에 있는 아마나 강과 바르발 강은 이스라엘 모든 강물보다 낫지 아니하냐 내가 거기서 몸을 씻으면 깨끗하게 되지 아니하랴(왕하5:11-12)"

그 때 그의 부하들이 나아와서 "내 아버지여, 선지자가 큰일을 행하라고 시켰으면 행치 아니 하였겠습니까 하물며 강물로 씻어 깨끗하게 하라 한 것을 못하실 리가 없지 않겠습니까?" 하면서 만류하였습니다. 나아만은 참모를 잘 둔 것입니다. 우리 크리스천들은 윗사람이나 아랫사람 모두 잘 만나야 합니다. 나아만은 아랫사람을 잘 만난 것입니다. 참모의 조언에 나아만이 마음을 고쳐먹고 요단강에 내려가서 하나님의 사람의 말씀대로 강물에 일곱 번 몸을 잠그니 그 살이 여전하여 어린아이의 살 같이 깨끗하게 되었습니다. 나아만이 하나님의 사람에게로 도로 와서 그 앞에 서서 말하기를 "내가 이제 이스라엘 외에는 온 천하에 신이 없는 줄을 압니다."라고 했습니다. 오늘 저는 본문이 우리에게 주는 영적 진리가 무엇인지 말씀해 드림으로 성도님들과 함께 은혜를 나누려고 합니다.

첫째, 나아만의 문둥병은 구원받지 못한 사람의 영적 상태를 보여준다. 사람들은 대체로 그 사람의 외적인 조건을 보고 평가

합니다. 장관이나 국회의원 쯤 되면 어딜 가나 VIP대접을 받습니다. 대학교수 쯤 되면 어딜 가나 상석에 앉게 하며 존경을 받습니다. 백화점이나 컨트리클럽 같은 데서는 지갑이 두둑한 사람들이 대접을 받습니다. 그런 점에서, 나아만 장군은 사람들이 갖고 싶어 하는 모두 조건을 갖춘 사람이었습니다. 그는 아람 나라의 군대 장관이었습니다. 그것도 왕의 총애를 한 몸에 받는 군대 장관이었습니다. 그도 그럴 것이 그는 전에 아람 나라를 구해낸 큰 공을 세웠던 것입니다. 아람 나라에서 나아만은 크고 존귀한 자요 큰 용사였습니다. 부귀공명을 한 몸에 지닌 세상에서 부러울 것이 없는 사람이었습니다.

그런데 그에게 말 못할 고민이 있었으니, 이는 그가 문둥병자였던 것입니다. 살이 썩어 들어가는 문둥병에 걸렸으니 모든 사람이 부러워하는 조건들이 무슨 소용이 있단 말입니까?

영적으로 볼 때, 이 문둥병은 죄를 상징합니다. 그리고 문둥병자 나아만은 죄에 감염된 죄인들을 말합니다. 이 땅에 태어난 모든 사람이 죄에 감염된 죄인입니다. 이에 대하여 성경은 "기록한 바 의인은 없나니 하나도 없으며 깨닫는 자도 없고 하나님을 찾는 자도 없고 다 치우쳐 한가지로 무익하게 되고 선을 행하는 자는 없나니 하나도 없도다"(롬 3:10-12)라고 선언합니다. 유대인이나 헬라인이나 다 죄 아래 있다는 것이 성경의 판단입니다.

나아만은 그 주인 앞에서 크고 존귀한 자요, 큰 용사였으나 실상은 문둥병자였습니다. 화려한 옷으로 피 고름이 흐르는 몸을 감출지라도 그것으로 그가 문둥병자인 사실을 모면할 수는 없습니다. 이는 영적으로 볼 때도 마찬가지입니다. 사람들은 외모를 보고 판단하기를 좋아합니다. "저 사람은 집안도 좋고, 학벌도 좋고, 직업도 좋고, 재산도 많고, 그러니 훌륭한 사람임에 틀림없어" "저 사람은 모든 사람이 부러워하는 조건을 갖추었으니 참 행복할거야" 과연, 그럴까요?

본문에 나아만을 보고 "저는 큰 용사나 문둥병자더라"고 했습니다. 이 구절을 현대인들에게 적용해 보면, "현대인들은 배운 것도 많고, 가진 것도 많고, 재능도 있고, 매너도 세련되고, 외모도 아름답게 꾸몄지만, 영적 문둥병자더라" 다른 조건이 아무리 좋아도 맨 나중에 붙인 조건으로 인해 모든 것이 무용지물이 되고 맙니다. 그러기에 예수님께서는 말씀하시기를 "사람이 만일 온 천하를 얻고도 제 목숨을 잃으면 무엇이 유익하리요 사람이 무엇을 주고 제 목숨을 바꾸겠느냐"(마 16:26)고 하셨습니다.

예나 지금이나 사람들은 나아만처럼 큰 용사가 되기를 원하고 그렇게 되려고 필사의 노력을 기울입니다. 사람마다 사회에서 보다 나은 대접을 받기 위해 얼마나 애쓰는지 모릅니다. 우리나라에는 모국어도 할 줄 모르는 어린아이들에게 영어를 가르치는 부모들도 많고, 자녀 교육을 위해 가족이 헤어져 사는 기러기 가족도 적지 않습니다. 이 모든 노력이 이 사회에서 더 좋은 대우를 받으면서 살기 위한 것입니다. 그러나 사람들이 외적인 조건에 관심을 집중할수록 그들의 내적인 상태는 점점 더 악화될 뿐입니다.

"노인과 바다"라는 소설로 유명한 헤밍웨이는 62세에 엽총으로 자살했습니다. 그는 노벨문학상을 수상했고, 돈도 많았습니다. 그는 스포츠, 사냥, 모험 등을 즐겼고, 사랑을 추구해서 결혼도 네 번이나 했습니다. 그러나 그는 사람들이 원하는 명예, 돈, 사랑, 예술 등 모든 것을 누렸으나 마음의 공허를 이기지 못하고 자살로 생을 마감했습니다. 그는 유서에다 "나는 필라멘트가 끊어진 텅 빈 전구와 같이 공허하다"고 썼습니다. 헤밍웨이의 심적 공허를 어떻게 설명해야 할까요?

예수님께서는 수가성 우물에서 사마리아 여인과 대화하시면서 "이 물을 먹는 자마다 다시 목마르려니와 내가 주는 물을 먹는 자는 영원히 목마르지 아니하리니 나의 주는 물은 그 속에서 영생하도록 솟아나는 샘물이 되리라"(요 4:13-14)고 하셨습니다. 이 세상에서 사람들이 추구하는 것은 마치 우물물과 같아서 다시 목마를 수밖에 없습니다. 알콜 중독자가 술을 마셔도 마셔도 그때 뿐이고, 다시 목이 갈하여 술을 찾듯이, 세상이 주는 만족은 일시적이고 더 심한 갈증을 일으키는 것입니다. 그 이유는, 세상이 주는 것은 어느 것이나 죄에 오염되어 있기 때문입니다.

나병이 무서운 이유는, 이 병에 걸리면 감각이 없어지는 것입니다. 뜨거운 것을 만져도 뜨거운 줄 모르고, 살이 패여도 아픈 줄을 모릅니다. 그 때문에 몸을 함부로 사용하므로 망가지기 쉽고 그렇게 상처 난 곳으로 병균이 들어가 치명적인 손상을 입게 되는 것입니다. 죄인들의 실상이 이와 같습니다. 죄에 감염되면 영적인 감각이 없어집니다. 죄를 지으면서도 그것이 죄인 줄 알지 못합니다. 하나님을 거역하면서도 그것이 얼마나 무서운 죄인 줄 모릅니다.

현대인들은 겉은 화려하지만 그 속은 썩고 악취가 납니다. 오늘날 신문과 TV 뉴스를 가득 채우고 있는 부정부패, 인신매매, 살인, 파괴 사건들은 죄에 감염된 사람들의 내면의 상태가 겉으로 드러난 것에 다름 아닙니다. 이렇게 볼 때, 사람은 누구나 죄를 청산하지 않는 한 나아만처럼 소망이 없음을 알아야 하는 것입니다. 구원의 길은 하나가 있습니다. 예수 앞에 나와 예수를 믿는 것입니다

두 번째, 나아만이 이스라엘인 하녀에게서 문둥병을 고침 받을 수 있다는 복음을 들었다. 자기가 문둥병에 걸렸음을 알았을 때, 나아만은 겉으로는 군대장관으로서 위엄을 지켰을지 몰라도 속으로는 절망하였을 것입니다. 환자가 자기의 병든 사실을 올바로 아는 것은 치료를 위해서 매우 필요합니다. 얼마나 많은 사람이 무심하게 지내다가 너무 늦게 병든 사실을 알게 되어 치료할 기회를 놓치고 있는지 모릅니다.

사람들이 가장 듣기 싫어하는 말이 무엇인지 아십니까? 그것은 "당신은 죄인"이라는 말입니다. 그들은 자기들이 얼마나 의롭고 괜찮은 사람인지를 설명하거나 개중에는 노골적으로 화를 내며 싸우려 드는 사람들도 있습니다. 마치 암환자에게 "당신은 암에 걸렸습니다" 말해 주면 화를 내고 믿으려 하지 않는 것과 비슷합니다. 그러나 병을 고치려면 병든 사실을 인정하는 것이 필수적입니다. 자기가 영적 문둥병에 걸린 사실을 알지 못하면 여전히 세상 즐거움을 추구하며 살아갈 수밖에 없는 것입니다.

그러면 사람이 무슨 방법으로 자기가 영적 문둥병에 걸린 사실

을 알 수 있을까요? 하나님의 율법으로 자신을 진단해 보아야 합니다. 이 세상의 방법으로는 절대로 영혼의 상태를 진단할 수 없습니다. 정신과적인 진단으로는 죄를 발견해 낼 수 없습니다. 하나님의 율법은 비유하자면 곧은 자와 같습니다. 사람이 자기의 행실이 올바르다고 할지라도 율법의 자로 대어보면 심히 굽어 있는 것을 알게 됩니다.

율법은 죄가 무엇인지 우리에게 알려줍니다. 로마서 7장의 말씀처럼, 우리는 율법으로 말미암지 않고는 무엇이 죄인지 알지 못합니다. 예를 들면, 율법이 탐내지 말라 하지 아니하였더면 우리가 탐심을 알지 못하였을 것입니다. 물론, 하나님의 율법을 모르는 사람도 죄인인 것은 변함이 없지만, 율법을 알고 자기가 죄인인 사실을 알게 되어야 죄를 해결 받기 위한 다음 단계로 나아갈 수 있는 것입니다. 이에 대하여 사도 바울은 이렇게 말씀합니다. "전에 법을 깨닫지 못할 때에는 내가 살았더니 계명이 이르매 죄는 살아나고 나는 죽었도다 생명에 이르게 할 그 계명이 내게 대하여 도리어 사망에 이르게 하는 것이 되었도다 죄가 기회를 타서 계명으로 말미암아 나를 속이고 그것으로 나를 죽였는지라 이로 보건대 율법도 거룩하며 계명도 거룩하며 의로우며 선하도다 그런즉 선한 것이 내게 사망이 되었느뇨 그럴 수 없느니라 오직 죄가 죄로 드러나기 위하여 선한 그것으로 말미암아 나를 죽게 만들었으니 이는 계명으로 말미암아 죄로 심히 죄 되게 하려 함이니라"(롬 7:9-13).

처음 교회에 인도함 받아 나온 사람은 기독교에 대하여 어린

아이와 같아서 아무것도 모릅니다. 그러나 자주 예배에 참석해서 설교를 듣는 중에 하나님의 법과 기준에 대하여 알아 갑니다. 그리하여 드디어는 자기의 영적 실상을 밝히 깨닫게 됩니다. 그리하여 "(18)내 속 곧 내 육신에 선한 것이 거하지 아니하는 줄을 아노니 원함은 내게 있으나 선을 행하는 것은 없노라… (24)오호라 나는 곤고한 사람이로다 이 사망의 몸에서 누가 나를 건져 내랴"고 탄식하게 됩니다.

이처럼 자기가 죄인인 사실을 절감하는 것은 나아만이 자기가 문둥병에 걸렸음을 알게 된 것과 같습니다. 문둥병에 걸렸음을 알게 된 나아만은 백방으로 치료방법을 찾아보지만 결국은 인간의 힘으로 고칠 수 없음을 알고 절망합니다. 마찬가지로, 죄인은 인간적인 방법으로 죄를 해결할 수 없음을 알고 절망할 필요가 있습니다. 이 절망을 통해서 지금까지 의지하던 인간적인 방법을 포기하게 됩니다. 곧 자기의 의로움을 의지하여 구원 받는 것을 포기합니다. 그 대신, 하나님께서 제시하신 구원의 도리를 받아들입니다. 나아만이 자기 집에서 종살이하는 이스라엘 소녀에게서 복음을 듣고 이스라엘로 엘리사를 찾아갔듯이, 죄인들은 복음을 듣고 예수 그리스도 앞에 나아가는 것입니다.

나아만을 통해서 복음을 전하는 것이 얼마나 중요한 일인가를 아셨을 것입니다. 복음은 하나님의 살아계심을 증명하는 계기가 됩니다. 복음은 문둥병자 나아만을 치료하여 새 삶을 살게 했습니다. 나아만으로 하여금 "내가 이제 이스라엘 외에는 온 천하에 신이 없는 줄을 압니다."라고 인정하도록 했다는 것입니다. 마찬가지로, 예수 그리스도의 복음은 죄인들을 회개시켜 죄 사함을 받게 하여 새 생명을 누리게 해 줍니다. 그러므로 우리는 때를 얻든지 못 얻든지 복음을 전해야 합니다. 복음을 전하여 이방인들에게 하나님의 살아계심을 증명해야 합니다.

하나님께서는 에스겔 선지자에게 이르시기를 "인자야 내가 네게 이를 모든 말을 너는 마음으로 받으며 귀로 듣고 사로잡힌 네 민족에게로 가서 그들이 듣든지 아니 듣든지 그들에게 고하여 이르기를 주 여호와의 말씀이 이러하시다 하라"(겔 3:10,11) 하셨는가 하면, 또 '들을 자는 들을 것이요, 듣기 싫은 자는 듣지 아니하리라'고 하셨습니다(겔 3:27). 우리가 복음을 전해 준다고 다 듣는 것이 아닙니다. 듣는 사람보다는 듣지 않는 사람이 더 많습니다. 그러나 낙심하지 말고 복음을 전해야 합니다. 그것이 먼저 믿은 그리스도인들에게 주어진 책임입니다.

세째, 나아만은 선지자의 말대로 행하여 문둥병에서 깨끗함을 받았다. 이스라엘로 간 나아만은 순조롭게 선지자의 집까지 갔습니다. 그러나 선지자 엘리사의 집 대문에 이르러 큰 장애물에 부딪혔습니다. 나아만이 말들과 병거들을 거느리고 위풍당당하게 엘리사의 집 앞에 도착하고 보니 그를 환영 나온 사람들이 보이지 않았습니다. 그가 만나려는 선지자 엘리사도 보이지 않았습니다. 그 대신 선지자의 사환이 나와서 "요단강에 몸을 일곱 번 씻으시면 장군의 문둥병이 깨끗하게 될 것입니다"는 말을 전하였습니다. 그 때 나아만은 노했습니다. 그는 말하기를 "내 생각에는 저가 내게로 나아와 서서 그 하나님 여호와의 이름을 부르고 상처 위에 손을 흔들어 문둥병을 고칠까 하였도다.

그런데 요단강에 가서 목욕을 하라고? 다메섹의 아바나 강과 바르발 강은 이스라엘 모든 강물보다 낫지 아니하냐? 내가 거기서 몸을 씻으면 깨끗하게 되지 아니하랴."고 했습니다. 무엇이 나아만을 그토록 화나게 만든 것일까요? 그에 대한 인간적인 대접이 소홀한 것이 그를 화나게 만들었습니다. 그렇게 생각한 것은 교만입니다. "내가 이래뵈도 아람의 군대 장관인데" 그러나 하나님께서 보실 때에는 가련한 문둥병자에 불과한 것입니다. 사람들이 아무리 제 잘난 척해도 하나님 앞에서는 멸망당할 죄인에 불과함을 알아야 합니다. 죄인이 하나님 앞에 나와서 대접 받으려 하면 안 됩니다. "천부여, 의지 없어서 손들고 옵니다." 그렇게 깨어진 마음으로 겸손히 하나님 앞에 무릎을 꿇고 사죄의 은총을 구해야 하는 것입니다. 엘리사 선지자가 나아만에게 요구한 것은 하나님의 말씀에 대한 절대적인 순종이었습니다. 그러나 나아만은 처음에 순종하지 못했는데 그것은 그의 교만 때문이었습니다.

그리고 나아만은 엘리사가 제시한 방법이 그의 지식과 경험에 맞지 않았기 때문에 반발했습니다. "내 생각에는 저가 내게로 나아와 서서 그 하나님 여호와의 이름을 부르고 당처 위에 손을 흔들어 문둥병을 고칠까 하였도다." 나아만의 이 말을 살펴보면, 그는 선지자가 엄숙한 종교 의식을 행해서 그의 병을 고칠 줄 알았는데 "요단강에 가서 일곱 번 몸을 잠그라"고 하니, 그가 기대했던 것과 너무나 거리가 멀었습니다.

사람들은 하나님께서 제시하신 구원의 길이 자기들의 생각과 맞지 않기 때문에 반발합니다. 다시 말하면, 너무 쉽다는 것입니다. 예수 믿으면 죄 사함 받고 구원을 얻는다고 하니까 너무 쉽다는 것입니다. 고행도 하고, 금식도 하고, 자선도 하고, 기도문도 외우고, 무언가 인간적인 노력이 절대적으로 필요하다고 말한다면 수긍이 갈 것 같은데, 그런 것은 하나도 할 것이 없고 그저 예수만 믿으면 된다고 하니까 나아만처럼 믿지 못하고 반발하는 것입니다. 그들은 율법의 행위로 하나님 앞에서 의롭다 하심을 얻을 육체가 없음을 알지 못하기 때문에 그러는 것입니다.

구원의 방법은 인간이 고안해 낸 것이 아니고, 하나님께서 정하신 것입니다. 구원의 주도권은 인간에게 있지 않고 하나님께 있습니다. 우리는 하나님께서 정하신 구원의 방법을 따르면 되는 것입니다. 그 방법이 무엇입니까? 사도행전 4장 12절에 "다른 이로서는 구원을 얻을 수 없나니 천하 인간에 구원을 얻을 만한 다른 이름을 우리에게 주신 일이 없음이니라"고 하였습니다. 오직 예수 그리스도를 믿는 것이 하나님께서 정하신 유일한 구원의 방법입니다. 예수 앞에 나와서 예수님을 주인으로 모시는 것입니다.

선지자의 소홀한 대우에 노한 나아만은 발걸음을 돌이켜 자기 나라로 돌아가려 했지만, 부하들의 간청에 못 이겨 요단강에 내려가 일곱 번 몸을 잠궜고, 문둥병을 고침 받았습니다. 부하들은 간청하기를 "내 아버지여, 선지자가 당신을 명하여 큰일을 행하라 하였더면 행치 아니하였으리이까? 하물며 당신에게 이르기를 씻어 깨끗하게 하라 함이리이까?"라고 했습니다. 세상 종교는 사람들에게 번거로운 종교 의식을 강요합니다. 실은, 내용이 빈약할수록 형식과 절차를 복잡하게 만듭니다. 그러나 무슨 종교 의식이 사람을 구원하는 것이 아닙니다. 하나님께서 우리에게 요구하시는 것은 오직 믿음과 순종입니다.

성경에 보면, 인격적으로 훌륭한 인물이 많이 나옵니다. 그 가운데 대표적인 사람이 아브라함입니다. 그러나 성경은 그가 하나님을 믿으니 하나님께서 그의 믿음을 그의 의로 여기셨다고 말씀합니다. 아브라함과 같은 위대한 사람도 행위로 의롭다 함을 받지 못하고 믿음으로 의롭다 함을 받았습니다. 이는 행위로 의롭다 함을 받을 사람이 한 사람도 없기 때문입니다. 믿음으로 구원받는 것은 곧 하나님의 은혜로 구원 받는다는 말과 같습니다. 구원은 은혜로만 받을 수 있습니다. 다시 말하면, 하나님의 선물로만 받을 수 있습니다. 우리가 할 바는 하나님의 말씀을 순종함으로 우리의 믿음을 하나님께 나타내 보이는 것입니다. 그렇기 위해서 우리는 "마음이 가난한 자는 복이 있나니 천국이 저의 것임이요" 하신 주님의 말씀과 같이, 겸손해야 합니다. 겸손히 복음을 믿고 순종하는 것이 죄인이 구원받는 길입니다. 순종할 때 구원받고 하나님의 은혜를 받아 누리게 됩니다. 교만한 마음을 품은 자는 하나님의 은혜를 거절하고 하나님을 대항하여 싸우려는 자와 같습니다. 그래서는 구원의 은혜를 받지 못합니다.

나아만이 교만을 버리고 선지자의 말에 순종한 결과, 문둥병을 고침 받았듯이, 오늘날도 자기 생각과 경험을 버리고 하나님의 말씀 앞에 겸손히 순종하는 자라야 주님을 믿고 구원을 받게 되는 것입니다. 나아만은 큰 용사였으나 문둥병자였습니다. 나아만은 외적인 조건에만 집착하고 내면적으로는 죄로 인해 병들고 곤고한 현대인들의 표상입니다. 그러나 나아만은 하나님의 은혜로 선지자 엘리사를 소개 받아 문둥병에서 깨끗함을 받았으며, 이스라엘의 하나님 여호와만이 참 신이심을 알게 되었습니다. 현대인들이 영혼의 문둥병인 죄에서 깨끗함 받는 길도 하나님의 은혜로만 가능합니다. 하나님은 믿으라고 기적을 일으키는 것입니다.

하나님께서 정하신 방법은 죄인들이 예수 그리스도를 믿어야 구원 받는 것입니다. 우리의 공로나 의로움은 구원 받는데 전혀 소용이 닿지 않습니다. 세상에 나가서 나아만과 같은 처지에 있는 불신자들에게 복음을 전하시기를 바랍니다. 하나님의 살아계심을 체험하게 하여 나아만처럼 "나아만이 모든 군대와 함께 하나님의 사람에게로 도로 와서, 그의 앞에 서서 이르되 내가 이제 이스라엘 외에는 온 천하에 신이 없는 줄을 아나이다(왕하 5:15)" "나아만이 이르되 그러면 청하건대 노새 두 마리에 실을 흙을 당신의 종에게 주소서 이제부터는 종이 번제물과 다른 희생제사를 여호와 외 다른 신에게는 드리지 아니하고 다만 여호와께 드리겠나이다(17)" 하면서 하나님을 인정하게 하시기를 바랍니다.

하나님은 이방인들에게 하나님께서 살아계심을 증명하는 크리스천들이 많이 나오기를 고대하고 계십니다. 이방 사람들에게 하나님의 살아계심을 증명하려면 먼저 자신이 살아계신 하나님을 만나고 체험해야 합니다. 하나님의 살아계심을 날마다 증명하는 우리가 되시기를 바랍니다.

5장 하나님의 살아계심을 증명되게 하신다.

(단 3:28-30)"느부갓네살이 말하여 이르되 사드락과 메삭과 아벳느고의 하나님을 찬송할지로다. 그가 그의 천사를 보내사 자기를 의뢰하고 그들의 몸을 바쳐 왕의 명령을 거역하고, 그 하나님 밖에는 다른 신을 섬기지 아니하며, 그에게 절하지 아니한 종들을 구원하셨도다. 그러므로 내가 이제 조서를 내리노니 각 백성과 각 나라와 각 언어를 말하는 자가 모두 사드락과 메삭과 아벳느고의 하나님께 경솔히 말하거든 그 몸을 쪼개고 그 집을 거름터로 삼을지니 이는 이같이 사람을 구원할 다른 신이 없음이니라, 하더라. 왕이 드디어 사드락과 메삭과 아벳느고를 바벨론 지방에서 더욱 높이니라"

하나님께서는 사랑하는 자들을 이방나라에 포로로 보내시는 것은 하나님께서 살아계신 것을 이방사람들에게 증명시키기 위함입니다. 하나님은 이방나라 사람들이 하나님께서 살아계시는 절대적인 분이라는 것을 눈으로 보고 입술로 시인하게 하십니다. 본문에 나오는 사드락과 메삭과 아벳느고 역시 하나님께서 이들을 통하여 이방나라 사람들이 하나님께서 살아계시면서 천지 만물을 통치하시는 것을 증명하기 위해서 포로로 보내신 것입니다. 그렇기 때문에 이방 나라에 포로로 끌려갔을 지라도 하나님의 말씀을 순종하면 절대로 죽지 않는 다는 것입니다. 도리어 하나님께서 이방 나라의 왕의 마음을 움직이게 하여 더 높은 위치에 올라 이방나라에 하나님의 살아계심을 증명하는 도구가 되는 것입니다.

사드락과 메삭과 아벳느고가 풀무불에서 타죽지 않고 살아서 나오자 오히려 느부갓네살 왕이 "사드락과 메삭과 아벳느고의 하나님을 찬송할지로다."라고 살아계신 하나님을 높입니다. 하나님께서는 "우리가 알거니와 하나님을 사랑하는 자 곧 그의 뜻대로 부르심을 입은 자들에게는 모든 것이 합력하여 선을 이루느니라(롬 8:28)"고 말씀하십니다.

하나님께서 이방나라에 포로로 끌려가게 한 사람들은 모두 믿음이 특출하고 어떠한 경우에서도 하나님을 사랑하는 뛰어난 인재들이었습니다. 하나님께서 살아계심을 이방나라에 증명하도록 하기 위한 하나님의 깊은 뜻입니다. 포로로 끌려갔지만 하나님께서 함께하시는 귀한 사람들이라는 것을 이방나라에 증명시키시는 것입니다. 이방 나라에 하나님께서 살아계신 다는 것을 증명하게 하는 인재들입니다. 이스라엘 본국에 남아있는 사람은 별 볼일이 없는 사람들만 본국에 남아있었던 것입니다. 하나님은 사랑하는 사람들을 강하게 훈련하십니다. 이방 나라에 보내서 하나님의 말씀을 순종하면서 믿음을 지키도록 하십니다. 그리하여 이방나라 느부갓네살 왕으로부터 "사드락과 메삭과 아벳느고의 하나님을 찬송할지로다."라고 살아계신 하나님을 인정하고 높이게 만드시는 것입니다.

주전 육백여 년 전 유다가 바벨론에게 넘어가 느부갓네살 왕에게 멸망을 당하였을 때 유다에서 바벨론에게 포로로 잡혀간 집단 중에서 왕족들과 귀족들의 자녀들이 있었습니다. 느부갓네살 왕은 그들 중 미모와 지혜가 출중한 청년들을 택하여 왕궁 특수학교에서 3년 동안 교육을 받게 했습니다. 그래서 장차 왕을 모시는 관리로 등용해서 사용하고자 했습니다. 그들 중 유다 청년은 다니엘과 사드락과 메삭과 아벳느고가 있었습니다. 그들이 왕궁 학생 기숙사에서 생활할 때부터 마음에 깊이 결심을 했습니다.

자기 나라가 바알과 아세라 신 우상을 숭배하다가 하나님께 버림받아 멸망당하고 바벨론에 포로로 잡혀온 이상 이제는 결심하고 각오하여 절대로 이방 신을 섬기지 아니하고 우상에게는 목숨을 바쳐서라도 절하지 않기로 결심하고 있었습니다. 그런데 그들의 결심과 각오가 첫 출발부터 시련에 부딪쳤습니다. 그것은 왜냐하면 그들의 기숙사에서 음식을 주는데 그 음식은 먼저 왕궁에서 먹는 음식은 무엇이든지 그들의 우상의 제단에 먼저 얹어서 제물로 드린 것을 왕과 왕궁에 있는 사람들이 먹습니다. 고기를 잡아도 우상의 제단에 드리고 포도주도 먼저 우상의 제단에 드리고 그리고 가지고 와서 먹입니다.

그런데 여기에 사드락과 메삭과 아벳느고는 우상에 절하지 아니하고 우상의 제물을 먹지 않기로 처절하게 결심한 처지였는데 이제 왕궁 기숙사에 있으니까 왕의 진미를 먹고 생활하지 않을 수가 없습니다. 그래서 그들이 기숙사 책임자를 불러서 그들이 말했습니다. 우리는 왕이 주시는 진미를 먹지 아니하겠으니 우리에게 채소와 물만 주십시오. 채소와 물만 먹고도 우리는 살 수 있습니다. 그러자 책임자가 하는 말이 그럴 수 없다. 만일 왕이 주는 진미를 먹지 않고 물과 채소만 먹었다가 너희 얼굴이 거칠어지고 몸이 쇠약해지면 왕이 시찰하러 나왔다가 내 목을 자를 것이다. 그러니까 사드락과 메삭과 아벳느고는 말했습니다. 한 열흘 동안 시험해 보셔서 우리에게 채소와 물만 먹게 하시고 우리 얼굴이 동료 학생들보다 거칠고 못되어지면 강제로라도 왕의 진미를 먹게 하소서. 그러나 우리의 얼굴이 저들보다 더 좋으면 우리에게 왕의 진미를 먹게 할 필요가 없습니다. 채소와 물만 먹게 하시옵소서.

그래서 한 열흘 동안 그들은 채소만 먹고 물만 마셨는데 열흘 만에 보니까 왕의 진미를 먹은 동료들보다 얼굴이 더 곱고 피부가 더 야들야들하고 혈색이 좋은지라. 기숙사 책임자가 야. 특별한 사람들이구나. 그래서 그때부터 왕의 진미를 먹이지 아니하고 물과 채소만 주었습니다. 요사이 가만 보니까 건강식만 먹었어요. 그때는 그것을 먹으면 안 되는 줄 알았는데 요사이는 물과 채소만 먹는 것이 건강식이고 암에도 걸리지 아니하고 고혈압도 걸리지 아니하고 성인병도 걸리지 않고 최고로 좋은 식사 요법인 것입니다.

그래서 그들은 출발부터 우상에 절대로 타협하지 않기로 결심을 했는데 3년 졸업을 하고 난 다음에 왕이 그들을 앞에 불러서 시험을 해 보니 모든 사람들보다 지혜와 지식이 출중하고 바벨론의 박수들에 비하면 월등히 지혜롭고 총명한지라 왕이 다니엘과 사드락과 메삭과 아벳느고를 취해서 바벨론의 수장들로 삼았습니다. 하나님이 같이 계시면 아무리 전쟁에 져서 포로로 끌려가서 노예생활로 들어간다고 해도 곧장 하나님이 그들을 끌어내어서 이방 땅에서라도 머리가 되지 꼬리가 되지 않게 도와주시는 것입니다. 하나님께서 살아계심을 증명하게 하십니다. 하나님이 높이는 사람 낮출 수 없고, 하나님이 낮추는 사람 높일 수가 없습니다. 하나님이 같이 하시면 그가 본국에 있은들 이방 땅에 있은들 상관할 필요가 없는 것입니다.

그런데 그들에게 이제 거대한 시련이 다가왔습니다. 우리가 하나님을 섬기고 이 세상에 살려고 하면 언제나 타협할 수 없는 중대한 문제가 생겨나는 것입니다. 예수를 믿고 하나님을 섬기는 사람이 다른 것에는 사람들과 손을 잡고 살아갈 수 있지만, 그들이 도저히 그것만은 타협할 수 없는 그러한 것이 있습니다. 이것이 다시 말하면 네 계명인 것입니다. 네 앞에 다른 신을 두지 말라. 우상에 절하지 말라. 하나님의 이름을 망령되이 부르지 말라. 안식일을 거룩히 지켜라. 이것은 타협할 수 없습니다. 다른 것은 타협할지라도 이 하나님에 속한 네 가지의 계명은 물러갈 수 없는 중대한 것입니다. 하나님은 사드락과 메삭과 아벳느고가 절대로 우상에 절하지 않고 하나님께서 살아계심을 증명할 인재라고 믿으셨습니다. 사드락과 메삭과 아벳느고에게 전화유복의 기회가 된 것입니다.

그런데 느부갓네살 왕이 바벨론 나라의 모든 백성들을 한 마음으로 묶어서 자기 전제 군주적인 독재 세력을 강화하기 위해서 큰 금으로 신상을 만들었습니다. 그래서 그것을 바벨론의 두라 평지에 세워놓고 그 신상 낙성식에 온 바벨론 도의 고관들과 유지들을 다 불러 모았습니다. 두라 평지에 사람들이 많이 모였습니다. 나는 새도 떨어뜨리는 천하의 대 군주 느브갓네살 왕이 왕복을 입고 거창스럽게 신하들을 거느리고 나와서 말했습니다. "우리나라의 신을 상징하는 이 금신상은 우리나라 모든 백성이 다 절하고 섬겨야 한다. 그러므로 지금 각종 악기가 연주될 때 너희들은 모두 다 무릎을 꿇어 이 금신 상에 엎드려 절할지어다." 어느 명령라고 사람들이 안 듣겠습니까. 일시에 악기가 연주되자 모든 사람들은 앞을 다투어서 엉덩이를 하늘로 추켜올리고 머리를 땅에 박고 그리고 엎드렸습니다. 느부갓네살이 그 신상에 절하느라고 쳐다보지 못했습니다. 그런데 그 많은 군중들 가운데 세 사람이 장대처럼 서 있었습니다. 사드락과 메삭과 아벳느고는 절하지 않고 서 있었습니다. 그것은 죽음을 의미합니다. 그들은 죽기를 각오하고 하나님에 대한 일편단심의 신앙을 타협할 수가 없었습니다.

그것을 즉시로 옆에 있던 갈대아 사람들이 보고 헐레벌떡 왕께 뛰어와서 왕이여 이럴 수가 있습니까? 왕이 유다에서 포로로 잡혀 와서 높여준 이 사드락과 메삭과 아벳느고 수장들이 왕의 명령을 거역하고 악기가 연주될 때 금 신상에 절하지 아니하였습니다. 만일 이것을 이대로 둔다면 왕의 명령이 우습게 되고 왕의 권위가 떨어지고, 이 나라의 기강이 흐트러질 터이니 공개적으로 처형해야 될 것입니다. 순식간에 왕의 명령에 의해서 사드락과 메삭과 아벳느고는 왕 앞에 끌려왔습니다.

왕이 두 눈을 부릅뜨고, 수염이 덜 덜덜덜 떨리면서 큰 주먹을 불끈 쥐고 호통을 쳤습니다. "네 이놈들아 내가 너희를 포로 된 땅에서 데려와서 공부시켜서 수장으로 만들어 놓았는데 왕의 명령을 무엇이라 생각하고 무시하느냐. 너희가 고의적으로 그렇게 하였느냐? 진정으로 그렇게 했느냐? 또 다시 한번 여기 악기가 울리면 너희들은 이 우상에 절하라. 만일 안 하면 활활 타는 풀무 불 속에 집어넣어서 화형 시키겠다." 우상숭배는 하나님이 가장 미워하는 것입니다.

우상을 숭배하는 개인이나 집단이나 나라는 언제나 하나님 앞에 심판을 받았습니다. 우리 조국과 민족이 앞으로 번영해 살려면 우리 하나님 앞에 다른 신을 두지 말고 우상에 절하지 말고 하나님 이름을 거룩히 받들고 성수 주일하는 운동이 일어날 때 하나님과 우리 민족 사이에 막힌 담을 헐어버릴 때 이 민족은 축복 받고 번영 받을 수 있습니다.

"네 앞에 다른 신을 두지 말라. 우상에 절하지 말라. 하나님의 이름을 망령되이 부르지 말라. 안식일을 거룩히 지켜라." 이 네

가지 계명은 타협할 수 없습니다. 다른 것은 타협할 수 있습니다. 또 타협해야 할 때도 오는 것입니다. 그러나 하나님과 사람 사이의 계명은 더 이상 후퇴할 수가 없습니다. 이것을 후퇴하면 우리는 하나님을 잃어버리고 맙니다. 하나님을 잃어버린 마당에 이 세상에 무엇이 필요합니까?

그러므로 사드락과 메삭과 아벳느고는 이방에 와서 이방 임금을 섬기기 때문에 여러 가지 의식과 생활에 그들은 타협했지만 타협하지 못할 사계명 이것은 목숨을 바치고 그들은 견제했습니다. 살아계신 하나님만 섬겼습니다. 그래서 느브갓네살이 그들에게 말했습니다. 이제 악기를 연주할 때 "너희들은 금 신상에 절하라." 그럴 때 사드락과 메삭과 아벳느고는 말했습니다. "느브갓네살이여 이 일에 대해서는 우리가 말할 필요가 없습니다. 이것은 타협 못할 일입니다. 아무리 왕이 천하의 왕이라도 우리는 이것을 타협할 수 없습니다. 타협할 만한 것이 있지 이것은 우리 목숨과 바꿀 일이기 때문에 여기에서 왕하고 왈가왈부 이야기 할 필요가 없습니다." 그러자 왕이 진노합니다. "그러면 저 풀무 불을 칠 배나 더 뜨겁게 하여 그 속에 너희를 집어넣을 것이다." 그때 말했습니다. "그렇다면 우리가 섬기는 우리 하나님이 극렬히 타는 풀무 불 가운데서 능히 건져내시리라. 왕의 손에서도 건져내시리라." 시드락과 메삭과 아벳느고가 죽음 위기에서 왕 앞에서 담대히 타협하지 않는 신앙고백에 마음에 깊은 감동을 느낍니다. 하나님은 이런 믿음이 있는 사람들을 이방나라에 포로로 보내어 하나님의 살아계심을 증명하게 하신 것입니다.

그들이 말하기를 "우리가 비록 바벨론에 포로로 잡혀오고 당신의 신하로 있지만, 그러나 우리 소속 하나만은 분명하다. 우리는 당신의 신에 소속하지 않고 당신의 우상에 소속하지 않고 만군의 하나님만을 섬긴다."고 말한 것입니다. 우리는 여호와 하나님께 소속한 사람입니다.

오늘날 우리가 세상에 살면서 우리의 소속감을 분명히 해야 하는 것입니다. 청와대에 들어가든 이 땅에 살든 평민으로 살든 우리는 만군의 여호와 하나님께 속한 사람이라는 것을 잊어서는 안 됩니다. 이것 하나 잃으면 그는 버림받은 인생이 되고 마는 것입니다. 소속감을 분명히 해야 합니다. 예수 믿는 사람은 예수를 구주로 모시고 만군의 여호와 하나님의 백성 된 것을 언제나 그 마음속에 긍지로 삼고 이것 하나만은 분명히 잡고 있어야 하는 것입니다.

그래서 사드락과 메삭과 아벳느고는 좋은 증거로써 왕 앞에 하나님의 살아계심을 증명했습니다. 그리고 그들은 담대하게 말하기를 "만일 당신이 불꽃 가운데 우리를 던져 넣는다면 하나님께서는 우리를 능히 건져내실 것입니다. 우리가 섬기는 하나님은 다른 우상 신들과 다르다. 우리 하나님은 능치 못하심이 없다." 그러므로 우리 하나님은 그 능력과 권세로 하고자 하는 일은 뭐든 행하시는 살아있는 하나님이라는 것을 증명한 것입니다. 사드락과 메삭과 아벳느고가 믿는 하나님은 우상 종교가 아니었습니다. 무력한 하나님이 아니었습니다. 종이 하나님이 아니었습니다. 살아 계신 능력의 하나님을 믿었습니다.

오늘날 우리도 그렇습니다. 종교적인 하나님, 의식적인 하나님을 믿어서는 안 됩니다. 관념적인 믿음생활을 해서는 안 됩니다. 살아서 우리 가운데 역사하시는 하나님을 믿어야 되는 것입니다. 예수 그리스도는 어제나 오늘이나 영원토록 동일하신 것입니다. 오늘날도 우리의 기도를 들으시고 오늘날도 하나님의 능력을 나타내시는 살아 계시는 하나님이신 것입니다. 이 하나님께서는 우리를 건져내시고 구원하시고 소망을 주는 하나님이시라는 것을 여기에 사드락과 메삭과 아벳느고는 느부갓네살 앞에서 단호하게 증명하였습니다. "우리 하나님은 당신의 신인 우상과 다르다. 당신이 천하를 호령하는 왕이요, 뜨거운 풀무 불에 던진다고 할지라도 그 풀무 불에서 당신을 향해서 우리 하나님은 능히 건질 수가 있다. 하나님은 능하신 하나님이시다." 할렐루야. 하나님은 전지전능 무소부재하신 하나님이신 것입니다.

그러나 또 말하기를 "만일 하나님의 뜻이 계셔서 우리를 불꽃 가운데서 건져내시지 아니하신다고 할지라도 우리의 일편단심은 변할 수가 없다. 우리를 아니 건져 내실지라도 이 하나님에 대한 신앙은 거역할 수가 없다. 죽으면 죽으리라." 사람이 이와 같은 단호한 믿음의 결단이 있어야 하는 것입니다. 더 이상 물러가지 않는 배수진을 치는 것이 있어야 합니다. 그들은 살든지 죽든지 하나님의 사 계명은 타협할 수 없다는 것입니다.

그리고 하나님께서 우리를 건져 주실 수 있지만 안 건져주신 다고 해도 우리의 일편단심은 변할 수가 없다는 것입니다. 그래 서 우리는 왕의 신을 섬기지 아니할 것이요, 왕이 세우신 금 신 상에도 절하지 않겠다고 말했습니다. 그러자 분노한 느부갓네살 은 부들부들 떨면서 "풀무 불을 일곱 배나 뜨겁게 하라." 그러자 군인들이 와서 장작불을 던져 넣어서 활활 타서 휘황찬란하게 만들었습니다. 이 세 사람을 묶어서 불에 던지라고 하니 군인들 이 얼마나 명령이 엄했던지 세 사람을 묶어서 불에 던지려다 근 처에 가서 몇 사람이 불에 타 죽었습니다. 그러나 사드락과 메삭 과 아벳느고를 산 채로 불에 던져 넣어 버렸는데 여기에 놀라운 장면이 벌어졌습니다. 왕의 눈이 휘둥그레졌습니다.

즉시로 불에 확 타버릴 줄 알았는데 그들을 묶었던 밧줄은 다 타버리고 그들 세 사람은 네 번째 사람, 신의 아들과 비슷한 사 람과 함께 손과 손을 마주 잡고 강강술래를 하고 있습니다. 빙글 빙글 돌아가면서 하나님을 찬미하고 있습니다. 놀란 느부갓네 살이 신하들을 불러서 저 불 연못을 바라보라. 우리가 던진 것은 분명히 세 사람인데 여기에 네 번째 사람, 신의 아들과 같은 사 람이 와서 저들과 함께 손을 잡고 춤을 추고 있다. 저들은 불에 타 죽지 않고 있다. 그가 큰 소리로 외쳤습니다.

지극히 높으신 하나님의 종 사드락, 메삭과 아베느고야 이리 로 나오라. 이 세 사람이 나오는데 네 번째 사람이 사라졌습니 다. 만져보니 머리털 하나도 타지 않고 냄새도 없었습니다. 자연법칙으로 하면 사람을 그 불 속에 던지면 사람이 재가 되도록 타 버릴 것인데 하나님의 능력이 임하자 자연의 법칙인 불의 세력도 무력화시켜버리고 마는 것입니다. 그들은 불꽃 가운데 들어 갔다 나온 것이 아니라 마치 물 가운데 들어갔다 나온 것처럼 조금도 상하지 아니하고 상쾌한 모습 그대로 있었습니다. 그것을 보자 느부갓네살 왕은 그 신상 앞에서 그 많은 사람이 보는 앞에서 사드락과 메삭과 아벳느고의 하나님께 무릎을 꿇었습니다. 그리고 그는 하나님께 그 마음을 바쳤습니다. 살아계신 하나님이 증명되었습니다.

사드락과 메삭과 아벳느고가 타협하지 않은 절대적인 일편단심 신앙으로 죽으면 죽으리라 하는 각오로써 하나님을 사랑할 때 하나님께서 네 번째 사람 우리 주 나사렛 예수 그리스도를 보내주신 것입니다. 하나님의 살아계심을 증명하기 위해서입니다. 하늘과 땅을 지으신 하나님께서 불꽃을 멸하지 못할 일이 무엇이 있겠습니까. 불꽃을 지으신 하나님이 불꽃을 다스리지 못할 일이 뭐가 있겠습니까. 그가 와서 불꽃을 다스리고 그 완악하고 흉악하던 느브갓네살 왕의 마음을 변화시켜 그들로 하여금 여호와 하나님께 무릎을 꿇게 만들었고 온 바벨론 천지가 하나님 앞에 무릎을 꿇도록 만들어 버린 것입니다.

그렇게 강력한 나라, 천하를 짓밟은 무서운 나라, 그 느부갓네살과 그 바벨론 전체가 연약한 청년 유대인 사드락과 메삭과 아벳느고 세 사람의 일편단심 변치 않는 하나님에 대한 타협하지 않는 뜨거운 신앙으로 말미암아 온통 다 변화되어버리고 만 것입니다. 타협하면 죽습니다. 타협하면 아무도 전도할 수 없습니다. 타협하면 하나님의 영광을 나타낼 수 없습니다.

타협할 수 없는 이 네 가지 신앙에 굳세게 서면 오늘날도 하나님이 같이 하여 주시는 것입니다. 이 네 번째 사람 우리 주 예수 그리스도는 오늘날 이 세상에 있는 우리들을 구원하기 위해서 이천 년 전에 동정녀 마리아 몸을 통해서 나셨고 그리고 십자가에 올라가셔서 몸을 찢고 피를 흘리셔서 죽으셨다가 부활하심으로 오늘날 우리를 현실적인 불꽃 가운데 건져주고 계시는 것입니다. 이 네 번째 사람 나사렛 예수는 죄악의 불길 속에서 우리를 건져내 주고 있는 것입니다. 미움의 불길 가운데서 우리를 건져내고 있는 것입니다. 질병의 불꽃을 잠재우는 하나님이신 것입니다. 저주의 불길을 무력화하고 우리를 건져내 사 축복의 동산에 살게 만들어 주시는 것입니다. 사망의 음부의 불길도 다 멸해버리고 우리를 건져 영원한 천국에 데려가는 예수 그리스도인 것입니다.

우리가 타협하지 않는 불퇴전의 신앙으로 일편단심의 신앙을 가지고 주 하나님을 섬기며 우상에 절하지 아니하며 하나님의 이름을 망령되게 부르지 아니하며 성수주일 하면서 하나님을 경외할 때 이 네 번째 사람 나사렛 예수 그리스도는 오늘날도 우리와 같이 계셔서 우리의 삶의 모든 파괴적인 불길에서 건져내어 주시는 것입니다. 볼지어다. 세상 끝날 까지 내가 항상 너희와 함께 하리라. 너희 두 세 사람이 내 이름으로 모인 곳에는 나도 너희와 함께 있겠노라. 그날은 내가 아버지 안에 너희가 내 안에 내가 너희 안에 있는 것을 너희가 알리라고 말씀하신 것입니다. 이 네 번째 사람 예수 그리스도는 우리가 일편단심의 신앙을 실천할 때 우리를 자유롭게 하고 건지고 우리에게 소망을 주시기 위해서 오늘날도 이 세상에서 일하고 계시는 것입니다.

오늘날 우리의 신앙은 너무나 이기주의적이며 편의주의적인 신앙입니다. 주님께 대한 목숨을 바친 비타협적인 일편단심의 신앙이 아니라 아무렇게나 나의 유익을 위하여 편리할 데로 믿는 이러한 믿음을 가지고 있습니다. 그 때문에 빛도 안 되고 소금도 안 되고, 우리 사회를 밝히지도 못하며 썩어짐을 막지도 못하고 있는 것입니다. 다니엘과 사드락과 메삭과 아벳느고의 결연한 신앙은 하나님을 크게 감동시켰습니다. 그 완악한 느부갓네살 왕조차 매료시켰습니다. 그가 전 바벨론 국민에게 내린 조서가 그것을 증명하고 남음이 있습니다.

성경 다니엘서 3장 28절로 30절에 "느부갓네살이 말하여 이르되 사드락과 메삭과 아벳느고의 하나님을 찬송할지로다. 그가 그의 천사를 보내사 자기를 의뢰하고 그들의 몸을 바쳐 왕의 명령을 거역하고, 그 하나님 밖에는 다른 신을 섬기지 아니하며, 그에게 절하지 아니한 종들을 구원하셨도다. 그러므로 내가 이제 조서를 내리노니, 각 백성과 각 나라와 각 언어를 말하는 자가 모두 사드락과 메삭과 아벳느고의 하나님께 경솔히 말하거든 그 몸을 쪼개고 그 집을 거름터로 삼을지니 이는 이같이 사람을 구원할 다른 신이 없음이니라 하더라. 왕이 드디어 사드락과 메삭과 아벳느고를 바벨론 지방에서 더욱 높이니라"고 말한 것입니다. 전화위복이 된 것입니다. 살아계신 하나님이 사드락과 메삭과 아벳느고를 높여주신 것입니다. 이 흉악하고 무서운 우상 숭배자 느부갓네살 왕조차 그 마음을 녹이게 하고 살아계신 하나님을 증명하니 무릎을 하나님께 꿇게 하고 자기가 다스리는 전국에 조서를 내리어서 하나님께 경배하게 만든 이 위대한 사건은 사드락과 메삭과 아벳느고가 타협하지 않는 일편단심의 신앙을 가졌을 때 일어나는 위대한 기적인 것입니다.

　오늘날에도 네 앞에 다른 신을 두지 말라. 우상에 절하지 말라. 하나님의 이름을 망령되이 부르지 말라. 안식일을 기억하여 거룩히 지켜라. 이 네 가지 계명을 우리의 최고의 부호로 삼아야 합니다. 이 이상 우리는 타협할 수 없습니다. 그것만은 물러갈 수 없는 마지노선인 것입니다. 여기에서 우리가 살든지 죽든지 결판 하는 것입니다. 이 계명을 우리 가슴에 품고 일편단심으로 이 계명을 가지고 하나님을 섬길 때 하나님은 우리와 같이 하여 주시는 것입니다. 이 네 번째 사람 하나님 아들 예수 그리스도는 우리와 함께 행하여 주시는 것입니다. 그리고 우리를 건지고 우리를 구원하고 우리에게 소망을 주고 우리에게 복을 내려 주실 것입니다. 우리도 세상사람들에게 하나님의 살아계심을 증명하면서 살아야 합니다.

2부 하나님의 살아계심을 증명한 예수님

6장 반석인 베드로를 통해 증명하셨다.

(마 16:13~17) "예수께서 가이사랴 빌립보 지방에 이르러 제자들에게 물어 가라사대 사람들이 인자를 누구라 하느냐? 가로되 더러는 세례 요한, 더러는 엘리야, 어떤 이는 예레미야나 선지자 중의 하나라 하나이다. 가라사대 너희는 나를 누구라 하느냐? 시몬 베드로가 대답하여 가로되 주는 그리스도시오, 살아계신 하나님의 아들이시니이다. 예수께서 대답하여 가라사대 바요나 시몬아 네가 복이 있도다 이를 네게 알게 한 이는 혈육이 아니요 하늘에 계신 내 아버지시니라"

하나님과 동행하면서 기적을 체험하려면 살아계신 하나님으로 믿고 체험해야 합니다. 살아서 자신과 동행하기 때문에 하나님께서 자신을 통하여 기적을 행하시는 것입니다. 기적이 일어난다는 것은 살아계신 하나님께서 자신과 동행하신다는 보증이기 때문입니다. 살아계신 하나님과 동행한다는 믿음이 굉장히 중요합니다. 자신이 기적을 일으키는 것이 아니고 살아계신 하나님이 자신을 통해서 하십니다.

성경에 있는 모든 교리, 모든 신학, 모든 신앙을 한 마디로 표현하면, "주는 그리스도시요, 살아계신 하나님의 아들"이 한 줄의 고백입니다. 살아계신 하나님이 성령으로 우리 안에 성전삼고 주인으로 임재하여 계시면서 기적을 행하시는 것이기 때문입니다. 좀 더 설명하면 살아계신 하나님이 자신을 통하여 하나님의 일(기적)을 행하시는 것입니다. 자신의 능력으로 기적을 행하는 것이 아니고, 하나님께서 주인으로 계시기 때문에 자신을 통하여 기적을 일으키는 것입니다. 일부 목회자와 성도들이 주님의 일을 하다가 탈진에 빠지는데 이는 자신의 열심으로 했기 때문입니다.

본문 말씀의 뜻을 들여다보면, 먼저 '그리스도'는 메시아입니다. 구약 성경의 '메시아'를 헬라어로 번역한 것이 '그리스도'입니다. 그리스도의 뜻은 '기름부음을 받은 자'로, 의미하는 바는 '구원자'입니다. 하나님께서 이스라엘 백성들에게 구원자 즉, 메시아를 보내실 것을 약속하셨습니다. 선지자들도 기름부음을 받은 메시아가 올 것을 수차례 예언했습니다. 그래서 이스라엘 백성들은 하나님의 약속을 믿고 그들을 구원해줄 메시아를 수백 년 동안 기다려왔습니다.

예수님은 오늘 제자들의 믿음을 시험하신 것을 주목해야 합니다. "사람들이 인자를 누구라 하느냐" 제자들이 대답합니다. "더러는 세례 요한, 더러는 엘리야, 어떤 이는 예레미야나 선지자 중의 하나라 하나이다." 여기에 예수님은 반응하시지 않으십니다. 예수님은 돌아다니는 세상 사람의 말에는 관심이 없으십니다. 우리도 살아계신 하나님과 동행하려면 사람의 말을 의식하지 말고 하나님의 음성에만 집중하고 의식해야 합니다. 성령의 감동을 받아 말하고 순종하는 습관이 되어야 합니다. 사람을 의식 한다든지 사람의 말을 듣고 움직이는 자는 주님과 상관이 없는자 입니다.

　예수님이 다시 질문합니다. "너희는 나를 누구라 하느냐" 베드로가 대답을 합니다. "주는 그리스도시요, 살아계신 하나님의 아들이시니이다" "예수께서 대답하여 가라사대 바요나 시몬아 네가 복이 있도다. 이를 네게 알게 한 이는 혈육이 아니요, 하늘에 계신 내 아버지시니라" 예수님은 "주는 그리스도시오, 살아계신 하나님의 아들이시니이다."라고 고백한 베드로를 칭찬하시고 복이 있다고 말씀하셨습니다. "주는 그리스도시오 살아계신 하나님의 아들이시라는 이 고백이 왜 주님이 기뻐하시는 신앙고백이고 베드로 개인에게는 축복이 되었을까요? 하나님께서 베드로의 이 신앙 고백을 통하여 예수님은 이제 그리스도시오, 하나님의 아들로서 세상에 나타나게 된 것입니다. 하나님께서 베드로의 입술의 고백을 통하여 예수님을 세상에 나타내신 것입니다. 하나님은 믿음의 사람을 통하여 자신을 나타내십니다. 우리 모두는 자신을 통하여 살아계신 하나님을 나타내는 도구들이 되어야 합니다. 하나님이 자신을 통해서 기적을 나타내는 도구라야 합니다.

　그리고 영생은 유일하신 참 하나님과 그의 보내신 자 예수 그리스도를 아는(체험) 것입니다. 사람의 지식으로는 하나님과 예수 그리스도를 알 수 없고, 예수 그리스도의 소원대로 계시를 받은 자만 주님을 알 수 있습니다. "내 아버지께서 모든 것을 내게 주셨으니 아버지 외에는 아들을 아는 자가 없고 아들과 또 아들의 소원대로 계시를 받는 자 외에는 아버지를 아는 자가 없느니라(마 11:27)" "영생은 곧 유일하신 참 하나님과 그의 보내신 자 예수 그리스도를 아는 것이니이다(요 17:3)" 그런데 베드로가 하나님 아버지께서 계시하심으로 예수 그리스도를 정확하게 누구인지 알게 되었으니 얼마나 큰 축복이겠습니까? 하나님께서 베드로의 입술을 사용하신 것입니다. 그래서 "예수께서 대답하여 가라사대 바요나 시몬아 네가 복이 있도다 이를 네게 알게 한 이는 혈육이 아니요 하늘에 계신 내 아버지시니라"

베드로는 하나님 아버지의 계시로 말미암아 예수 그리스도를 "주는 그리스도시오 살아계신 하나님의 아들이시니이다"라고 고백하게 되었습니다. 이때 베드로는 성령으로 세례를 받기 전의 일입니다. 그런데 히브리서 8장의 새 언약의 내용을 보면 이런 내용이 있습니다. "각각 자기 나라 사람과 각각 자기 형제를 가르쳐 이르기를 주를 알라 하지 아니할 것은 저희가 작은 자로부터 큰 자까지 다 나를 앎이니라." 모두 하나님을 안다고 하십니다.

히브리서 8장 8절로 11절에 "저희를 허물하여 일렀으되 주께서 가라사대 볼지어다. 날이 이르리니 내가 이스라엘 집과 유다 집으로 새 언약을 세우리라. 또 주께서 가라사대 내가 저희 열조들의 손을 잡고 애굽 땅에서 인도하여 내던 날에 저희와 세운 언약과 같지 아니하도. 저희는 내 언약 안에 머물러 있지 아니하므로 내가 저희를 돌아보지 아니하였노라. 또 주께서 가라사대 그 날 후에 내가 이스라엘 집으로 세울 언약이 이것이니 내 법을 저희 생각에 두고 저희 마음에 이것을 기록하리라. 나는 저희에게 하나님이 되고, 저희는 내게 백성이 되리라. 또 각각 자기 나라 사람과 각각 자기 형제를 가르쳐 이르기를 주를 알라 하지 아니할 것은 저희가 작은 자로부터 큰 자까지 다 나를 앎이니라."

하나님이 우리에게 새 마음을 주시고, 새 영 곧 성령을 주셔서 우리 마음과 생각에 하나님의 법 곧 주님의 말씀을 주시면 우리가 누가 가르쳐 주지 않아도 자신 안에서 나타나시는 하나님을, 주님을 알게 된다는 내용입니다. 예수님께서 동행 하시면서 큰 일을 행하신다는 것을 알고 믿게 되는 것입니다. 더 나아가 하나님께 기도하여 받은 지혜대로 순종하니 기적이 일어납니다. 자신 앞에 일어난 기적이 하나님께서 자신을 통하여 나타내신 것이라고 말하고 믿게 됩니다. 성령은 예수님을 증거 하시는 영이시기 때문에 우리 안에서 예수 그리스도를 가르치시고 예수님이 하신 모든 말씀을 생각나게 하십니다. "보혜사 곧 아버지께서 내 이름으로 보내실 성령 그가 너희에게 모든 것을 가르치고 내가 너희에게 말한 모든 것을 생각나게 하리라(요 14:26)"

성령님은 우리 안에서 주님의 영광을 나타내십니다. 주님의 영광을 나타내시고 주님이 하신 말씀을 생각나게 하시며, 그리스도의 사랑을 우리에게 알게 하십니다. 성령의 살아있는 역사를 알게 하십니다. 곧 예수 그리스도를 우리에게 증거 하시고 우리로 그 예수 그리스도를 증거 할 수 있도록 도우시는 분이십니다. "그러하나 진리의 성령이 오시면 그가 너희를 모든 진리 가운데로 인도하시리니, 그가 자의로 말하지 않고 오직 듣는 것을 말하시며 장래 일을 너희에게 알리시리라. 그가 내 영광을 나타내리니, 내 것을 가지고 너희에게 알리겠음이니라. 무릇 아버지께 있는 것은 다 내 것이라. 그러므로 내가 말하기를 그가 내 것을 가지고 너희에게 알리리라 하였노라(요 16:13~15)” 하나님께서 성령을 통하여 우리에게 알게 하신다는 것입니다. 모든 것이 우리 안에 성령으로 되는 것입니다.

또 기름 부음 곧 성령님이 우리에게 주님에 관한 모든 것을 가르치신다고 요한일서는 말씀합니다. “너희는 주께 받은바 기름 부음이 너희 안에 거하나니 아무도 너희를 가르칠 필요가 없고 오직 그의 기름 부음이 모든 것을 너희에게 가르치며 또 참되고 거짓이 없으니 너희를 가르치신 그대로 주 안에 거하라(요일 2:27)” 성령께서 친히 인도하시면서 가르치신다는 것입니다.

베드로가 “주는 그리스도시오 살아계신 하나님의 아들이시니이다”라고 고백한 이 고백을 두고, 주님이 “바요나 시몬아 네가 복이 있도다. 이를 네게 알게 한 이는 혈육이 아니요, 하늘에 계신 내 아버지시니라”라고 말씀하신 것은 하나님의 계시로 말미암아 알게 되었다고 말씀하시는 것입니다. 베드로가 순간순간 하나님의 계시를 들을 수가 있다는 것입니다. 그 베드로에게 주님은 놀라운 축복을 주셨습니다. 그러나 그 축복은 베드로 개인을 위한 축복이 아니고 예수님의 사역을 위한 축복 이였습니다. 성령이 임하시기 전의 일로 예수님의 사역을 위한 하나님 아버지의 특별한 계시로 세상이 알게 된 것입니다. 베드로의 입술을 하나님께서 사용하신 것입니다. “또 내가 네게 이르노니 너는 베드로라 내가 이 반석 위에 내 교회를 세우리니 음부의 권세가 이기지 못하리라. 내가 천국 열쇠를 네게 주리니 네가 땅에서 무엇이든지 매면 하늘에서도 매일 것이요 네가 땅에서 무엇이든지 풀면 하늘에서도 풀리리라 하시고(마 16:18-19)"

베드로의 신앙고백 위에 주님이 베드로를 축복하셨고 그 축복은 주님의 몸인 교회에 주어지는 하늘의 권세입니다. "너는 베드로라 내가 이 반석 위에 내 교회를 세우리니 음부의 권세가 이기지 못하리라" 베드로의 신앙고백(예수 그리스도) 위에 세워진 주님의 교회는 음부의 권세가 이기지 못하는 예수 이름의 권세, 하늘의 권세가 주어진 것입니다. 이 교회는 마음 안에 있는 심령 교회(성전)를 말하는 것입니다. 그 예수 이름의 권세가 바로 이것입니다. "내가 천국 열쇠를 네게 주리니 네가 땅에서 무엇이든지 매면 하늘에서도 매일 것이요 네가 땅에서 무엇이든지 풀면 하늘에서도 풀리리라" 이 놀라운 주님의 약속은 베드로 개인을 위한 것이 아니고 예수님께서 주님의 사역을 위해 교회를 세우고 교회를 통하여 음부의 세력 곧 사탄의 나라를 깨드리시고 하나님이 통치하시는 하나님의 나라를 세워 가시겠다는 뜻입니다.

우리에게도 주님이 그리스도시오, 살아계신 하나님의 아들이시라는 신앙 고백이 있었다면, 아니 매일 매일의 신앙 고백이라면 하나님은 우리로 주님의 몸인 교회가 되게 하시고 음부의 권세가 이기지 못하는 하늘의 권세, 예수 이름의 권세로 함께하십니다. 아버지께서 아들 예수 그리스도께 주신 이름을, 성령님께 주시고 그 성령이 우리 안에 그 이름으로 오셨습니다. 우리에게 주어진 예수 이름의 권세는 하늘과 땅의 모든 권세입니다.

주님이 세우신 주님의 몸인 교회에 주신 천국 열쇠입니다. "내가 천국 열쇠를 네게 주리니 네가 땅에서 무엇이든지 매면 하늘에서도 매일 것이요, 네가 땅에서 무엇이든지 풀면 하늘에서도 풀리리라" 그 놀라운 권세로 주님이 성령으로 우리 안에서 하나님의 나라를 세워 가시고 열방과 세계가 예수 이름 앞에 무릎 끊을 그 날까지 하나님의 사람들을 통하여 일하실 것입니다. 주님의 몸인 교회(성전)된, 하나님의 나라가 된 사람들, 공동체를 통하여 그 권세로 일하실 것입니다.

　오늘 기도 중에 주님이 필자에게 살아계신 하나님을 나타내라는 감동을 주셨습니다. 그래서 성경을 보니 "주는 그리스도시오 살아계신 하나님의 아들이시니이다."였습니다. 이 말씀은 주님이 제자들에게 질문하신 "너희는 나를 누구라 하느냐?"라고 묻고 계시는 말씀이라고 생각합니다. 필자에게는 "너는 나를 어떤 하나님으로 믿고 있느냐" 다시 한 번 주님을 알게(체험) 하신 것이라고 생각합니다. 살아계신 하나님을 체험적으로 알고 글을 쓰고 성령의 역사를 일으키라는 금언입니다. 살아계신 하나님께서 저를 통하여 나타낸다는 믿음을 가지라는 말씀이기도 합니다. 필자가 먼저 살아계신 하나님께서 내 안에 성전 삼고 주인으로 계시면서 동행하신다는 믿음을 가지라는 것입니다. 자신도 알지 못하고 믿지 못하면서 다른 성도들에게 전한다는 것은 어불성설이 되기 때문입니다. 어떤 권사님이 저에게 우리 동생은 목사인데 자신도 모르는 말씀을 성도들에게 전하는데 교회가 부흥이 되겠습니까? 아주 무서운 충고입니다. 필자는 오늘 다시 새롭게 하나님께서 저의 주인으로 계시면서 저를 통하여 말씀하시고 기적을 행하신다고 알고 믿게 되었습니다. 담대하게 예수님의 이름을 사용하여 글을 쓰고 기적을 행하겠습니다. 분명하게 성경에 "내가 그리스도와 함께 십자가에 못 박혔나니 그런즉 이제는 내가 사는 것이 아니요 오직 내 안에 그리스도께서 사시는 것이라 이제 내가 육체 가운데 사는 것은 나를 사랑하사 나를 위하여 자기 자신을 버리신 하나님의 아들을 믿는 믿음 안에서 사는 것이라(갈 2:20)" 말씀하셨기 때문입니다.

주님은 우리가 주님을 알고 믿는 만큼 역사하십니다. 예수님이 죽어서 나흘이나 되어 썩어 냄새나는 나사로를 살리실 때 이렇게 말씀하셨습니다. "예수께서 가라사대 나는 부활이요 생명이니 나를 믿는 자는 죽어도 살겠고, 무릇 살아서 나를 믿는 자는 영원히 죽지 아니하리니 이것을 네가 믿느냐?(요 11:25-26)" 그렇습니다. 우리는 주님이 이미 약속하신 것처럼, 말씀하신 것처럼 우리가 베드로와 같이 주님의 계시로 "주는 그리스도시오 살아계신 하나님의 아들이시니이다"라고 알고 고백할 수 있다면 우리들을 통하여 기적으로 역사하실 것입니다.

주님의 영광이 나타날 것입니다. "예수께서 가라사대 내 말이 네가 믿으면 하나님의 영광을 보리라" "네가 믿으면 하나님의 영광을 보리라!(요 11:40)" 이것은 주님의 약속입니다.

구원에 이르는 길은 오직 하나입니다. 이 땅에 천국을 만드는 길도 하나입니다. 기적이 일어나는 길도 하나입니다. 예수님만이 그 길입니다. 다른 길은 없습니다. 하나님께서는 예수 그리스도 외에 구원을 얻을 만한 다른 이름을 우리에게 주신 일이 없습니다. 오직 예수, 오직 예수님만이 우리를 구원하시는 그리스도시요 하나님이신 줄을 믿으시기 바랍니다. 베드로는 예수님을 향해 그냥 하나님의 아들이라고 고백하지 않았습니다. "살아계신 하나님의 아들"이라고 고백했습니다. "the Son of the living God" 우리는 오늘 이 고백에 집중해야 합니다. 하나님은 살아계십니다. 살아계시면서 우리 안에 계십니다. 우리를 사랑하시는 분은 살아계신 하나님이십니다. 하나님께서 살아계신다고 하는 것은, 언제 어디서나 나와 함께 하시고, 항상 우리의 삶을 인도하시며, 항상 동행하시며, 지금도 우리 가운데 역사하신다는 것을 의미합니다. 날마다 동행하시면서 우리를 통하여 기적을 일으킵니다.

그런데 당시에 잘못된 신앙관을 가지고 있었던 바리새인들과 사두개인들이 하나님을 전통과 성전에 가두어버렸던 것과 같이 오늘날, 일부의 잘못된 신앙들을 보면, 너무 관념적이 되어버렸다는 사실입니다. 교회에서 듣고 배우기를, "하나님은 모든 일에 능하시고, 모든 것을 알고 계시며, 모든 곳에 거하시며, 온 세상을 창조하신 분입니다. 하나님은 못하시는 일이 전혀 없으시며, 나의 숨은 생각까지도 통찰하시고 모든 생명과 우주의 질서를 주관하시는 분입니다." 라고 배웠습니다. 그런데 이 진리가 지식으로만 굳어졌다는 것입니다. 체험이나 행함으로 나타나지 않습니다.

또한 하나님을 성경에 가두고 예배당에 가두어버립니다. 성경속에만 존재하는 하나님으로 믿고 있습니다. 예배당 안에만 존재하는 하나님으로 여깁니다. 그래서 예배당 밖에만 나가면 하나님이 없는 것처럼 살아갑니다. 성경에서 눈만 떼면 하나님을 무시하고 살아갑니다. 또 이성과 지식과 환경에 가두어버립니다. 자신의 이성으로 판단해 보고, 자기의 지식으로 재보고, 열심으로 재보고, 나의 환경에 비추어 보고서, 하나님의 능력을 가늠해 봅니다. 과연 하나님이 이런 일을 하실 수 있을까?

그래서 우리가 못하면 하나님도 못할 것으로 여깁니다. 우리의 능력 밖이라면 하나님의 능력도 미치지 못할 것으로 생각합니다. 하나님을 지식으로, 개념으로는 알고 있는데, 삶으로 알지 못한다는 안타까운 사실입니다. 살아계신 하나님을 믿어야 하는데, 내 지식과 이성과 개념 속에서 하나님을 찾기 때문입니다. 이것은 믿음이 아닙니다. 빨리 바른 복음으로 돌아서야 합니다. 성령으로 세례를 받고 성령의 인도를 받아야 합니다.

하나님께서는 어제나 오늘이나 영원토록 살아계신 하나님이십니다. 우리의 발걸음을 인도하시고, 우리 안을 성전삼고 주인으로 계시면서 우리가 어디를 가나 동행하시는 하나님이십니다. 우리의 숨결 속에 우리의 생각 속에, 우리의 인생 가운데 역사하시는 하나님이십니다. 히스기야 왕의 생명을 연장시키신 하나님의 위대한 역사를 보십시오. 어떻게 이런 일이 가능할 수 있겠습니까? 인간의 지식과 경험과 과학으로도 도무지 생각할 수 없는 일입니다. 그런데 하나님께서 하셨습니다. 기드온은 고작 300명의 용사를 이끌고 13만 5천명과 싸워서 이겼습니다. 엘리야는 혼자서 바알 선지자 850명과 싸워서 이겼습니다.

소년 다윗은 물맷돌로 거인 골리앗과 싸워서 이겼습니다. 다윗의 믿음에 찬 말을 들어보십시오. 사무엘상 17장 45-51절 말씀입니다. "다윗이 블레셋 사람에게 이르되 너는 칼과 창과 단창으로 내게 나아오거니와 나는 만군의 여호와의 이름 곧 네가 모욕하는 이스라엘 군대의 하나님의 이름으로 네게 나아가노라. 오늘 여호와께서 너를 내 손에 넘기시리니 내가 너를 쳐서 네 목을 베고 블레셋 군대의 시체를 오늘 공중의 새와 땅의 들짐승에게 주어 온 땅으로 이스라엘에 하나님이 계신 줄 알게 하겠고, 또 여호와의 구원하심이 칼과 창에 있지 아니함을 이 무리에게 알게 하리라 전쟁은 여호와께 속한 것인즉 그가 너희를 우리 손에 넘기시리라. 블레셋 사람이 일어나 다윗에게로 마주 가까이 올 때에 다윗이 블레셋 사람을 향하여 빨리 달리며, 손을 주머니에 넣어 돌을 가지고 물매로 던져 블레셋 사람의 이마를 치매 돌이 그의 이마에 박히니 땅에 엎드러지니라. 다윗이 이같이 물매와 돌로 블레셋 사람을 이기고 그를 쳐죽였으나 자기 손에는 칼이 없었더라. 다윗이 달려가서 블레셋 사람을 밟고 그의 칼을 그 칼집에서 빼내어 그 칼로 그를 죽이고 그의 머리를 베니 블레셋 사람들이 자기 용사의 죽음을 보고 도망하는지라"

시편 139편 1절에서 5절까지의 말씀을 보시면 다음과 같이 기록하고 있습니다. "오~ 주여! 주께서 나를 살피시고 나를 아셨나이다. 주께서 나의 앉고 일어서는 것을 아시고 멀리서도 나의 생각을 이해하시오며, 나의 행로와 나의 눕는 것을 둘러싸시므로 나의 모든 길을 익히 아시오니 보소서, 오~ 주여! 내 혀의 말 중에 주께서 알지 못하는 것이 단 하나도 없나이다. 주께서 나를 앞뒤로 에워싸시고 주의 손을 내 위에 얹으셨나이다." 다윗에게 하나님께서는 살아계신 하나님이셨습니다. 그에게 하나님께서는 그를 살피시는 분이셨으며, 그를 아시는 분이셨습니다.

그와 동행하는 하나님으로 믿고 있었습니다. 그의 생각을 이해하시는 분이셨습니다. 그의 행로와 눕는 것을 둘러싸셔서 그를 보호하시는 분이셨습니다. 그가 하는 말들을 들으시는 분이셨습니다. 다윗 자신을 에워싸시고 자신의 손을 다윗 위에 얹으시는 분이셨습니다. 다윗에게 하나님은 언제나 자신과 함께 계시는 하나님이셨습니다. 그는 자신이 하나님을 떠날 수 없다는 사실을 알고 있습니다. 자신이 가는 곳 어디서나 주께서 그와 함께 계심을 알고 있습니다. 다윗의 하나님은 살아계신 하나님이셨습니다. 동행하시는 하나님이셨습니다. 우리도 똑같습니다. 살아계신 하나님께서 동행하시면서 기적을 행하십니다.

노아는 120년 동안이나 묵묵히 방주를 만들었습니다. 아브라함은 하나 밖에 없는 아들이삭을 번제로 드렸습니다. 어떻게 그럴 수 있었겠습니까? 살아계신 하나님을 믿었기 때문입니다. 모든 영광을 하나님께 돌릴 줄 알았기 때문입니다.

예수님을 생각해 보겠습니다. 왜 예수님께서 만지시면 맹인이 눈을 뜹니까? 왜 예수님께서 축사하시면 오병이어의 기적이 일어 나냐고요? 왜 예수님께서 말씀하시면 거센 풍랑이 잔잔해집니까? 오직 예수님은 살아계신 하나님이시기 때문입니다. 우리는 이 살아계신 하나님을 믿습니다. 지금 우리 안에 성전삼고 주인으로 임재 하여 계십니다. 할렐루야!

사도행전에 보면 예수님의 제자들에게서 예수님께서 일으킨 기적과 동일한 기적이 일어났습니다. 감옥에 수감되었던 베드로가 구출되는 기적이 일어났습니다. 베드로는 나면서부터 앉은뱅이로 살던 사람을 예수님의 이름으로 걷게 하였습니다. 죽은 도르가를 살아났습니다. 바울도 마찬가지입니다. 예수님의 이름으로 앉은뱅이를 일으켜 세웁니다. 죽었던 청년을 살립니다. 무당에게서 귀신을 쫓아냅니다. 독사에 물렸어도 살았습니다. 모두 살아계신 하나님께서 동행하고 계신다는 증거입니다. 그들을 통하여 기적을 나타내신다는 증표입니다.

이제 우리도 이러한 기적을 행해야 합니다. 예수를 믿고 성령으로 세례를 받아 마음 안에 성전 된 우리의 삶에서도 기적이 일어납니다. 강력한 성령의 새바람이 불어옵니다. 살아계신 하나님께서 주인으로 동행하고 계시기 때문입니다. 우리를 그토록 힘들게 했던 질병이 예수 이름으로 깨끗하게 치료됩니다. 우리의 가슴 깊은 상처가 치유됩니다. 우리의 아픔이 변하여 찬송의 기쁨이 됩니다. 하나님과 함께하는 새로운 삶이 열려집니다. 하나님께서 우리를 사용하셔서 크신 일을 이루실 것입니다. 우리의 모든 삶에서 이런 고백이 흘러넘칠 것입니다. 모두다 살아계신 하나님을 주인으로 모시고 동행하며 살아가기 때문입니다.

우리가 말로만 믿을 것이 아니고 이제 예수님의 제자들과 같이 예수님의 이름으로 기적을 일으키는 제자가 되어야 합니다. 복음을 전해야 합니다. 날마다 기적을 체험하고, 일으키려면 예수님이 기적적으로 치유하시는 분이라는 것을 믿어야 합니다. 예수님이 자신과 동행하시면서 기적을 행하시는 분이라는 것을 세상에 나타내야 합니다.

7장 풍랑을 잔잔하게 한 일을 통해 증명하셨다.

(마 8:24~27)"바다에 큰 놀이 일어나 배가 물결에 덮이게 되었으되 예수께서는 주무시는지라. 그 제자들이 나아와 깨우며 이르되 주여 구원하소서 우리가 죽겠나이다. 예수께서 이르시되 어찌하여 무서워하느냐 믿음이 작은 자들아 하시고 곧 일어나사 바람과 바다를 꾸짖으시니 아주 잔잔하게 되거늘, 그 사람들이 놀랍게 여겨 이르되 이이가 어떠한 사람이기에 바람과 바다도 순종하는가 하더라"

예수님은 살아계십니다. 초자연적인 권위가 있는 분입니다. 세상 만물이 예수님의 명령을 듣고 움직여야 합니다. 지금도 살아서 역사하시는 분입니다. 그런데 오늘 초자연적인 예수님이 함께 배에 타고 계셔도 풍랑이 일어났습니다. 예수님은 풍랑이 일어나도 신경 쓰지 않으시고 주무십니다. 예수님을 부르고 찾지 않았기 때문입니다. 제자들이 풍랑을 잔잔하게 하려고 아무리 노력을 해도 풍랑을 잠재울 수가 없었습니다. 풍랑을 일으키는 존재가 제자들보다 강했기 때문입니다. 문제는 풍랑을 일으키는 존재보다 강한 예수님이 계셔도 풍랑이 일어났다는 것입니다. 이유는 주무시게 한 것입니다. 우리는 초자연적인 예수님이 내 안에 주인으로 계셔도 주무시면 인생에 환란과 풍파가 일어날 수가 있다는 것입니다. 인생에 일어나는 환란과 풍파는 자신이 해결할 수가 없습니다. 초자연적이시고 살아계신 예수님의 권위로 잠잠하게 하시어 살아계신 예수님을 체험하시기를 바랍니다. 그리하여 세상이 살아계신 하나님을 증명하시기를 바랍니다. 세상 사람들은 말로 믿지 못합니다. 반드시 살아계신 하나님을 증명해야 믿게 됩니다. 오늘 제자들이 "그 사람들이 놀랍게 여겨 이르되 이이가 어떠한 사람이기에 바람과 바다도 순종하는가 하더라" 예수님이 살아계신다는 것을 직접 체험하였습니다. 그런데 지금은 세상에서 풍랑을 당할 때 예수님이 직접 풍랑을 잔잔하게 하시지 않습니다. 예수님께서 알려주시는 레마대로 선포하고 명령하고 순종해야 풍랑이 잔잔해지는 것입니다. 자신이 담대하게 하나님의 살아계심을 증명해야 합니다.

첫째, 우리 인생은 갈릴리 바다와 같습니다. 이스라엘에는 갈릴리라는 바다가 있습니다. 그 바다가 갈릴리지방에 있었기 때문에 갈릴리 바다라 불렀습니다. 또 갈릴리 바다를 디베랴 바다라 부르기도 했습니다. 갈릴리 바다는 지중해 보다 200m나 낮은 지역에 있었고, 또 바깥은 산들이 병풍처럼 둘려 있었습니다. 헬몬산에 찬바람이 갈릴리 바다로 몰아치게 되면 잔잔하던 갈릴리 바다가 갑자기 풍랑으로 가득 차게 됩니다. 그래서 갈릴리 바다는 언제 돌풍이 몰아칠지 모르기 때문에 일기예보를 할 수 없는 바다였습니다. 이런 돌풍이 예수님과 제자들이 탄 배에 몰아쳤습니다. 오늘 본문에 보면 "큰 노을이 일어났다"고 했는데 큰 노을이란 말의 헬라어 는 '세이스모스 메가스'라는 말입니다. 이 '세이스모스'라는 말은 지진이라는 말이고 '메가스'라는 헬라말에서 '메가톤' 이라는 말이 나왔습니다. 한 '메가톤'은 백만 톤입니다. 그래서 메가톤 급이라고 하면 '아주 크다' 하는 그런 뜻으로 통용하고 있습니다.

그렇니까 큰 노을이 있었다는 말은 바다 밑에 지진이 일어나서 해일이 일어난 것 같은 큰 풍랑이 갈릴리 바다에 일어났다는 말입니다. 그 당시의 배는 고작 열대여섯 명이 타는 배였기 때문에 이런 풍랑이 일어났을 때에 견딜 수가 없었습니다. 마가복음에 보면 동일한 사건을 표현하고 있는데 거기는 "배에 물이 가득하게 되었다" 라고 했습니다. 이렇게 엄청난 풍랑을 만나게 되었습니다. 자, 여기에 우리가 한가지의 문제를 제기할 수가 있습니다.

예수님의 제자들은 요나처럼 불순종해서 도망간 것이 아닙니다. 예수님께서 배에 오르시니까 순종해서 예수님 뒤를 따라 갔습니다. 순종했는데 풍랑이 일어났습니다. 그럴 수도 있는가. 또 예수님께서 건너 마을로 가시기 위해서 배에 올랐을 때에 제자들도 같이 따라서 배에 탔습니다. 그들은 혼자 탄 것이 아니고 예수님도 같은 배에 탔습니다. 그런데도 풍랑이 일어날 수 있을까? 다시 말하면 예수 믿고 신앙생활 잘하면 풍랑도 없고, 실패도 없고 형통할 것이라고 생각하는데 예수 믿어도 풍랑이 일어날 수가 있는가? 신앙생활을 잘 하는데도 어려움이 생길 수도 있는가 하는 질문을 받을 수 있습니다. 예수님이 동행해도 예수님이 주무시면 이렇게 풍랑이 일어날 수가 있습니다. 예수님이 주무시지 않도록 찾고 찾아야 합니다.

그렇습니다. 우리가 인생을 살아갈 때에 예수님을 믿는 사람이나, 믿지 않는 사람이나, 때로는 잘 믿을 때 뿐 아니라, 잘 믿지 못할 때도 이런 풍랑이 일어날 수가 있습니다. 개인뿐만 아니라, 교회도 마찬가지입니다. 가정에도 마찬가지입니다. 크게는 국가에도 풍랑이 일어날 수도 있습니다. 예수 안 믿는 사람만 풍랑을 만나는 것이 아니라, 믿는 사람에게도 일어납니다. 신앙생활 잘하면 안 일어나는 것이 아니라, 나름대로 잘 한다고 해도 일어날 수가 있습니다. 빨리 관념적인 신앙에서 탈피해야 합니다.

예수님을 믿어도 어려움의 종류가 다를 뿐이고, 또 빈도가 좀 작아질 수 있지만은 그러나 예수님 믿어도, 신앙생활해도, 이런 풍랑이 닥칠 수가 있습니다. 갈릴리 바다에서는 일기예보를 할 수 없었듯이 우리 인생의 바다에도 일기예보를 할 수 없을 만큼 이런 풍랑이 언제 닥칠지 아무도 모릅니다. 어제까지만 해도 잔잔하던 사업에, 가정에, 인생에 이런 풍랑이 몰아쳐서 한치 앞도 나갈 수 없는 막다른 골목에까지 도달할 때가 있습니다. 항상 깨어서 성령으로 기도해야 할 이유입니다. 항상 마음 안에 계신 주님과 친밀한 상태가 되어야 합니다.

오늘 본문에도 예수님과 제자들이 갑자기 몰아친 이 풍랑을 당하게 되어 집니다. 그러므로 풍랑을 만났다고 우리가 낙심하지 말아야 됩니다. 왜냐하면 풍랑은 누구나가 다 만나는 것이기 때문입니다. 그리고 풍랑을 만나지 않았다고 해서 자만하지 마시기 바랍니다. 언제 우리에게 풍랑이 올지 아무도 모릅니다. 일기예보를 하고 우리에게 오는 것이 아니라, 갑작스럽게 예수님께 닥쳤던 이런 풍랑이 오늘 우리에게도 닥칠 수가 있습니다. 오늘 이 책을 읽는 분들 가운데서 "나는 일생을 살아오면서 한 번도 풍랑 만나지 아니하고 왔다"고 말할 수 있는 그런 사람 있습니까? 파도의 크기가 다를 뿐이고 그 풍랑의 길이가 다를 뿐이지 인생 치고 풍랑 한 번도 만나보지 못한 인생은 아무도 없습니다. 오늘 우리가 인생을 살아갈 때에 이와 유사한 풍랑을 우리가 만날 때가 있습니다. 특별히 요즘 불어 닥치는 경제적인 어려움 때문에 직장을 잃어버리고, 생활고와 물질적인 풍랑 때문에 시달리는 사람들이 얼마나 많이 있습니까? 거듭되는 경제적인 어려움 때문에 침몰해 가는 사업도 있을 것입니다. 육체의 질병에 걸려서 한발자국도 걸어갈 수 없는 이런 건강의 폭풍우를 만난 사람이 있을 것입니다. 모든 길은 다 막혀서 어떻게 살아야 될지 무엇을 해야 될지 전혀 알지 못하고 그저 가는 데로 표류하는 이런 인생도 있을 것입니다. 극심한 풍랑으로 최소한의 살 소망까지 끊어진 그런 사람도 있을 것입니다.

한두 시간 가는 뱃길도 풍랑이 일어납니다. 목포 항구에서 배를 타고 저 신안 앞 바다를 지나가 보세요. 아주 잔잔한 바다도 거기만 가면 언제든지 풍랑이 일어납니다. 이처럼 한두 시간 가는 뱃길도 이런 풍랑이 일어나는데 70, 80년 100년 가야하는 인생의 바다에 풍랑이 없을 수가 없습니다. 파도가 높고 낮을 뿐이지, 풍랑을 만나지 않고 인생을 살아가는 사람은 아무도 없는 줄 알고, 예수님과 친밀하게지내며, 내게 풍랑이 올 때마다 그 풍랑 때문에 좌절하거나 낙심하고, 그 풍랑에 매몰되어버리는 그런 성도들이 한 사람도 계시지 않기를 바랍니다.

같은 풍랑을 만나도 믿는 사람은 풍랑을 바라보는 자세가 달라요. 그리고 그것을 해결하는 방법도 다릅니다. 믿지 않는 사람들과 전혀 다릅니다. 믿는 우리는 살아계신 하나님께서 동행하고 계신다는 것을 한시도 잊어서는 안 됩니다. 오늘도 제자들이 이 풍랑을 만났을 때에 어떻게 풍랑을 이겨 나갔는가를 잘 살펴봄으로 교훈을 얻어 내게 닥치는 크고 작은 모든 풍랑을 잘 이기고 하나님의 살아계심을 날마다 체험 하시기를 바랍니다.

둘째, 인생의 풍랑은 믿음으로 이길 수 있습니다. 오늘 본문을 보면 참 좋은 대조를 봅니다. 큰 풍랑이 일어나서 예수님과 제자들이 타고 가던 배가 위기에 직면하게 되어 집니다. 제자들은 두려워서 쩔쩔매고 죽겠다고 아우성을 치는데 예수님은 풍랑 속에서 고물을 베개하고 주무시고 계십니다. 같은 배, 같은 풍랑을 만났는데 바다에서 잔뼈가 굵은 사람들, 갈릴리 바다에서는 전문가인 제자들은 쩔쩔맵니다. 그런 사람이 쩔쩔매고 죽겠다고 야단인데, 예수님은 평안히 누워서 잠을 자고 계십니다.

어려움 중에서 어떤 사람은 잠을 자고, 같은 풍랑가운데서 어떤 사람은 죽겠다고 아우성을 치는 그 이유가 무엇입니까? 우리가 이 말씀을 살펴보면 풍랑 때문에 그렇게 고통하고 풍랑 때문에 이런 고함을 치는 것이 아니라, 그 마음속에 믿음이 없었기 때문인 것을 발견하게 됩니다. 예수님께서 직접 그렇게 말씀하시지 않습니까. "왜 무서워하느냐, 너희 믿음이 어디 있느냐" 하고 믿음 없는 것을 책망하고 있습니다. 그러므로 오늘 우리가 이 세상 살아나갈 때에 어려운 일을 당할 때마다 절망하고, 낙심하고, 고함을 치고 좌절하게 되는 것은 풍랑의 크기가 아니라, 내 마음 속에는 믿음이 부족해서, 믿음이 없어서 그런 행동을 하는 것입니다. 하나님께서 항상 동행하고 계시니 풍랑이 일어나도 주님이 해결하신다는 믿음이 중요합니다. 그러므로 믿음 크게 키워서 어떤 풍랑 가운데서라도 낙심하거나, 좌절하거나, 떨지 아니하고 예수님과 같은 이런 아름다운 평안을 누릴 수 있기를 바랍니다.

예수님께서 요구하신 믿음이 어떤 믿음입니까. 온 천지를 창조하신 창조주가 너의 배에 타고 계시는데 너의 배가 침몰하겠느냐. 살아계신 하나님께서 동행하고 계신다는 것을 잊지 말라는 것입니다. 그러므로 예수님이 나와 함께 하시는 한 이 배는 절대로 침몰하지 않는다는 그 믿음을 너는 왜 못가지고 있느냐. 그렇게 책망하고 있습니다. 마태복음 8장과 9장을 보면 문둥병을 고치고, 중풍 병을 고치고, 바다를 잔잔하게 하고, 귀신을 몰아내고, 야이로의 딸을 살리고, 혈류병 고치는 것을 이적이 소개되고 있습니다. 마가복음 4장과 5장에는 이 이적들을 함께 모아 놓았어요. 4가지 이적으로 모아 놓았습니다. 그리고 예수님의 35가지 이적을 다 분류를 해보면 이 4가지 이적으로 분류할 수가 있습니다.

그 첫 번째가 오늘 본문에 나오는 풍랑을 잔잔케 하신 일입니다. 자연을 지배하시는 예수님의 모습입니다. 두 번째가 거라사 지방에 귀신들린 사람의 귀신을 쫓아내신 것입니다. 세 번째가 열 두해 혈루증으로 고생하는 여인의 질병을 고쳐 주십니다. 네 번째가 죽은 야이로의 딸을 살려내는 사건입니다.

이 네 가지의 사건을 어떤 사람은 포-디(four-d)라고 말합니다. F로 시작되어지는 4개의 D라 해서 우리가 외우기 쉽게 설명을 합니다. 첫 번째는 D는 '덴져(danger)' 위험에서, 이 풍랑 가운데서, 이 위험에서 건지시는 예수님이십니다. 두 번째로는 '디몬(demon)' 귀신을 내어 쫓고 고쳐주시는 예수님이십니다.

세 번째로는 '디시즈(disease)' 질병을 고 쳐주시는 예수님이십니다. 네 번째로는 '데쓰(death)' 죽음을 정복하시는 예수님이십니다. 위험한 풍랑에서 건져주시고, 귀신에서 건져주시고, 질병에서 건져주시고, 죽음에서 건져주신 예수님이십니다. 누가 풍랑을 잔잔케 할 수 있습니까? 하나님만이 하실 수 있습니다. 누가 귀신을 쫓아낼 수 있습니까. 하나님만이 귀신을 쫓아낼 수 있습니다. 누가 질병을 정복할 수 있습니까? 물론 요즘에 인간의 인술을 통하여서 과학의 발달로 질병들이 점점 정복되고 있지만은 근본적인 인간의 질병은 하나님 외는 정복할 수가 없습니다. 누가 죽은 사람을 살릴 수가 있습니까? 하나님만이 할 수가 있습니다. 그런데 그 일을 예수님께서 하셨습니다. 그러므로 이 예수님은 곧 하나님이시라는 믿는 믿음이 풍랑을 잔잔케 하신 사건입니다. 예수님이 온 우주 만물을 창조하시고, 지배하시는 하나님이라고 하는 사실을 이 기적이 말하고 있는 것입니다. 제자들이 예수님을 천지만물을 창조하시고, 지배하시는 창조주 되시는 하나님으로 믿었다고 하면은 그렇게 죽겠다고 아우성을 치지 않았을 것입니다. 예수님께서 바다를 잔잔하게 하고 나니까 제자들이 깜짝 놀랐습니다.

그러나 이 풍랑을 잔잔하게 하고난 다음에 "아, 이 분이 바로 하나님이시구나" 하는 믿음을 가지게 된 것입니다. 예수님께서 살아계신 하나님을 증명하신 것입니다. 오늘 우리가 이 땅을 살아갈 때에 왜 하나님께서 우리에게 이 풍랑을 허용하시는 줄 아십니까? 그 풍랑을 잔잔케 해 주심으로 바로 예수님은 하나님이라는 사실을 고백케 하기 위하여서 하나님은 때때로 우리에게 이런 풍랑을 허용할 때가 있습니다. 그러므로 어려운 일이 있을 때마다 "주님은 나의 하나님이십니다. 예수님만이 내 인생의 문제를 해결할 수 있는 분입니다." 하고 전적인 신앙의 고백을 하며, 주님만 의지하시기 바랍니다. 그럴 때 주님께서는 우리 모든 삶의 문제를 해결해 주시게 될 것입니다. 삶의 풍랑이 일어나서 고생하는 성도들이 있습니까? 내 마음에 예수님을 주인으로 모시면, 내 가정에 예수님 모시면, 내 사업에 예수님 모시면 풍랑이 내 인생을 흔들 수 있다고 할지라도 절대로 침몰시킬 수는 없습니다. 왜냐하면 창조주 되시는 살아계신 예수님이 내 인생을 붙들고 있는데, 내 삶에 계시는데 누가 창조주의 손에 있는, 창조주가 내안에 있는 내 인생의 배를 파선시킬 수 있다는 말입니까? 천지를 창조하신 주님께서 "바다야 잔잔하라" 한마디만 하시면 모든 인생의 문제가 다 해결 될 수가 있는 줄 믿습니다.

예수님께서 그렇게 엄청난 대가를 지불하고 산 보배 같은 우리를 풍랑이 일어나는 그곳에 그저 빠져죽도록 버려두겠습니까? 예수님께서 피 값으로 산 우리를 세상의 풍랑이 삼키도록 그대로 두겠느냐는 말입니다. 이렇게 보배로운 우리, 하나님께서 우리를 버리지 아니하고 세상 끝날 까지 우리를 보호하시다가 영광스러운 하나님 나라에 들림 받도록 해주실 줄 믿습니다. 이

사야 49장 15절에는 "여인이 어찌 그 젖 먹는 자식을 잊겠으며 자기 태에서 난 아들을 긍휼이 여기지 않겠느냐 그들은 혹시 잊을지라도 나는 너를 잊지 아니하리라" 자식 버리는 어머니 있습니까. 물론 버릴 수도 있습니다. 그러나 그들은 버릴지라도 나는 너를 버리지 않겠다. 이렇게 나를 사랑하시는 주님이십니다. 그 주님께서 힘이 없으면 우리를 풍랑에서 건질 수 없지만은 그러나 우리 주님은 천지만물을 창조하신 전능하신 하나님이기 때문에 우리가 어떤 어려움이 있다고 하더라도 우리를 건져내실 수 있는 사랑과 능력이 있는 줄 믿습니다.

그러므로 우리는 갖가지 풍랑이 올 때마다 좌절하지 말고 나를 보배롭게 여기시는 그 주님을 향하여 믿음을 가지고 의지하게 될 때에 우리에게 닥치는 자연으로부터 오는 풍랑도, 질병으로 오는 풍랑도, 마귀의 시험으로부터 오는 풍랑도, 생명을 위협하는 풍랑도, 그 어떤 풍랑도 우리 앞에 다 잔잔하고 파도는 물러가게 될 줄 믿습니다. 왜 이들이 무서워했습니까? 풍랑만 보고 그 주님을 바라보지 않기 때문입니다. 평안하게 잠드신 예수님의 모습을 바라보았으면 "아 괜찮겠구나, 예수님 잠드신 것 보니까 이 배는 괜찮겠구나." 그렇게 생각했을 것입니다. 그런데 그 주님 안 보았어요. 풍랑만 바라보고 무서워했습니다. 이제 우리 인생에게 각가지 풍랑이 올 때마다 풍랑 자체를 바라보지 말고 전능하신 마음 안에 계신 주님만 앙망할 수 있기를 바랍니다. 주님이 주시는 레마에 순종하시기를 바랍니다. 그럴 때 풍랑은 잔잔하게 될 줄 믿습니다. 오늘 본문에 아주 잔잔하게 되었다는 이 말은 '갈레메 메갈레'입니다. 그러니까 그 잔잔함이 아주 '메가톤'급의 잔잔함이 있었다는 말입니다.

그 잔잔함이 보통 잔잔함, 바람이 작아져 잔잔한 것이 아니고, 하나님의 기적적인 잔잔함으로 바다가 잔잔하게 되었다는 것입니다. 풍랑 뒤에 역사하는 인격체가 주님의 명령에 순종한 것입니다. 오늘 주님을 의지하게 될 때에 이런 무서운 잔잔함, 아주 고요한 잔잔함, 이 메가톤급의 잔잔함이 성도들 가슴 속에, 생활 속에 넘치게 될 줄 믿습니다. 역사상에 위대한 인물이 많이 있지만은 '링컨'과 같은 인물 쉽지 않고요. '링컨'과 같은 그런 어려움을 당한 사람도 많지 않습니다. 그런데 '링컨'이 어떻게 그 어려움을 잘 극복했는가 하면은 그 삶의 모토(motto)가 있습니다. 어려운 일을 당할 때마다 "이것도 지나간다." 어떤 고통을 당한다 할지라도 이것도 믿음으로 참고 나가면 지나간다, 이것이 링컨이 어려움을 극복한 비결이었습니다. 수술하고 난 다음에 얼마나 아픕니까. 그러나 한 2,3일 지나고 나면 그 아픔도 지나가지 않습니까. 인생의 풍랑이 일어난다 할지라도 1년 365일 태풍 불지는 않습니다. 그 풍랑도 지나갑니다. 우리에게 고통이 있다고 할지라도 참고 나가면 그 고통도 지나갑니다. 우리 주님께서 풍랑을 잔잔케 할 줄 믿고, 주님이 주시는 레마 대로 순종하면 풍랑이 잠잠해지는 것을 체험하게 됩니다. 살아있는 하나님의 권위로 풍랑을 넉넉하게 극복해 나가면서 세상에 살아계신 하나님을 체험하고 증명하게 될 것입니다.

셋째, 인생의 풍랑은 기도로 극복할 수 있습니다. 제자들은 온

갖 방법을 다 해보다가 나중에는 주무시는 예수님을 깨우게 됩니다. 예수님께서 이 풍랑가운데서 주무시고 계셨다고 기록되어 있는데 이때를 제외하고는 예수님이 주무셨다는 기록이 없어요. 특별히 시편 12편에는 하나님은 우리를 지킬 때 어떻게 지키느냐 "주무시지도 졸지도 아니하면서 낮의 해와 밤의 달이 우리를 상치 않도록 우리의 출입을 영원부터 영원까지 지키시리라"고 약속하고 있습니다. 그런데 오늘 이 본문에는 예수님께서 주무시고 계셨다고 했습니다. 왜 주무시고 계셨겠습니까? 예수님께서 잠자는 습관이 좋지 못해서 그 풍랑소리를 못 듣고 그 제자들의 그 아우성치는 소리를 못 들어서 편안히 잠만 자고 있었겠습니까?

이 본문을 가만히 보면 제자들이 예수님을 깨울 때까지 잠자고 있는 겁니다. 그래서 터툴리안은 말했습니다. "작은 배는 교회요, 교회는 풍랑이 심한 세상이라는 바다가운데 있다. 풍랑은 박해와 유혹이다. 주님은 성도의 기도로 깨울 때까지 계속 잠들고 계신다. 그러나 마침내 세상을 심판하시고 평온케 하신다." 터툴리안은 그렇게 해석을 했습니다. 예수님께서 계속해서 주무시고 계시느냐. 제자들이 "주여! 죽게 되었나이다. 살려주십시오." 하고 기도로써 예수님의 잠을 깨울 그때까지 계속 잠들고 있는 것입니다. 제자들에게 일어난 풍랑은 기도를 하게 만들었습니다. 주님은 갈릴리 바다의 폭풍우 소리는 듣지 않았지만은 제자들이 죽겠다고 부르짖는 기도만은 들으시고 일어나셔서 기도를 들어 주었습니다. 주님과 친밀하게 지내라는 것입니다.

터툴리안의 말처럼 기도로 잠을 깨우기 전에는 주님께서 계속 잠들고 계신 분이십니다. 하나님은 지금 우리의 삶에 침묵하고 계십니까? 하나님이 마치 숨어 계시는 것처럼 내게 응답하지 않고 있습니까? 성령의 기도로 주님의 잠을 깨워보세요. 아직도 주님께서 침묵하시면 더 소리를 높여서 파도소리가 높으면 높을수록, 바람소리가 거칠면 거칠수록 더욱더 목소리를 돋우어서 부르짖어서 주님을 깨우세요. 우리 주님 일어나셔서 "바다야 잔잔하라" 말씀하게 될 것입니다. 거기에 메가톤급 되는 잔잔함이 일어날 줄 믿습니다. 주님이 주시는 레마로 "주님의 이름으로 명령한다. 바다야 잔잔하라" 명령하면 풍랑이 잔잔하여 질 것입니다.

오늘 우리 인생에 어떤 풍랑이 있다고 할지라도 하나님 앞에 기도하면 하나님은 응답하십니다. 하나님이 깰 때까지 기도로 깨어보세요. 부르짖어서 잠을 깨워보세요. 주님이 일어나서 깨기만 하면 내 인생의 모든 문제는 다 해결될 줄 믿습니다. 자신 안에 주님이 주시는 레마에 순종하면 인생의 문제가 기적같이 해결이 됩니다. 인생의 항로에 풍랑이나 문제에 봉착하거든 당황하지 말고 주님께 기도 하시기를 바랍니다. 주님이 주시는 레마대로 순종하면 풍랑이나 문제가 기적같이 해결이 됩니다. 살아계신 하나님을 체험하게 됩니다. 오늘 우리가 어떤 환경에 있든지 내 인생의 파도가 아무리 높다고 하더라도, 사망 길에 빠져 있다고 하더라도 주님 앞에 기도로써 잠을 깨우면 주님 일어나셔서 우리의 인생의 풍랑을 잠잠케 해주시는 하나님이십니다.

날저문 갈릴리 바다에 풍랑이 일어났듯이 우리는 풍랑 이는 바다를 노저어 가고 있습니다. 파도치고 바람 불어도 겁내지 마십시다. 만물을 창조하신 주님께서 우리와 함께 하시면, 어떤 풍랑도 우리를 파선시킬 수가 없습니다. 걷잡을 수 없는 풍랑이 일어날 때 우리가 무엇을 해야 할지 모를 때라도 풍랑을 바라보지 말고 천지를 창조하신 주님만 바라보시면 그 주님께서 주시는 레마의 말씀 한마디만 선포하면 우리 인생의 모든 문제는 해결되어집니다. 자신 앞에 문제가 하나님의 문제라는 의식이 중요합니다. 기도하세요. 몇 푼어치 안 되는 내 지혜와 기술을 의지하지 말고 주님을 의지할 수 있기를 바랍니다. 주님을 부를 수 있기를 바랍니다. 풍랑의 강도에 비례하여서 우리의 목소리를 더욱 더 높여서 기도로써 주님의 잠을 깨울 수 있기를 바랍니다. 순종하기 바랍니다. 인생의 풍랑을 잔잔하게 해주실 것입니다. 그것도 메가톤 급의 잔잔함, 아주 잔잔한 인생을 살게 만들어 주실 것입니다.

우리의 인생에 풍랑이 닥칠 때마다 주님이 동행하고 계심을 믿으세요. 내 인생은 절대로 파선되지 않는다, 내 배에 주님이 계시기 때문이다, 나는 주님의 보배이기 때문에 절대로 파선되지 않는다는 이런 믿음을 가지고 기도로써 주님을 깨워보세요. 주님께 어떻게 해야 할지 물어보세요. 주님께서 알려주는 방법대로 순종하세요. 그러면 살아계신 하나님께서 믿음을 보시고 해결하여 주십니다. 하나님께서 인생의 문제를 해결하여 주셔서 모든 풍랑은 잔잔해질 것입니다. 그러면 얼마나 신바람 나는 인생의 항해가 되겠습니까. "바다야 잔잔하라!"고 명령하라는 주님의 레마를 선포하면 인생의 모든 풍랑은 잔잔하여 지고 날마다 하나님의 살아계심을 증명하는 성도들이 될 것입니다.

8장 중풍병자의 구원을 통해 증명하셨다.

(막 2:1-12)"수 일 후에 예수께서 다시 가버나움에 들어 가시니 집에 계시다는 소문이 들린지라. 많은 사람이 모여서 문 앞까지도 들어설 자리가 없게 되었는데 예수께서 그들에게 도를 말씀하시더니 사람들이 한 중풍병자를 네 사람에게 메워 가지고 예수께로 올새 무리들 때문에 예수께 데려갈 수 없으므로 그 계신 곳의 지붕을 뜯어 구멍을 내고 중풍병자가 누운 상을 달아내리니 예수께서 그들의 믿음을 보시고 중풍병자에게 이르시되 작은 자야 네 죄 사함을 받았느니라 하시니 어떤 서기관들이 거기 앉아서 마음에 생각하기를 이 사람이 어찌 이렇게 말하는 가 신성 모독이로다 오직 하나님 한 분 외에는 누가 능히 죄를 사하겠느냐. 그들이 속으로 이렇게 생각하는 줄을 예수께서 곧 중심에 아시고 이르시되 어찌하여 이것을 마음에 생각하느냐. 중풍병자에게 네 죄 사함을 받았느니라 하는 말과 일어나 네 상을 가지고 걸어가라 하는 말 중에서 어느 것이 쉽겠느냐. 그러나 인자가 땅에서 죄를 사하는 권세가 있는 줄을 너희로 알게 하려 하노라 하시고 중풍병자에게 말씀하시되 내가 네게 이르노니 일어나 네 상을 가지고 집으로 가라 하시니 그가 일어나 곧 상을 가지고 모든 사람 앞에서 나가거늘 그들이 다 놀라 하나님께 영광을 돌리며 이르되 우리가 이런 일을 도무지 보지 못하였다 하더라."

예수님은 중풍병자를 구원하심으로 살아계신 하나님을 증명시키셨습니다. 하나님의 말씀을 생명입니다. 말도 아니고, 지식도 아닌 초자연적인 생명의 말씀입니다. 생명의 말씀을 믿음으로 받는 자들에게 하나님의 살아계심을 증명하십니다. 예수님께서는 요한복음 8장 28절에서 "또 내가 스스로 아무것도 하지 아니하고 오직 아버지께서 가르치신 대로 이런 것을 말하는 줄도 알리라"라고 하셨습니다. 이 말씀은 "예수님은 하나님 말씀 그대로 순종하셨음"을 의미합니다.

　　예수님은 하나님의 아들이면서 하나님이십니다. 그럼에도 예수님은 철저히 하나님의 말씀에 순종하셨습니다. 하나님의 살아계심을 증명하는 일을 최우선으로 하셨습니다. 예수님의 5가지 생애 즉 탄생, 십자가 죽으심, 부활, 승천, 재림도 하나님께서 말씀하신 대로 순종하신 것입니다. 예수님은 하나님의 말씀에 절대적으로 순종하셨습니다. 요한복음8장 29절에 "나를 보내신 이가 나와 함께 하시도다. 나는 항상 그가 기뻐하시는 일을 행하므로 나를 혼자 두지 아니하셨느니라"라고 하셨습니다. 이 말씀은 예수님은 "하나님이 기뻐하시는 일을 하셨음"을 의미합니다. 예수님은 하나님께서 기뻐하시는 일을 하셨습니다. 우리도 하나님이 기뻐하시는 일을 하면서 살아야 합니다. 그래야 날마다 살아계신 하나님을 증명하면서 살아가게 됩니다.

　　질병 중에서도 중풍병은 아직도 치료하기 어려운 병으로 알려져 있습니다. 이 중풍병은 스트레스에서 오는 경우가 대부분으로서, 스트레스로 인해 혈관이 막혔을 경우 갑작스런 충격을 받을 때 발생합니다. 신경계의 수술이나 혈관 수술을 마치고 어느 정도 회복이 되어도 완치를 위해서는 계속적인 물리치료와 함께 정신적인 안정이 필요한 것입니다. 성령 충만한 생활이 필요합니다. 이 병에 걸린 사람들은 전신마비나 반신마비로 인하여 고통을 당하며 다른 사람들의 도움이 있어야만 살 수 있습니다.

오늘 본문 말씀은 한 중풍병자를 치료하기 위하여 그의 친구들이 그를 예수님께로 메어오는 것으로 시작합니다. 중풍병자의 친구들은 자신들의 친구를 예수님께로 메어오기만 하면 중풍병자가 치유 받을 줄 믿고 나온 것입니다. 그들의 믿음의 행위가 중풍병자를 치료하는 기적이 일어나게 한 것입니다.

첫째, 중풍병자의 죄를 용서하신 예수님. 본문의 배경은 가버나움입니다. 가버나움은 예수님의 집이 있는 갈릴리 전도사역의 본부가 있는 곳입니다. 예수님께서는 가버나움을 떠나신 뒤에 갈릴리의 여러 지방을 두루 다니시다가 갈릴리 사역의 활동 중심지였던 가버나움에 돌아오시었습니다. 예수님이 가버나움에 들어가시어 집에 계시다는 소문이 들리자 많은 사람들이 집으로 몰려들어 집 문 앞에 서있을 수 없을 정도였습니다. 예수님의 소문을 들은 수많은 사람들이 예수님을 만나서 천국복음을 듣는 것보다도, 현실적인 문제를 기적적으로 해결하기 위하여 모인 것입니다. 살아계신 하나님을 체험하기 위하여 예수님이 계신 집 앞에 인산인해로 많은 사람들이 모였습니다. 이는 예수님께서 기적을 행하신다는 소문을 듣고 모인 것입니다. 분명하게 성경은 "유대인은 표적을 구하고 헬라인은 지혜를 찾으나(고전 1:22)" "우리는 십자가에 못 박힌 그리스도를 전하니 유대인에게는 거리끼는 것이요, 이방인에게는 미련한 것으로되, 오직 부르심을 받은 자들에게는 유대인이나 헬라인이나 그리스도는 하나님의 능력이요, 하나님의 지혜니라. 하나님의 어리석음이 사람보다 지혜롭고 하나님의 약하심이 사람보다 강하니라(고전 1:23-25)" 말씀하고 있는 것입니다.

예수님의 기적을 체험하기 위하여 모인 사람들에게, 그들이 기대하는 기적을 행하시면서 천국 복음을 선포하기 위한 기회로 이용하셨습니다. 세상 사람들은 하나님의 살아계심을 눈으로 보아야 하나님의 살아계심을 인정하는 심리를 이용하신 것입니다. 여기서 '도'(道)라는 것은 성경에서 '구원의 메시지', '복된 소식', '복음' 등의 의미로 사용되었으며, 특별히 '하나님 나라의 비밀'(4:11)이란 뜻으로 사용되었습니다. 실로 예수님께서는 자신의 인기에 영합한 일시적 문제 해결로서의 이적을 행하시는 것보다, 인생의 궁극적인 문제를 해결해 주시기 위해 참 생명의 진리를 가르치셨던 것입니다.

그때 한 무리의 사람들이 한 중풍병자를 네 사람에게 메워가지고 예수님께로 왔습니다(3절). '중풍병'은 뇌일혈 등으로 인해 신체의 일부나 반신 또는 몸 전체가 마비되어 사용할 수 없게 되는 병입니다. 그래서 중풍병 환자는 말하는 것을 물론 걸을 수도 없고 몸을 자유롭게 사용할 수도 없었기에 타인의 도움에 의존할 수밖에 없었습니다. 여기 등장하는 '네 사람'은 그 환자를 위해 아낌없는 헌신을 다하는 참된 의미의 동료요 형제요 친구였습니다. 헌신적인 4명의 동료들의 도움으로 병자가 예수님께서 계신 집에 당도했으나 수많은 군중들이 입추(立秋)의 여지도 없이 그 문 앞에 둘러서 있었기 때문에 정작 만나 뵈어야 할 예수님께는 도무지 다다를 수가 없었습니다.

그러나 4명의 동료들은 포기하지 않고 모든 최선을 다했습니다. 결국 그들은 우회하는 방법이지만 가장 적극적인 행동을 취했습니다. 즉 바깥 계단을 통해서 지붕 위로 환자를 메고 올라가 지붕을 뜯어내고 예수님이 있는 곳으로 환자를 달아 내렸습니다.

팔레스틴의 전형적인 서민 주택은 보통 흙벽돌로 된 단층 슬라브형으로 지붕이 평평하며, 방은 하나로 되어 있는 조그마한 형태입니다. 그리고 바깥은 지붕으로 계단이 놓여 있어 지붕 위로 올라갈 수 있게 되어 있습니다. 지붕은 보통 나무로 들보를 놓은 후, 짚으로 엮어 그 위에 놓고 그 사이를 흙으로 채워 비를 막도록 되어 있습니다. 가끔 들보 위에 기와를 놓고 다시 그 위에 짚과 흙으로 덮기도 했습니다. 따라서 중풍병자를 지붕 위로 올려 온 사람들은 지붕을 덮고 있는 흙과 짚, 석회, 판자, 기와 등을 떼어내고 막 드러난 들보 안으로 그 환자를 달아 내렸을 것입니다. 예수님을 만나야 근본적인 문제를 해결 받을 수가 있기 때문입니다. 예수님에 대하여 관념적으로 알고 있던 사실이 예수님을 만남으로 인하여 실제적인 체험적인 사실이 될 수 있기 때문입니다. 그래서 악착같이 예수님을 만나려고 한 것입니다. 우리도 관념적으로 알던 예수님을 실제적인 체험적인 예수님으로 믿기 위하여 예수님을 직접 만나야 합니다.

예수님께서 침상을 지붕에서 내리면서 까지 예수님을 직접 만나려는 그들의 믿음을 보시고 중풍병자에게 죄사함 받았다고 선언하십니다. "예수께서 저희의 믿음을 보시고 중풍병자에게 이르시되 소자야 네 죄사함을 받았느니라"(5절). '죄 사함을 받게 하는 기적'은 예수님을 직접 만나겠다는 '믿음'을 가지고 있는 사람들에게 가능합니다. 예수님께서는 그들의 현명함과 또 열심 있는 믿음을 보셨습니다. 그런데 여기서 '저희'란 단지 침구를 메고 온 4명의 동료만이 아니라, 중풍병자까지를 포함한 5명을 함께 지칭하는 말로 보아야 할 것입니다.

예수님은 환자의 병을 고쳐 주는 대신 그 사람의 죄를 용서해 주셨습니다. 우리는 여기서 그 환자가 필요로 했던 바가 죄의 용서가 아니라, 바로 중풍병의 치료였다고 피상적인 생각을 할 수 있습니다. 필자가 우리 교회에 오셔서 치유나 능력을 사모하는 분들에게 먼저 하나님의 나라가 되어야 한다고 합니다. 하나님의 나라가 되어야 그 다음에 치유도 받을 수가 있고 능력도 나타나는 것입니다. 예수님은 중풍병환자의 죄를 사하심으로 인하여 하나님과 관계를 회복시키신 것입니다. 중풍병자 자신은 어떤 특별한 죄를 지었다고 생각하지 않았을 것입니다.

　그러나 예수님께서 중풍병자의 죄를 먼저 사해주신 것은 인간은 누구나 다 하나님으로부터 분리되었고, 또한 모든 고통은 인간이 하나님에게서 떠남으로 기인되었다는(사 59:1-2) 구약성경의 진리를 알 수 있습니다. 바로 이러한 이유에 예수님께서는 인간에게 가장 절실히 필요한 것에 관심을 기울이신 것입니다. 하나님과 관계를 열어 주신 것입니다. 예수님께서 육신의 병을 고치러 온 자에게 영혼의 죄까지 사해 주신 사실을 통해, 육신의 병고침은 한시적(限時的)인 것이지만, 영혼의 죄사함은 영원하다는 사실과, 육신의 질병이 직접적인 죄의 결과는 아니지만, 인류 최초 범죄 이후 병과 죽음이 시작되었다는 본질적 측면에서 볼 때 육신의 질병보다 그 본질적인 원인인 죄가 먼저 해결되어야 한다는 사실을 알려주십니다. 또한 육신의 병고침은 부분적이요, 조건적이고 영혼의 죄사함은 전체적이요, 절대적이고, 육신의 병고침은 인간의 방법으로도 가능할지 모르나, 영혼의 죄사함은 오직 예수님 당신만이 하실 수 있는 것임을 보여 줍니다. 그리고 예수님은 죄가 사해지면 중풍병은 자동으로 해결이 되기 때문에 중풍병자의 죄를 사해 주신 것입니다. 죄가 사해져야 살아계신 하나님과 관계가 열려 기적적인 질병치유가 되기 때문입니다.

　둘째, 죄사하는 권세가 있음을 선언하신 예수님. 예수님의 중풍병자에 대한 죄사함의 선포를 들은 서기관들이 마음에 의논하여 말합니다. "이 사람이 어찌 이렇게 말하는가 참람하도다 오직 하나님 한분 이외에 누가 능히 죄를 사하겠느냐"(6-7절). 서기관들은 '갈릴리 각 촌과 유대와 예루살렘에서' 왔습니다(누가복음 5:17). 그들은 신학적인 관점에서 예수님을 어떻게든 트집을 잡기 위해서 왔던 것입니다. 그래서 그들은 군중들 틈에 끼어 자리를 잡고 앉아 예수님의 일거수일투족을 예의 주시하고 있었으며, 그 마음은 예리한 칼날같이 모든 상황을 점검하며 서로의 의견을 나누고 있었습니다. 그런데 이제 예수님께서 죄 사함에 관한 말씀을 하시자, 그들은 좋은 기회를 얻었다고 생각했습니다.

전통주의적인 그들의 판단은 옳았습니다. 오직 하나님만이 죄를 용서하실 수 있습니다. 그러나 그들이 잘못 이해한 것은 예수님에 대해서, 그리고 하나님의 삼위일체의 속성과 메시야에 대한 것이었습니다. 사실 그들은 메시야조차도 죄를 사할 수 없었고, 오직 여호와 한 분만이 죄를 사할 수 있다고 믿었습니다. 지금으로 말하자면 관념적인 믿음이었습니다. 그들은 이 땅에 메시야로 강림하신 예수님께서 삼위일체의 두 번째 위격인 하나님의 아들(聖子)이라는 사실을 전혀 이해하지 못했던 것입니다. 하나님은 이렇게 말씀하십니다. "이 지혜는 이 세대의 통치자들이 한 사람도 알지 못하였나니 만일 알았더라면 영광의 주를 십자가에 못 박지 아니하였으리라. 기록된바 하나님이 자기를 사랑하는 자들을 위하여 예비하신 모든 것은 눈으로 보지 못하고 귀로 듣지 못하고 사람의 마음으로 생각하지도 못하였다 함과 같으니라. 오직 하나님이 성령으로 이것을 우리에게 보이셨으니 성령은 모든 것 곧 하나님의 깊은 것까지도 통달하시느니라. 사람의 일을 사람의 속에 있는 영 외에 누가 알리요 이와 같이 하나님의 일도 하나님의 영외에는 아무도 알지 못하느니라(고전 2:8-11)" 그들은 성령의 인도를 받지 못했습니다. 그저 율법으로 관념적으로 예수님의 말씀에 대하여 트집을 잡은 것입니다.

그러나 예수님께서 중풍병자에게 사죄의 말씀을 하신 것은 하나님과 구별되지 않은 아버지 하나님(聖父)의 능력으로 그렇게 행하신 것입니다. 이 땅에 계시는 동안 예수님께서 행하셨던 능력 있는 사역은 그를 통해서 일하시는 아버지 하나님의 능력으로 이루어진 것입니다.

서기관들이 예수님께 대해 '참람하도다'라는 말한 것은, 하나님의 특권을 탈취하거나 그분을 불경스럽게 모독하였다고 생각한 것입니다. 율법에 능통한 서기관들의 입장에서 갈릴리 목수 출신에 불과한 예수님의 사죄 선포는 분명 참람한 것이 아닐 수 없었습니다. 사실 그들이 생각한 대로 만약 예수님께서 하나님의 아들이 아니라 단지 인간 예수에 불과했다면 그들이 주장하는 바가 옳았을 것입니다. 실로 그들은 영적으로 어두움에 거하던 자들로서 진리의 빛이 그들에게 비춰졌지만 감히 그것을 깨닫지 못하는 불행에 처하고 말았습니다(요 1:5). 서기관들이 예수님에 대해서 참람하다고 생각할 때 예수님은 그들의 중심을 아시고 "어찌하여 이것을 마음에 의논하느냐"라고 말씀하십니다(8절).

　서기관들은 예수님의 행동에 관한 그들의 오해를 겉으로 드러내 놓고 표현하지는 않았습니다. 그들은 단지 마음에 의논하였습니다. 그러나 그들의 마음의 표정은 얼굴과 분위기로써 넉넉히 표출될 수 있었을 것입니다. 예수님께서는 이러한 그들의 내면의 요동을 '중심에 아시고', 즉 '당신의 영으로 감지(感知)하시고' 그들의 의도를 간파하셨습니다(마 9:4; 눅 5:22). 이처럼 예수님께서 그 마음을 꿰뚫어 본 것은 분명 직관적으로 상대의 심령을 읽어내시는 당신의 초자연적인 능력에 연유한 것입니다. 이러한 사실은 예수님이 하나님이시며(롬 9:14;빌 2:6;딛 2:13) 동시에 하나님의 아들(마 16:16)이신 것을 나타냅니다. 예수 그리스도는 죄인을 대표하기 위하여 필연적으로 인간이어야 했으며, 구속자가 되기 위해서는 반드시 하나님이어야 했습니다.

　이어서 예수님은 "중풍병자에게 네 죄사함을 받았느니라 하는 말과 일어나 네 상을 가지고 걸어가라 하는 말이 어느 것이 쉽겠느냐"(9절) 묻습니다. 예수님께서는 서기관들의 생각을 아시고 단지 구두(口頭)로써의 사죄 선언과 현상적으로써의 완전한 치유 이적 중 어느 것이 쉽겠느냐 라는 질문으로 그들의 답변을 구하셨습니다. 물론 예수님께서 말씀하신 의미로는, 그 질문 중 어느 것도 더 쉽다고 답할 수 없습니다. 사람들에게는 두 가지 모두가 똑같이 불가능한 일이며, 하나님에게는 똑같이 쉬운 일입니다. 아마도 서기관들에게는 어느 누구도 죄 사함의 성취를 입증할 수 없으므로 죄 사함에 관한 말이 더 쉽게 여겨졌을 것입니다. 그리고 '일어나…걸어가라'고 말하는 것은 실제로 육안으로 볼 수 있는 것이므로 더 어렵게 생각되었을 것입니다.

예수님은 당신이 죄사함의 권세가 있는줄 그들로 알게 하신다고 말씀하십니다. "그러나 인자가 땅에서 죄를 사하는 권세가 있는 줄을 너희로 알게 하려 하노라"(10절). '인자'라는 말은 '사람의 아들'이라는 말로서 그리스도께서 즐겨 사용하신 자기 자신에 대한 메시야적 명칭이며 예수님의 인성(人性)을 강조한 표현입니다. 즉 '인자'란 인간으로서 우리와 함께 거하시기를 기뻐하시는 겸손한 예수님의 모습(identity)은 물론, 이 땅에서의 그리스도의 거룩한 권위(authority)와도 관련되어 있습니다. '인자'는 주로 심판주로서의 메시야란 의미와 더불어 이 세상의 죄인을 지금 용납하시고 그 죄를 지금 용서하시는 하나님과 동등한 신분으로서의 메시야를 의미하고 있습니다(2:28; 14:62).

예수님께서는 먼저 인간적 측면에서가 아니라 하나님의 관점에서 더 어려운 편, 곧 그들이 볼 수 없었던 죄 사함을 선택하셨습니다. 따라서 예수님께서는 이제 모든 사람이 그가 실제로 죄를 사하는 권위와 능력을 소유하셨다는 것을 알 수 있도록 모든 사람이 볼 수 있는 치유의 기적을 행하십니다. 하나님께서 살아 계심을 증명하십니다. 예수님께서는 이 땅에서 심판의 날까지 기다리지 않고 지금 여기서 죄를 사하는 권리와 권능을 갖고 계실 뿐 아니라 그것을 행사하십니다.

셋째, 중풍병자를 구원하신 예수님. 예수님은 당신이 이 세상에서 죄를 사하는 권세가 있는 줄 그들에게 알게 하려하신다고 말씀하신 후 중풍병자에게 선언하십니다. "내가 네게 이르노니 일어나 네 상을 가지고 집으로 가라"(11절). 예수님이 '내가 네게 이르노니'라고 말씀하신 것은 예수님이 지니신 신적 권위를 대변하는 말입니다(마 5:22, 28). 즉 이는 의학적 기술이나 귀신들의 힘을 빌리는 무속적 치유와는 달리 예수님 자신이 죄의 결과인 질병에 대한 지배력을 갖고 있는 하나님이심을 공언하시는 절대 권위자로서의 선언입니다. 예수님은 동료 4명의 도움에 의해 들것에 실려 왔던 그 환자에 대한 완전한 치료를 선언하시는 3중적 명령(일어나, 가지고, 가라)을 하십니다. 실로 예수님의 권위에 찬 명령은 그 자체 내에 역동적 능력이 있어 그 명령하신 바가 그대로 성취되도록 합니다(12절). 중풍병자가 그대로 순종합니다. 이러한 완전한 치료는 바로 죄 사함을 입증했습니다. 예수님께서 '일어나라'고 말씀하심으로써 분명히 병 고침이 일어난 것처럼, "네 죄 사함을 받았느니라"는 말씀의 결과로 이제 죄 사함이 실제로 일어난 것입니다. 예수님께서 그들이 볼 수 없는 다른 일도 자신이 행하셨다는 사실을 그들이 알도록 하기 위해, 그들이 볼 수 있는 이적을 또한 베푸셨습니다.

중풍병자에게는 '곧' 반응이 일어났습니다. 실로 치료는 즉각적이었습니다. 특히 '모든 사람 앞에서', 즉 모든 무리와 죄를 사하시는 예수님의 권위에 대항했던 서기관들 앞에서 그는 일어나

상을 가지고 나갔습니다. 먼저는 상이 그를 들고 왔으나 이제는 그가 상을 들고 간 것입니다. 이로써 예수님은 서기관들에게 항변 없이도 그들의 비뚤어진 심사(7절)에 일침(一鍼)을 가하신 것입니다. 그리고 진실의 확증을 위해 필요한 2, 3인의 증인보다 더 많은 증인들이 예수님의 탁월한 능력을 확신함으로써 더 이상의 변론이 아무런 가치가 없게 되었습니다.

중풍병자는 예수님께서 말씀하신대로 자신의 침상을 가지고 모든 사람 앞에서 나갑니다. 사람들은 이 일을 보고 다 놀라서 영광을 하나님께 돌리며 "우리가 이런 일을 도무지 보지 못하였다"고 고백합니다(12절). 거기 모인 사람들을 통하여 하나님께서 살아계심이 증명된 것입니다.

그들이 '놀라다'는 말은 '제 정신을 잃다'는 뜻으로 그 충격의 여파가 매우 큼을 보여줍니다. 예수님의 이적을 목격한 무리들이 크나큰 충격 앞에 복합적인 감정을 지니게 되었음을 보여 주고 있다. 실로 이 같은 충격과 공포는 적어도 그들이 하나님의 임재나 하나님께 대한 경외심을 느끼게 되었음을 말해주는 동시에 자신들의 본원적인 죄의식이 싹트기 시작했음을 보여 주는 것이라 할 수 있습니다(사 6:5). 그러한 사실은 대변이라도 하듯이 그들은 하나같이 입을 모아 '영광을 하나님께' 돌렸습니다. 실로 이 송영(頌榮)은 그들이 마침내 그들 앞에 계신 예수님이 바로 하나님이 보내신 자, 곧 하나님의 능력을 대변하는 자, 다시 말하면 메시야로 믿게 되었음을 보여주는 간접적인 모습입니다.

예수님의 이적을 보고 놀란 자들이 고백하는 것은 '이런 일을 도무지 보지 못하였다'는 것입니다. 실로 이 중풍병자의 치유는 그야말로 잠자던 유대인들의 심령에 들어 닥친 하나님의 기습이었던 것입니다. 이 사건의 강조점은 바로 죄 사함에 있는 것입니다. 중풍병자가 지닌 문제의 근원은 바로 죄의 문제였습니다. 예수님께서 주로 관심을 기울이신 것은 바로 이점이었습니다. 예수님께서는 그의 죄 사함의 행위로써 하나님의 나라가 사람들 사이에 임했음을 선포하셨던 것입니다.

살아계신 예수님은 오늘도 우리의 문제를 해결해주십니다. 오늘날도 중풍병자와 같이 주변사람의 도움이 없으면 어찌할 바를 알지 못하는 사람들이 있습니다. 우리가 그런 사람들 중의 한 사람인지도 모릅니다. 우리는 문제를 당하여 다른 사람의 도움을 바라며 도움을 청할 때가 많습니다. 그러나 그때 우리가 도움을 청해야할 대상은 사람이 아니라 예수님입니다. 우리의 문제가 무엇입니까? 건강의 문제입니까? 가족의 문제입니까? 사업의 문제입니까? 그 문제를 들고 예수님께 나오십시오. 그리고 예수님께 도움을 청하십시오. 그러면 예수님은 중풍병자에게 선언하신 것처럼 "네 문제를 해결했다. 안심하고 돌아가라" 라고 응답해주실 것입니다. 순종하면 기적같이 해결이 되는 것입니다. 우리의 문제는 지금 내 눈에 보이는 문제가 아니라 그 문제를 예수님께 내려놓고 해결방법을 간청하는 믿음의 기도가 없는 것이 문제입니다. 우리가 믿음으로 기도하기만하면 주님께서는 무엇이든지 다 들어주신다고 했는데 우리는 그 말씀을 듣고서도 귓전으로 흘려버리고 맙니다. 그리고 인간적으로 누구의 도움을 바랄까 걱정하고 고민합니다. 그러나 예수님은 우리에게 말씀하십니다. "수고하고 무거운 짐진 자들아 다 내게로 오라 내가 너희를 쉬게 하리라" 래마를 주십니다. 순종하면 해결이 됩니다.

결론적으로 오늘 우리는 믿음으로 중풍병자를 메고 예수님께 나온 사람들이 예수님의 말씀선포로 중풍병자의 죄를 사하시고, 그 병을 치료하심을 받은 이야기를 들었습니다. 어찌보면 우리는 다 영적으로 중풍병자와 같은 존재였습니다. 다른 사람들이 도움이 없이는 아무것도 할 수 없는 우리들이 예수님을 만남으로 문제가 해결되는 것을 깨달았습니다. 우리는 예수 그리스도의 복음을 듣고 예수님을 나의 구주로 믿게 되고 죄사함을 받고 하나님의 자녀가 되었습니다. 또한 우리의 문제를 예수님께 가지고 나와 해결 방법을 구하면 래마를 주시는 것을 깨달았습니다. 이제 우리의 문제를 주님의 래마에 순종하여 문제를 해결 받는 우리가 되기를 바랍니다. 또한 이제 누군가 우리의 도움을 기다리고 있는 영적인 중풍병자들을 찾아가 그들을 예수님께로 인도하여 그들로 예수님을 만나게 하는 일을 위해서 힘쓰기를 바랍니다.

충만한교회에서는 매주 화-수-목 오전11:00-16:00까지 성령 축사 신유 내적치유와 치유사역 훈련을 하고 있습니다. 누구든지 성령의 감동을 받고 오시면 하나님의 살아계심을 증명하는 사역자가 됩니다. 자세한 것은 (www.ka0675.com)홈페이지를 참고하세요.

9장 죽은 나사로를 살림으로 증명하셨다.

(요 11:41-44)"돌을 옮겨 놓으니 예수께서 눈을 들어 우러러 보시고 이르시되 아버지여 내 말을 들으신 것을 감사하나이다. 항상 내 말을 들으시는 줄을 내가 알았나이다. 그러나 이 말씀 하옵는 것은 둘러선 무리를 위함이니 곧 아버지께서 나를 보내신 것을 그들로 믿게 하려 함이니이다. 이 말씀을 하시고 큰 소리로 나사로야 나오라 부르시니, 죽은 자가 수족을 베로 동인 채로 나오는데 그 얼굴은 수건에 싸였더라. 예수께서 이르시되 풀어 놓아 다니게 하라 하시니라"

예수님께서는 살아계십니다. 예수님이 계시면 사망이 생명으로 변화됩니다. 초자연적인 살아계신 하나님이시기 때문입니다. 오는 마르다와 마리아는 예수님께서 살아계신 다는 것을 체험합니다. 나사로가 죽었다고 모여든 유대인들에게 예수님은 죽은 자도 살린다는 것을 증명해 보이셨습니다. 예수님께서는 죽은 나사로를 살리기 위하여 마르다의 생각과 의식을 바꾸십니다. 우리가 살아계신 하나님을 체험하지 못하게 방해하는 것은 관념과 전통과 지식과 합리와 세상논리입니다. 이것을 십자가에 못 박지 않고는 살아계신 하나님을 증명할 수가 없습니다.

그래서 예수님은 "주님! 오라버니가 무덤에 장사한지 이미 나흘이 되어 그 몸에서 썩은 냄새가 납니다. 그런데 돌문을 옮겨놓으면 그 일을 어떻게 감당하시려고 합니까?" 예수님을 저지하려고 하는 마르다의 생각과 말을 바꾸십니다. 예수님은 "내 말이 네가 믿으면 하나님의 영광을 보리라고 하지 않았느냐?" 호통을 치셨습니다. 놀란 마리아와 마르다가 필사의 노력으로 돌을 옮겨놓자 예수님께서는 그 입구에 서서 기도하신 후에 큰 소리로 "나사로야 나오라!" 외치셨습니다. 그러자 죽은 자가 수족을 베로 동인 채로 살아 나왔습니다. 예수님은 거기모인 유대인들에게 하나님의 살아계심을 증명하신 것입니다.

첫째, 믿음은 하나님의 말씀을 들어야 된다. 먼저 믿음은 하나님의 말씀을 들어야 된다는 것을 여기에서 알 수가 있는 것입니다. 하나님의 말씀을 듣는 다는 것은 하나님의 자녀가 되었다는 증거입니다. 땅의 사람은 영이신 하나님의 말씀이 들리지를 않습니다. 로마서 10장 11절에 "그러므로 믿음은 들음에서 나며 들음은 그리스도의 말씀으로 말미암느니라"고 했습니다. 예수님께서 베다니에서 처음 마르다를 만났을 때 네 오라버니가 살리라고 말씀하셨습니다. 이 말이 너무 터무니없게 생각되어 마르다가 "예, 부활의 날에 우리 오라버니가 살줄로 믿나이다" 할 때에 예수님께서 "아니다! 나는 지금 부활이요 생명이니 나를 믿는 자는 죽어도 살겠고 살아서 나를 믿는 자는 영원히 죽음을 보지 않는다"고 재확인하는 말씀을 하셨습니다.

예수님은 지금 나사로가 살아서 천국을 누리리라고 말씀하시는데 마리아와 마르다는 자꾸 뒷북을 치는 것입니다. 또 예수님께서는 마르다와 마리아를 나사로의 무덤에 데리고 가서 돌을 옮겨놓으라고 말씀하셨습니다. 그러므로 마르다와 마리아는 믿을 이유가 있습니다. 왜냐하면 하늘과 땅을 지으신 예수님께서 직접 오라버니가 산다고 말했고 돌을 옮겨놓으라고 말했으니까 눈에는 아무 증거 안 보이고 귀에는 아무 소리 안 들리고 손에는 잡히는 것 없다고 할지라도 믿을만한 이유가 있습니다. 즉, 예수님의 말씀이 있기 때문인 것입니다. 말씀을 믿으면 영광을 봅니다.

우리가 하나님의 말씀이라고 하는 이 말씀은 두 가지 말씀으로 우리에게 다가오는 것입니다. 일반적인 하나님의 말씀은 성경 창세기에서 요한 계시록까지 기록한 말씀입니다. 이 말씀을 읽음으로 하나님에 대한 지식을 얻고 우리가 은혜를 얻고, 기적의 하나님의 알고 믿게 되고, 이 말씀이 우리의 생명의 떡이 되어서 우리가 신앙 가운데 자라는 것입니다. 그러나 나의 마음속에 기적을 행하는 믿음은 내게 직접 주시는 말씀이어야 합니다. 이는 성령으로 말미암아 하나님의 말씀이 바로 내 마음속에 직접 주어질 때 그 말씀이 레마로, 거기에 우리가 믿음을 걸고 기적을 기대할 수 있는 것입니다.

그렇기 때문에 모두다 일반적인 하나님의 말씀은 하나님이 주셨습니다. 이 말씀을 읽고 듣고 공부함으로 은혜를 받고 우리가 생명의 양식을 먹고 우리의 신앙이 자라나지만 우리 생활에 기적이 일어나는 말씀은 일반적인 말씀이 아닌 성령이 지금 내게 직접 주는 말씀이라는 것입니다.

그러므로 오늘 우리가 나사로의 부활에 대한 말씀을 읽을 때 마음에 큰 은혜가 되고 양식이 됩니다. 그렇다고 해서 야! 나사로도 부활했으니까 나도 못할게 뭐냐! 삽하고 괭이를 들고 가족 묘지에 가서 조상 묘를 전부 파헤친 다음에 나오라! 예수의 이름으로 나오라! 그래도 절대 안 나옵니다! 망신만 당합니다. 나사로는 나왔는데 왜 안 나오나? 나사로가 죽은 지 나흘 만에 나왔다는 그 이야기는 일반적인 하나님의 말씀인 로고스입니다. 이 로고스를 우리가 읽으면 하나님이 살아계시는구나! 참 놀라운 은혜다! 우리가 마음속에서 큰 은혜를 받습니다만, 그러나 우리 생활 속에 직접 기적이 일어나기 위해서는 하나님이 직접 말씀해 주셔야 합니다.

마르다와 마리아가 무덤의 문을 옮겨놓은 것은 막연하게 성경을 읽고 옮긴 건 아닙니다. 예수님이 직접 말씀하셨습니다. "네 오라버니가 살리라 돌을 옮겨놓아라" 그러므로 마르다와 마리아는 일반적인 부활의 말씀에 따라 행동한 것이 아니라, 주님께서 직접 주신 말씀 즉, 내게 주신 말씀을 따라 행동한 것입니다.

로마서 10장 11절에 "믿음은 들음에서 나며 들음은 그리스도의 말씀으로 말미암는다"는 그 말씀은 로고스가 아니고 레마입니다. 일반적인 하나님의 말씀이 아니고 내게 지금 직접 주시는 하나님의 말씀인 것입니다. 이 말씀은 기적을 행하는 믿음을 우리에게 주시는 것입니다. 그러므로 우리가 언제나 기적을 나타내는 하나님이 직접 주시는 이 레마를 받기 위해서 성령으로 기도를 해야 되는 것입니다. 우리가 여러 가지 문제를 가지고 하나님의 도움을 바랄 때 마르다와 마리아가 "당신의 사랑하는 자가 병들었나이다"하고, 예수님께 편지를 보낸 것처럼, 우리는 성령으로 기도의 편지를 보냅니다. "주여 오셔서 나를 도우소서! 문제가 생겼나이다!" 마르다와 마리아의 있던 곳에 예수님이 나흘 후에 찾아와서 레마를 주신 것처럼, 우리도 하나님께 성령으로 기도하고 기다리면 성령하나님이 우리에게 말씀을 주시는 것입니다.

　이 말씀을 받고 우리가 행해야 되는 것입니다. 말씀이 직접 내게 올 때 그것을 우리가 믿을 수 있고 행할 때 그것이 기적을 행합니다. 이러한 레마를 받지 아니하고 그냥 막연히 하나님의 말씀, 일반적인 말씀인 로고스를 따라서 행했다가 하나님이 역사 안 한다고 불평하는 사람이 많습니다. 로고스는 우리가 듣고 읽고 은혜를 받고 영의 양식이 되는 것이지만 기적은 하나님이 이 로고스의 말씀을 성령이 잡아서 우리에게 직접 영감으로, 계시로, 감동으로 내게 주실 때 이것이 바로 믿음의 이유가 되는 것입니다. 이러므로 우리는 모두 하나님 앞에서 이 레마를 받도록 기도하고 직접 주시는 말씀이 올 때까지 하나님 앞에 간절히 기도하고 기다리시게 되기를 주님의 이름으로 간절히 축원합니다.

둘째, 레마를 듣고 순종하라. 주님께서 레마로 돌을 옮겨놓으라고 말씀하셨습니다. 아무리 말씀을 듣고 믿음이 생겨도 그것을 행동으로 옮기지 않으면 하나님께서는 역사 하시지 않습니다. 하나님께서는 성도의 그 행하는 믿음에 따라 기적을 나타내십니다. 많은 사람이 말하기를, 하나님이 나를 부자로 만들어주시면 십일조와 헌금을 많이 드리겠습니다. 하나님이 내 병을 고쳐주시면 봉사하겠습니다. 하나님께서 나에게 은혜를 주시면 그때 하나님께 충성하겠습니다. 하는데 그것은 정반대인 것입니다. 우리가 하나님의 말씀을 받고 우리가 눈에는 아무 증거 안 보이고 귀에는 아무 소리 안 들리고 손에는 잡히는 것 없어도 믿음으로 실천할 때 하나님이 따라서 역사하여 주시는 것입니다. 왜냐하면 행함이 없는 믿음은 죽은 믿음이기 때문인 것입니다. 그러므로 행동하기 위해서는 참으로 어려운 결단 즉, 무거운 돌을 옮겨놓아야만 되는 것입니다. 행동하는 믿음 위에 하나님의 기적이 일어나게 되는 것입니다.

베세다 광야에서 어린 소년과 도시락을 보십시오. 예수님이 베세다 광야로 나갔는데 남자만 오천 명 부녀자가 기만 명이 모여서 하루 종일 말씀을 듣고 해가 질 무렵에 그들은 배가 고파서 길거리에 드러누웠습니다. 예수님이 제자를 불러서 저들에게 먹을 것을 주라고 하실 때 빌립은 말하기를 돈도 없고 음식을 살 곳도 없습니다. 그러므로 흩어 보내는 것이 좋겠다고 말했습니다. 그러나 여기에 안드레는 예수님의 레마를 받아들였습니다. 예수님이 그들에게 직접 말씀하셨습니다. "이들에게 먹을 것을 주라" 그러므로 안드레는 돈이 없고 음식 살 곳이 없어도 주께서 먹을 것을 주라고 했으므로 하나님의 기적이 일어날 것을 알았습니다. 믿을 이유가 있습니다. 주님이 먹을 것을 주라고 했으니, 하늘과 땅을 지으신 주께서 먹을 것을 주라 했으므로 줄 수 있다는 믿음을 가질 수 있습니다. 그러나 이 레마는 행동하는 믿음에 따라 역사가 일어나는 것입니다.

아무리 레마를 받아도 그 레마를 받고 난 다음 그걸 따라 행동하지 아니하면 그 레마는 죽어버리고 마는 것입니다. 그래서 이들에게 먹을 것을 주기 위해서는 믿음의 돌을 옮겨놔야 합니다. 믿음을 행동으로 옮겨야 됩니다. 그래서 안드레는 먹을 것을 찾으러 다녔습니다. 아무도 먹을 것이 없는데 어린아이 하나가 엄마가 배고프다고 도시락을 싸준 것을 예수님의 말씀을 듣다가 저녁까지 먹지 않았습니다.

요기를 못해서 배가 고파 지치니까 군중을 떠나 한 쪽 구석에 앉아서 보리떡 다섯 개와 물고기 두 마리를 먹으려는 찰나에 안드레가 그 아이를 발견했습니다. "얘야! 그걸 먹지마라! 너 혼자 먹으면 너 혼자 배부르거니와 네가 이것을 예수님의 손에 얹어드리면 모두 다 배부르게 된다. 너 혼자 먹으면 너는 배부르거니와 이 사람들은 다 굶주린다. 그러나 네가 이것을 예수님 손에 얹어드리면 예수님께서는 모든 사람들이 다 배부르게 만들어 주신다." 그는 설득했습니다.

어린아이는 배가 고팠습니다. 그는 먹어야만 했습니다. 그러나 이것이냐 저것이냐 결정을 내릴 수밖에 없습니다. 주님은 레마를 주셨지만 믿음의 실천 후에 그 레마가 역사합니다. 그래서 어린 아이는 결단을 내렸습니다. 나는 배고프지만 이것을 주님께 실천적인 믿음으로 내어놓으면 모든 사람들이 배부르다고 하니까 희생하고 내놓았습니다. 어려운 결단이었습니다. 그래서 예수님이 그것을 받자마자 주님이 축사를 하시고 이것을 떼어주시니 그 모든 무리가 다 배불리 먹고 결과로 열두 바구니가 남게 된 것입니다. 믿음이란 행함으로 증명되는 것입니다. 아무리 하나님께로부터 계시를 받아도 실천하는 믿음으로 나타나지 않으면 소용이 없습니다. 마르다와 마리아는 진퇴양난에 빠졌습니다. 마리아와 마르다는 오라버니 무덤가에 섰습니다.

그런데 주님께서는 이미 네 오라버니가 살리라 돌을 옮겨놓으라고 레마를 주셨습니다. 이 말씀을 받아도 실천할 것이냐 안 할 것이냐는 마르다와 마리아에게 달렸습니다. 마르다와 마리아는 자기들의 경험을 통해서 생각할 때 죽은지 나흘 만에 썩은 냄새가 나는 시체가 살아나는 것을 본 적이 없습니다. 이성적으로 생각할 때 어리석기 짝이 없는 일입니다. 전통적으로 생각할 때도 그런 일은 있을 수가 없습니다. 많은 유대인들이 그들을 주목하고 있습니다. 그들이 만일 어리석게 행동했다면 완전히 미친 사람으로 낙인이 찍히고 말 것입니다. 그러므로 그들은 고민했습니다. 주여! 죽은 지 나흘이 되어 썩은 냄새가 나는데요? 어찌 이 말을 하십니까? 예수님은 "네가 행동하는 믿음을 가지면 하나님의 영광을 보리라고 하지 않았느냐?" 그들은 결단을 내려야 했습니다. 믿음이란 결단입니다.

　그 두 자매는 결단을 내렸습니다. 눈에는 아무 증거 안 보이고 귀에는 아무 소리 안 들리고 손에는 잡히는 것 없어도 사람들이 다 미쳤다고 말하고 자기 이성에 배반이 되고 경험에 반대될지라도 살든지 죽든지 흥하든지 망하든지 성하든지 쇠하든지 주님의 말씀에 순종하자! 그래서 그들은 달려들어서 돌을 옮겨놓았습니다. 이것이 바로 행동하는 믿음인 것입니다. 결단이 있어야 합니다. 레마를 들었으면 반드시 순종해야 기적이 일어납니다. 많은 성도들이 문제를 놓고 하나님께 기도합니다. 무어라고 기도하느냐! 하나님께 문제를 해결하여 달라고 기도합니다. 우리는 바르게 알아야 합니다. 하나님은 절대로 직접 우리의 문제를 해결하여 주시지 않습니다. 기도할 때 하나님께서 알려주신 방법대로 순종하고 행동할 때 문제가 해결이 되는 것입니다. 하나님은 분명하게 "믿는 자들에게는 이런 표적이 따르리니 곧 그들이 내 이름으로 귀신을 쫓아내며 새 방언을 말하며, 뱀을 집어올리며 무슨 독을 마실지라도 해를 받지 아니하며 병든 사람에게 손을 얹은즉 나으리라 하시더라"(막 16:17-18).

　마르다와 마리아는 마음에 결단을 내렸습니다. 레마를 받았으니 나는 그대로 행동하겠다! 행동하는 믿음! 순종하는 믿음! 이것 굉장히 중요한 것입니다. 수많은 사람들이 하나님의 말씀을 받고도 그대로 행동하지 않습니다. 언제나 주저주저 합니다. 이것이냐 저것이냐를 분명하게 결단하지 않습니다. 예스일까! 노일까!

대답을 분명하게 하지 않습니다. 하나님께 대해서는 예스! 죄에 대해서는 노! 분명하게 말할 줄 알아야 합니다. 죄가 유혹할 때 따를까 말까 하면 떨어집니다. 죄가 유혹하면 노! 사탄아! 죄야! 나는 너를 안 따라간다! 하나님이 명하시면 예스! 예! 따라갑니다! 결단이 분명해야 합니다! 분명한 결단을 못 내리는 사람은 행동하는 믿음으로 설 수가 없는 것입니다.

셋째, 믿으면 하나님의 영광을 본다. 우리 주님께서 행동하는 믿음을 가진 사람에게 뭐라고 말합니까? 믿으면 하나님의 영광을 보리라! 믿음이 하나님의 영광의 문을 여는 열쇠인 것입니다. 마르다와 마리아는 단호한 믿음의 결단을 하고 필사적으로 실천했습니다. 크리스천들이 믿음으로 실천할 때 다른 사람들이 도와줄 줄 알아요? 아무도 안 도와줍니다. 마르다와 마리아가 그 돌을 옮겨놓으려고 달려들었는데 유대인들은 전부 비웃습니다. 저들이 이제 미쳤구나! 역사에 없는 일을 하는 것을 보니 완전히 돌았구나! 아무도 도와주지 않습니다. 이 두 자매가 돌에 매달려서 넘어져 엉덩방아를 찧고, 또 당기다가 엉덩방아를 찧고, 손가락을 할퀴어서 피가 나고, 발등이 찢겨서 피가 납니다.

아무도 도와주지 않습니다. 예수님도 안 도와줍니다. 왜? 믿음의 실천이 있어야 그 위에 예수님이 기적을 행할 수 있기 때문인 것입니다. 기어코 그들이 몸부림을 치다가 돌이 굴러 떨어졌습니다. 무덤 문이 열렸습니다. 그들이 할 일을 다 했습니다. 이제 그 이상은 그들은 하지 못합니다. 돌을 굴리기까지는 믿음으로 할 수 있지만 그 이상은 못합니다. 인간의 한계점에 도달하면 그 다음부터는 하나님이 책임져 주시는 것입니다. 반드시 하나님이 알려준 대로 순종해야 문제가 풀리는 것입니다.

많은 사람들이 하나님이 할 일까지 걱정합니다. 내가 이렇게 믿고 난 다음 하나님이 실패하면 어떡하지? 자기가 하나님보다 높습니까? 사람들은 생각하기를 자기가 못하는 것은 하나님도 못한다고 생각합니다. 감기! 나도 고칠 수 있으니까 하나님도 고칠 수 있다. 암! 내가 못 고치니 하나님도 못 고친다! 무슨 하나님을 사람인 줄로 생각합니까? 관념을 십자가에 못 박아야 합니다.

하나님은 사람이 할 수 없는 일을 하시는 것입니다. 내가 못하는 일을 하기 때문에 하나님이신 것입니다. 그러므로 사람이 행동하는 믿음(하나님께서 말씀하시는 대로 순종)을 다 하고 나면 그 다음은 하나님이 책임져 주시는 것입니다. 마르다와 마리아가 돌을 옮겨놓고 난 다음에 썩은 냄새가 굴에서 확 났습니다. 그 때에 예수님이 굴 앞에 서서 하나님께 기도하고 나사로야 나오라! 외치시매 죽은 나사로가 수족을 동인 채로 나왔습니다.

하나님이 하실 일은 하나님이 하시는 것입니다. 성도가 하나님께 말씀을 받고 실천하려고 할 때 동일한 레마를 받지 못한 남편이 비웃을 것이고, 아내가 비웃을 것이고, 자식이 반대할 것이고 이웃이 반대할 것입니다. 그러므로 믿는자가 심한 외로움과 고통을 느끼게 될 것입니다. 행동하는 믿음! 결단하는 믿음을 가질 때는 고독함이 따라옵니다. 어려움이 따라옵니다. 자기 혼자 그 믿음의 싸움을 승리로 성취해 나가야 하는 것입니다.

모세는 하나님을 믿고 430년 동안 종살이하던 3백만 이스라엘 백성을 이끌고 나왔습니다. 이스라엘 백성을 이끌고 나오는 것까지는 모세가 할 수 있지만 홍해수를 가르고 쓴 물을 달게 하고 만나를 내리게 하고 메추라기가 날아오게 하는 것은 모세가 못합니다. 그것이 없으면 이스라엘 백성은 광야에서 다 죽었을 것입니다. 그러나 모세가 하나님을 믿고 자기의 할 일을 하고 난 다음에는 하나님이 하나님의 일을 하셨습니다. 모세가 할 일은 하나님께서 하라는 대로 행동하는 것입니다. 홍해수도 가르고 쓴 물도 달게 하고, 만나도 내리고, 메추라기도 주고, 바위에서 물이 나오고 이스라엘 백성을 가나안까지 이끌어 가는 것입니다. 하나님의 레마를 듣고 내 할 일을 내가 하면 하나님이 하실 일은 하나님이 하시는 것입니다. 여호수아가 여리고 성을 7일 동안 돌았습니다. 여리고를 도는 것은 할 수 있지만 무너뜨리는 것은 못합니다.

하나님께서 여리고를 7일 동안 돌라고 했으므로 믿음으로 여리고를 돌고 자기가 할 일을 다 했을 때 그 다음에는 하나님이 하십니다. 하나님이 여리고 성을 무너뜨린 것입니다. 이러므로 레마를 받고 난 다음에는 행동하는 믿음을 실천하였으면 그 다음에는 하나님이 영광을 나타내 줄 것을 믿어야만 하는 것입니다. 의심없이 믿을 때 하나님께서 기적을 일으키시는 것입니다.

저는 항상 이렇게 말합니다. 우리가 세상을 살아가면서 당하는 문제는 하나님의 문제라는 것입니다. 살아계신 하나님을 증명할 기회라는 것입니다. 왜냐하면 우리는 예수를 믿을 때 십자가에서 죽었습니다. 동시에 예수로 태어났습니다. 그러므로 지금 사는 것은 내가 사는 것이 아니고 자신 안의 예수님이 사시는 것입니다. "내가 그리스도와 함께 십자가에 못 박혔나니, 그런즉 이제는 내가 사는 것이 아니요. 오직 내 안에 그리스도께서 사시는 것이라. 이제 내가 육체 가운데 사는 것은 나를 사랑하사 나를 위하여 자기 자신을 버리신 하나님의 아들을 믿는 믿음 안에서 사는 것이라"(갈2:20). 그러므로 우리 앞에 있는 문제는 죽은 사람인 자신의 문제가 아니고, 다시 살아난 예수님의 문제라는 것입니다. 문제를 만나거든 하나님께 기도하여 문제의 해결 방법을 알아내야 합니다. 하나님께서 알려주신 방법대로 행동하고 순종할 때 문제가 해결이 되는 것입니다. 그렇기 때문에 우리가 세상을 살아갈 때에 하나님의 음성을 듣고 순종하지 않으면 안 되는 것입니다. 우리는 바르게 알아야 합니다. 예수를 믿고 교회에 들어와 믿음 생활을 하면서 성령으로 세례를 받고, 내면의 상처를 치유하고, 자아를 부수고, 혈통에 역사하는 귀신을 축사하고, 말씀을 묵상하고, 성령으로 기도하는 모든 것이 하나님의 음성을 듣고 순종하기 위하여 심령을 준비하는 영적인 활동이라는 것입니다.

성도는 하나님의 음성을 들을 수 있는 영적인 수준을 갖추려고 부단하게 노력을 해야 합니다. 예수를 믿었으면 땅의 사람은 죽고 하나님의 자녀로 태어났습니다. 이제 사람의 말을 듣고 움직이는 것이 아닙니다. 하나님의 자녀답게 하나님의 음성을 듣고 순종해야 합니다. 하나님의 음성을 듣고 순종할 때 기적을 체험하게 되는 것입니다. 문제를 만나거든 당황하지 말고 하나님께 기도하시기를 바랍니다. 하나님! 이 문제를 어떻게 해결해야 합니까? 응답하실 때까지 기도해야 합니다. 하나님은 영이시기 때문에 우리가 하나님과 같은 영적인 상태가 되어야 응답이 들리기 때문입니다. 하나님께서 응답하신 대로 행동에 옮기면 문제가 해결이 되는 것입니다. 담대하게 "예수님의 이름으로 명하노니 나사로야~ 나와라." 명령해야 합니다. 행여나~ "하나님 이 문제를 해결하여 주시옵소서." 하고 아뢰는 나약한 기도를 한다면 절대로 문제가 해결되지 않는 것입니다.

성경에 보면 모든 믿음의 선진들은 하나님께 기도하여 하나님께서 하라는 대로 순종했습니다. 아브라함도 하나님의 음성을 듣고 순종하므로 살아계신 하나님을 체험하고 믿음의 조상이 되었습니다. 모세도 모든 일을 독단으로 하지 않고 하나님께 기도하여 하나님께서 하라는 대로 순종하여 문제를 해결했습니다. 예수님께서도 독단으로 일을 하시지 않고 하나님의 뜻을 좇아 순종하셨습니다. "그가 아들이시면서도 받으신 고난으로 순종함을 배워서, 온전하게 되셨은 즉 자기에게 순종하는 모든 자에게 영원한 구원의 근원이 되시고"(히 5:8-9). 하나님의 음성을 듣고 순종할 때 살아계신 하나님의 표적과 기사와 능력의 역사가 일어났습니다. 이는 우리에게 하나님의 음성을 듣고 그대로 행동하고 순종할 때 역사가 일어난다는 것을 보여주기 위함입니다. 그러므로 하나님께 그저 해달라고 기도만 해서는 우리 앞에 있는 문제가 해결이 되지를 않는 다는 것입니다. 하나님께서 지시하시는 대로 순종하고 행동하고 말할 때 일이 이루어진다는 것입니다.

10장 말씀으로 하나님의 살아계심을 증명하셨다.

(마 8:10-13) "예수께서 들으시고 놀랍게 여겨 따르는 자들에게 이르시되 내가 진실로 너희에게 이르노니 이스라엘 중 아무에게서도 이만한 믿음을 보지 못하였노라. 또 너희에게 이르노니 동서로부터 많은 사람이 이르러 아브라함과 이삭과 야곱과 함께 천국에 앉으려니와 그 나라의 본 자손들은 바깥 어두운 데 쫓겨나 거기서 울며 이를 갈게 되리라. 예수께서 백부장에게 이르시되 가라 네 믿은 대로 될지어다 하시니 그 즉시 하인이 나으니라"

예수님은 말씀으로 하나님의 살아계심을 증명하신 분입니다. 본문에 보면 유대 땅에서 예수님의 사역을 감시하고 있던 로마 백부장의 이야기가 있습니다. 로마의 군인들은 끊임없이 유대 땅을 감시하고 있었으며, 그 가운데 더구나 예수님이 나타나셔서 대 군중을 이끌고 다니시며, 혹시 반역을 일으키지 않을까 싶어서 조금도 눈을 떼지 않고 예수님 감시를 게을리 하지 않았습니다. 그런데 백부장이 가만히 예수님을 끊임없이 감시를 하고 보니깐 이 예수님은 민족주의자도 아니요, 반역자도 아니며, 그는 하나님의 아들인 것을 느끼게 되었습니다.

가는 곳마다 죄인의 죄를 용서하시고, 병든 자를 고치시고, 귀신을 좇아내시고, 하나님의 기사와 이적을 내는 것을 보게 될 때, 비록 이방인인 로마의 백부장이라도 마음에 깊은 감동을 느꼈습니다. "이 분은 보통 사람이 아니다. 이분은 하나님의 아들이시다." 그런데 자기 집 하인이 심히 병들었습니다. 중풍이 걸려서 쓰러졌는데 백방으로 약을 쓰고 노력을 해도 낫지를 않습니다. 그래서 예수님이 자기의 지역에 온다는 말을 듣고 그는 곧장 나가서 예수님께 간청을 했습니다. "주여! 내 하인이 병들어 죽게 되었으니 와서 고쳐 주옵소서" 예수님께서 내가 가서 고쳐 주리라고 하십니다. 백부장이 하는 말이 나는 주님을 감히 모실 자격이 없고 주님이 우리 집에 들어오실 수도 없습니다. 말씀만 하시옵소서, 그러면 내 종이 낫겠사옵나이다. 저도 남의 수하에 있고 내 밑에도 군사가 있으니 내가 가라면 가고 오라면 오고 내 종들은 하라고 하면 하나이다. 예수님이 이 말을 듣고 놀랐습니다. 어떻게 감히 이방 군인인 로마의 백부장이 이처럼 예수 그리스도를 하나님의 아들로서 절대 주권과 권세를 가진 것을 인정 하는가… 이스라엘 백성 중에도 이만한 믿음을 발견할 수 없다. 그렇게 하시고 네 믿은 대로 될지어다. 하니 즉시로 하인이 나았습니다.

여기에 로마 백부장이 예수님이 하나님 아들 되는 절대 주권과 권세를 알고 그를 인정했다는 것이 놀랍지만은 또 예수님께서 말씀만 하옵소서. 그러면 내 종이 낫겠나이다. 한 그 말의 깊은 의미가 있습니다. 말씀만 하옵소서. 왜냐하면 하나님께서 바로 말씀이시기 때문인 것입니다. 말씀만 하시면 모든 것이 이루어지기 때문인 것입니다.

첫째, 하나님은 말씀으로 천지와 만물을 지으셨다. 오늘날 사람들은 하나님이 눈에도 안 보이니 어디에 계시나? 옛날에 소련의 처음 인공위성을 타고 간 가가린이란 사람이 말하기를 인공위성을 타고 공중에 올라가 보니깐 하나님도 없고 천사도 없더라고 말했습니다. 인간의 육신의 눈으로 볼 수 있는 하나님이 아니시고 육신의 손으로 만질 수 있는 그런 유한된 하나님이 아니신 것입니다. 하나님은 영이시라 예배하는 자가 영과 진리로 예배할지라, 했는데 영이신 하나님을 인간의 육체의 눈으로 볼 수 없는 것입니다.

그러나 하나님이 계신 증거는 이 우주에 꽉 들어차 있습니다. 모래사장에 사람의 발자취가 나 있습니다. 그러면 우리가 그 모래사장에 가서 사람의 발자취를 보고 여기에 사람이 있었구나, 그렇게 말합니다. 어떻게 사람이 있었던 것을 아느냐, 그것은 사람의 발자취가 모래사장에 나와 있기 때문에 사람을 못 보아도 사람이 있었던 것을 알 수 있는 것입니다. 하나님은 눈으로 보지 못했지만 하나님이 이 무수한 발자취를 보고도 우리가 하나님이 계시지 않다고 말하면 이 사람은 어리석기 짝이 없는 사람인 것입니다. 하나님께서는 말씀만으로 천지를 창조하셨습니다.

히브리서 11장 3절에 "믿음으로 모든 세계가 하나님의 말씀으로 지어진 줄을 우리가 아나니 보이는 것은 나타난 것으로 말미암아 된 것이 아니니라" 우리 보이는 것이 물질적으로 이루어지는데 물질로 된 것이 아니라 눈에 안 보이는 하나님의 말씀으로 되었다고 말씀하셨습니다.

성경에 보면 하나님이 첫째 날에 말씀하셨어요. 빛이 있으라,

하시니 빛이 생겨났습니다. 둘째 날에 궁창이 생겨나서 하늘 위의 물과 하늘 아래의 물로 나뉘어져라. 그대로 되었습니다. 셋째 날에 뭍과 풀과 씨 맺는 채소 가진 열매 맺은 과목이 생겨나라고 하니깐 뭍이 드러나고 그대로 되었습니다. 넷째 날에 해와 달과 별들이 생겨나라고 말씀하시자 주의 말씀대로 나타났습니다. 다섯째 날에 물고기와 물에 사는 생물과 공중에 새들이 나타나라고 하니깐 그대로 되었습니다. 여섯째 날에 육축과 기는 것과 땅의 짐승이 생겨나라고 할 때 그대로 다 이루어진 것입니다. 하나님이 사람을 지으셨을 때는 친히 손으로 당신의 형상과 모양대로 사람을 만들고 생기를 불어넣으니 사람이 되었다고 말한 것입니다.

베드로후서 3장 7절에 "이제 하늘과 땅은 그 동일한 말씀으로 불사르기 위하여 간수하신바 되어 경건치 아니한 사람들의 심판과 멸망의 날까지 보존하여 두신 것이니라"고 말씀하셨으니 우주를 창조할 때도 말씀으로 창조하셨는데 심판하실 때도 말씀 한 마디로 불로써 멸하겠다고 말씀하신 것입니다.

둘째, 하나님의 말씀만을 의지한 예수님. 예수님이 2천 년 전에 오셨을 때도 예수님의 사역은 전혀 말씀에 의해서 하셨지 다른 어떠한 수단과 방법으로 하시지 않았습니다. 성경은 바로 예수 그리스도가 하나님의 말씀이라고 하셨습니다. 히브리서 1장 1절에서 2절에 "옛적에 선지자들을 통하여 여러 부분과 여러 모양으로 우리 조상들에게 말씀하신 하나님이 이 모든 날 마지막에는 아들을 통하여 우리에게 말씀하셨으니 이 아들을 만유의 상속자로 세우시고 또 그로 말미암아 모든 세계를 지으셨느니라." 그 하나님께서는 여러 부분과 여러 모양으로 왕과 제사장과 선지자를 통해서 말씀하신 하나님은 이 마지막 때는 예수님 아들을 보내서 예수님을 통해서 말씀하셨습니다. 예수님은 바로 그 자신이 하나님의 말씀이십니다.

요한복음 1장 1절에서 3절에 "태초에 말씀이 계시니라 이 말씀이 하나님과 함께 계셨으니 이 말씀은 곧 하나님이시니라. 그가 태초에 하나님과 함께 계셨고 만물이 그로 말미암아 지은바 되었으니 지은 것이 하나도 그가 없이는 된 것이 없느니라" 예수님, 하나님의 말씀을 통해서 하나님께서는 만물을 지으셨습니다. 하나님은 예수님을 통해서 옛날에도 말씀하시고 지금도 말씀하시지요. 요한복음 1장 14절에 "말씀이 육신이 되어 우리 가운데 거하시매 우리가 그 영광을 보니 아버지의 독생자의 영광이요 은혜와 진리가 충만하더라" 예수님은 바로 하나님이시요. 말씀이 육신이 되신 것입니다.

그러므로 예수님은 그 초자연적인 말씀을 통해서 모든 사역을 한 것입니다. 예수님이 말씀하시매 물이 변하여 포도주가 되었습니다. 물이 예수님께서 말씀하시매 포도주로 변해서 잔치 집에 위기를 면하게 하셨습니다. 예수님이 말씀하시매 병이 낫고 귀신이 쫓겨 나갔습니다. 중풍 병자가 짐을 헐고 침상에 매달린 채 내려오매 예수님이 말씀하셨습니다. 소자여 안심하라 네가 죄사함을 받았느니라. 그 다음 네 침상을 들고 집으로 돌아가라 하니깐 그대로 되었습니다. 말씀대로 된 것입니다.

마태복음 8장 16절에 "저물매 사람들이 귀신 들린 자를 많이 데리고 예수께 오거늘 예수께서 말씀으로 귀신들을 쫓아내시고 병든 자를 다 고치시니"라고 말씀하셨습니다.

누가복음 4장 36절에 "다 놀라 서로 말하여 가로되 이 어떠한 말씀인가 권세와 능력으로 더러운 귀신을 명하매 나가는 도다 하더라" 권세와 능력의 말씀이십니다. 예수님께서 풍랑이 이는 바다의 배에서 주무시다가 제자들이 깨우매 즉시로 바람과 파도를 꾸짖으시니 거대한 파도와 바람이 예수님의 말씀 한마디로 잠잠했습니다. 수많은 군중들에게 주님은 보리떡 다섯 개와 물고기 두 마리를 말씀으로 축사하시고 떼어 주시니깐 남자만 오천명 부녀자 기만 명이 먹고도 열두 바구니가 남았습니다. 회당장의 딸이 죽었을 때 주님께서 다가옵니다. 가라 일어나라 하니 죽은 딸이 일어났습니다.

나인 성 과부의 아들이 죽어서 상여를 메고 가면서 엄마나 비통하게 울고 가니깐 주님께서 그 상여를 중지시키고 관 뚜껑을 열라, 그리고 죽은 시체를 보고 청년아 일어나라 청년이 일어나고 말았습니다. 장례식이 기쁨의 행렬이 되었습니다. 나사로가 죽은지 나흘이 되어 썩어 냄새가 나는 데도 불구하고 예수님이 무덤 문을 옮겨 놓고 나사로야 나오라고 했습니다. 죽은 나사로가 온 몸을 수의로 동인 채 나왔습니다. 말씀의 위대한 능력으로 예수님께서는 사역하셨습니다.

그래서 이 백부장이 그리스도의 위대한 역사를 보고서 예수님이 우리 집에 직접 오실 이유가 없다. 예수님은 하늘과 땅을 지으신 하나님이요, 하나님의 아들이신데 그 권세와 위엄이 온 우주에 가득하니 내 밑에 있는 군사보고 가라면 가고 오라면 오지 내가 끌고 다닐 필요 없잖아요, 종들 보고 이것을 하라고 하면 하는 것처럼, 모든 만물이 예수님의 종이니 예수님께서 말씀만 하면 됐지 오실 필요가 없다고 이 백부장은 이 예수님의 권세와 말씀을 인정했습니다. 권세는 말씀으로써 역사하는 것입니다. 예수님은 말씀으로 하나님의 살아계심을 증명하셨습니다.

셋째, 예수님 말씀만 하시옵소서. 우리들도 이 백부장과 같이 주님께 나왔을 때 해야 될 일이 무엇입니까? 주님 찾아와 주시옵소서. 주님 나타나시옵소서. 주님 보여 주시옵소서. 그렇게 해야 되겠습니까? 아닙니다. 이 백부장처럼, 주님은 하늘과 땅과 세계와 그 가운데 모든 것을 지으시고 다스리시는 절대 주권자요, 주권자는 말씀 한마디로만 이루어짐으로 주여, 말씀하여 주시옵소서. 우리가 주님께 부탁을 해야 할 것입니다. 오늘날 우리들은 감각을 통하여 하나님 아버지와 예수님을 체험할 수는 없지만은 하나님의 말씀인 성경을 가지고 있습니다.

이 성경은 일반적인 말씀인 것입니다. 이 성경은 차별 없이 이 세상에 사는 모든 사람에게 주어진 책입니다. 성경을 통하여 우리는 하나님에 대한 지식도 알고 하나님이 일반 인생에 대한 뜻도 깨달을 수가 있는 것입니다.

요한복음 5장 39절에 "너희가 성경에서 영생을 얻는 줄 생각하고 성경을 연구하거니와 이 성경이 곧 내게 대하여 증언하는 것이니라"라고 말씀했고, 디모데후서 3장 15절에 "또 어려서부터 성경을 알았나니 성경은 능히 너로 하여금 그리스도 예수 안에 있는 믿음으로 말미암아 구원에 이르는 지혜가 있게 하느니라"말했습니다. 그러므로 성경은 온 천하 만민에게 공평하게 주어주신 하나님의 말씀으로 이 성경을 통하여 하나님에 대한 것을 알고 하나님의 뜻을 알고 구원에 대한 지식을 알 수 있는 것입니다.

그러나 우리에게 가져오는 기적, 우리의 삶 속에 기적을 체험하는 것은 개인적인 말씀을 받아야 하는 것입니다. 일반적인 말씀은 지식을 얻을 수 있고 뜻을 알 수 있지만은 내 생애 속에 하나님의 역사가 다가오는 것은 백부장처럼 주여 말씀을 주시옵소서. 말씀으로만 하시옵소서. 내게 말씀하시면 역사하겠나이다. 그러므로 일반적인 말씀과 내게 주어진 특별한 개인적인 말씀하고 차별이 있습니다. 내가 성경을 다 안다고 해서 하나님의 기적이 일어나는 것은 아닙니다. 성경을 다 알고 하나님에 대한 신학적인 지식을 다 알고, 뜻을 다 안다고 하더라도 내게 기적이 일어나지는 않습니다. 나는 하나님이 내게 하나님의 뜻을 좇아 특별히 말씀해 주기를 간구해서 하나님의 말씀을 받아야 하는 것입니다.

베드로가 깊은 곳에 가서 그물을 던져 고기를 잡았습니다. 베드로가 깊은 곳에 가서 그물을 던져 고기 많이 잡는 것을 보니 우리 다 깊은 곳으로 들어가자. 깊은 곳에 들어가서 그물을 던져 다 잡자. 던져도 아무것도 안 잡힙니다. 베드로가 깊은 곳에 가서 그물을 던진 이유는 주님이 말씀하셨기 때문인 것입니다. "깊은 곳에 가서 그물을 던져 고기를 잡으라." 이것은 일반적인 말씀이 아니라 베드로에게 특별히 주신 말씀인 것입니다. 베드로와 제자들이 풍랑 있는 바다를 괴롭게 배를 저어 가다가 밤 사경에 물 위로 걸어오는 것을 보고 "주시면 나를 물 위로 걸어오게 하소서." 주님이 오라고 했습니다.

베드로가 배에서 내려 물 위로 걸어갔습니다. 왜냐 주님이 베드로에게 말씀하셨습니다. 예수님이 물 위로 걸어오라고 하셨습니다. 그러나 베드로처럼 다른 사람들이 물 위로 걸어오면 다 빠져 죽어요. 왜? 베드로는 주님의 개인적인 말씀을 받았기 때문인 것입니다. "믿음은 들음에서 나며 들음은 그리스도의 말씀으로 말미암느니라." 그리스도가 직접 말씀하시는 말씀을 들어야 믿음이 생겨나는 것입니다.

성경은 일반적인 모든 사람에게 주신 책으로써 하나님의 대한 지식을 알고 하나님에 대한 뜻을 아는 책이지만 오늘날도 우리가 직접적인 믿음의 역사를 가지려면 성경을 통해서 성령이 우리에게 직접 말씀을 해야 하는 것입니다.

어떻게 하면 개인적인 말씀을 받을 수가 있을까요? 이것은 굉장히 중요합니다. 우리가 개인적인 주의 말씀을 받으면 오늘날도 주께서 놀라운 역사를 베푸시는데 어떻게 개인적인 말씀을 받을까요? 먼저 성경을 통하여 일반적인 하나님의 뜻을 알아야 합니다. 하나님의 뜻은 하나님이 누구신지를 말씀을 통해서 알아야 되고, 말씀을 삶에 적용하므로 살아계신 하나님을 체험해야 합니다. 하나님은 살아 역사하시기 때문입니다. 일반적으로 창세기부터 계시록까지 말씀을 읽고, 설교를 들어서 하나님의 뜻을 알고, 우리가 하나님의 뜻대로 구해야 하나님이 응답을 해주시지, 하나님의 뜻에 어긋난 곳에 말씀을 주옵소서. 레마의 말씀을 주옵소서 해봤자 소용이 없습니다.

우리가 성경을 읽고서 병 고치는 것이 하나님의 뜻인 줄 알기 때문에 "아버지여! 내게 치료의 말씀을 주옵소서. 병 고치는 것이 아버지의 뜻이오니 내게 치료의 말씀을 주옵소서." 주님께 부르짖어 기도하면 어느 날 말씀 속에 "이렇게 기도하라. 네 병이 나았느니라," 치료의 말씀을 주십니다.

뜻을 알고 기도해야 말씀을 받을 수 있지 뜻을 모르고 기도해서야 말씀을 받을 수 있나요? 주 예수를 믿으라. 그리하면 너와 네 집이 구원을 얻으리라고 하므로 우리 남편을 구원하여 주시옵소서. 구원받는 것이 뜻이라고 하니깐… 간절히 부르짖어 기도할 때 어느 날 하나님께서 이제 안심하라 내 남편이 구원 받았느니라. 그러면 말씀을 받았습니다. 그 때로부터 남편이 변화 받기 시작한 것입니다.

그러므로 우리가 성경 말씀을 통해서 먼저 하나님의 뜻을 알아야 우리에게 개인적으로 주는 말씀을 구할 수가 있는 것입니다. 그리고 난 다음에는 하나님의 뜻이 개인적으로 임하시기까지 간구하며 기다려야 되는 것입니다. 하나님의 말씀을 알고 하나님의 뜻을 알았는데 내게도 하나님의 말씀을 주시기 위해서는 내가 구해야지요. 구하라 주실 것이요, 찾으라 찾을 것이요, 문을 두드리라 그러면 열릴 것이라고 하셨으므로 주님께 나와서 구해야 합니다. 우리가 무시로 하는 개인기도, 새벽기도, 혹은 철야기도, 금식 기도하면서 주여, 말씀을 주옵소서. 이 백부장처럼 주여 말씀하여 주옵소서. 내가 구원받는 것이 하나님의 뜻이니 구원의 말씀을 주옵소서. 주여 치료받는 것이 하나님의 뜻이니 치료의 말씀을 내게 주옵소서. 주님이시여 복을 받는 것이 하나님의 뜻이니 축복의 말씀을 주옵소서. 말씀을 기다리며 간구해야만 되는 것입니다. 기다리며 간구하지 않는 사람에게 주님이 주시지 않습니다.

그리고는 성령님의 감동을 구해야 합니다. 오늘날 아버지 하나님과 예수님은 성령님의 감동을 통해서 우리에게 말씀하시는 것이기 때문에 우리가 성령 충만하고 성령님을 인정하고 환영하고 모셔 드리고 의지하며 보혜사 성령이여 아버지 하나님과 우리 주 예수 그리스도의 뜻을 쫓아 내게 말씀하여 주시옵소서. 우리가 성령은 우리에게 종종 꿈을 통해서 개인적으로 말씀할 때가 많이 있습니다. 야곱이 버드나무 신풍나무 살구나무 가죽을 얼룩덜룩하게 벗겨서 짐승들 앞에 놓고 새끼를 가질 때 얼룩 덜룩이를 갖게 한 것도 야곱은 꿈을 꾸었습니다. 꿈을 꾸어서 개인적으로 말씀해 주신 것입니다. 그리고 요셉도 하나님의 꿈을 통해서 요셉에게 말씀하여 주셨습니다.

오늘날도 성령께서 우리에게 확실하게 꿈을 통하여 마음속에 레마, 즉 개인적인 말씀을 주실 때가 있습니다. 또 환상을 통해서 성령께서 우리에게 말씀하실 때가 있는 것입니다. 바울은 드로와에서 기도할 때 환상이 나타나서 마게도냐인이 여기에 와서 우리를 도우라. 하나님의 말씀이 환상을 통해서 바울에게 임했습니다. 베드로는 피장 시몬의 집에서 점심때에 옥상에 올라가서 기도할 때 하늘에서 보자기가 내려오면서 짐승들을 보내면서 잡아 먹으라고, 그리고 그 짐승들이 이방인을 상징하는 것입니다.

고넬료 가정에서 온 병사들이 와서 문을 두드리고 베드로를 찾을 때에 성령께서 두려워말고 따라가라고 하셨습니다. 환상을 통해서 말씀하신 것입니다. 오늘날도 전처럼 우리에게 환상을 통해서 말씀하는 경우가 드물지만, 그러나 요사이도 하나님은 환상을 통해서 우리에게 말씀하실 때가 있습니다. 가장 주로 많은 말씀을 하시는 것은 마음에 고요한 음성을 통해서 말씀하여 주시는 것입니다. 기도를 하고 있는데 마음에 뜨거워지면서 마음에 말씀이 임하시는 것입니다. 저는 기도할 때 마음에 하나님의 지식과 총명이 마음에 머무심을 종종 체험합니다. 간절히 기도하는데 마음이 뜨거워지면서 마음속에 내가 생각지도 않은 하나님의 말씀이 마음속에 임하는 것입니다.

엘리야가 호렙산 바위 굴속에 들어가서 기도할 때에 큰 바람이 지나가도 하나님이 안 계시고, 큰 지진이 일어나는데도 하나님이 계시지 않고, 불이 지나가는데도 하나님이 계시지 않는데, 그 다음에는 세미한 음성이 와서 엘리야야 네가 여기서 무엇을 하느냐, 하나님의 음성이 들려왔습니다. 이처럼 세미한 음성으로 하나님이 말씀하실 때가 있습니다.

그리고 특별히 교회에 와서 설교 들을 때에 하나님의 말씀이 내 마음속에 와 닿습니다. 저것은 내게 하는 말씀이다. 엠마오로

가던 제자가 예수 그리스도께서 말씀하실 때에 그대로 마음이 뜨거워졌다고 말했습니다. 우리에게 말씀하시고 우리에게 성경을 풀어 주실 때 우리 속에서 마음이 뜨겁지 아니하냐고 말했습니다. 주일날 교회에 와서 말씀을 들을 때에 마음이 뜨거워지면 하나님이 자신에게 말씀하시는 것입니다. 그냥 한 쪽 귀로 듣고 한 쪽 귀로 흘려보낸 것은 그것은 아니지요. 내 마음에 기쁜 감동과 함께 뜨거워지면 그 설교를 통해서 하나님이 내게 말씀해 주시는 것입니다. 또한 예언의 말씀을 통해서 우리에게 말씀합니다. 종종 예언이 나오잖아요. 예언을 통해서 하나님이 우리에게 직접 말씀합니다.

예레미야 23장 29절에 "나 여호와가 말하노라 내 말이 불같지 아니하냐 반석을 쳐서 부스러뜨리는 방망이 같지 아니하냐" 예언의 말씀이 내게 해당된 것처럼 마음이 불같고 바위를 깨뜨리는 반석 위를 깨뜨리는 이 방망이 같이 충격을 가지고 다가오는 것입니다.

그 다음에 가장 일반적으로 하나님의 말씀이 많은 것은 믿음의 확신을 통해서 나타나는 것입니다. 마음에 늘 의심이 꽉 들어차고 흔들흔들 했는데 기도하고 난 다음에 하나님의 말씀이 확신으로 내 마음속에 임하는 것입니다. 조금도 두려워하지 않고 큰 평안과 믿음이 내 영혼을 부여 잡을 때에 하나님의 말씀이 임하신 것입니다. 그러므로 말씀이 임하시면 기적이 임하시게 되는 것입니다.

누가복음 1장 37절에 "대저 하나님의 모든 말씀은 능치 못하심이 없느니라"그래서 우리가 죄에서 놓여남 받기 위해서 기도할 때에 하나님이 놓여남을 받았느니라는 말씀이오면 어떠한 죄에서도 놓여남 받습니다. 세상에 술 취함과 방탕함과 도박과 악한 습관에 묶여서 고생한 사람도 거기에 놓여남 받기 위해서 기도할 때에 하나님이 말씀(레마)을 주시면 순식간에 놓여남을 받습니다. 성령이 감동하는 말씀(레마)를 듣고 행할 때 질병에서도 치료받고 가난에서도 레마의 말씀을 받고 행하면 자유를 얻게 되고 마음의 평안과 확신도 말씀을 받고 행하면 평안과 확신이 임하게 되는 것입니다.

히브리서 4장 12절에"하나님의 말씀은 살았고 운동력이 있어 좌우에 날선 어떤 검보다도 예리하여 혼과 영과 및 관절과 골수를 찔러 쪼개기까지 하며 또 마음의 생각과 뜻을 감찰하나니"라고 말씀하셨습니다. 그러므로 우리는 기록된 말씀의 토대위에 성령이 살아있는 현재 내 마음속에 들리는 말씀으로 해 주시기를 기대해야 되는 것입니다. 기록된 로고스가 아니라 내 귀에 들려오는 '레마'를 받아야 하는 것입니다.

레마를 듣고 그대로 말하고 행동할 때 역사가 일어나는 것입니다. 담대하게 순종할 때 살아계심을 증명하십니다. 구약의 기적과 예수님과 제자들이 행한 응답과 기적은 모두 다 하나님의 살아 계시고 직접 주신 말씀을 믿고 행할 때 이루어진 것입니다. 기록된 책을 보고 한 것이 아니라, 하나님의 살아 계시고 항상 있는 말씀을 주심으로 임한 말씀(레마)을 예수 이름으로 선포할 때 기적으로 역사하는 것입니다. 자신을 통하여 살아계심을 증명하십니다.

3부 제자들을 통해 살아계심을 증명했다

11장 강퍅한 바울의 회심을 통해 증명하셨다.

(행 26:9-23)"나도 나사렛 예수의 이름을 대적하여 많은 일을 행하여야 될 줄 스스로 생각하고 예루살렘에서 이런 일을 행하여 대제사장들에게서 권한을 받아 가지고 많은 성도를 옥에 가두며 또 죽일 때에 내가 찬성투표를 하였고, 또 모든 회당에서 여러 번 형벌하여 강제로 모독하는 말을 하게 하고 그들에 대하여 심히 격분하여 외국 성에까지 가서 박해하였고, 그 일로 대제사장들의 권한과 위임을 받고 다메섹으로 갔나이다. 왕이여 정오가 되어 길에서 보니 하늘로부터 해보다 더 밝은 빛이 나와 내 동행들을 둘러 비추는지라. 우리가 다 땅에 엎드러지매 내가 소리를 들으니 히브리 말로 이르되 사울아! 사울아! 네가 어찌하여 나를 박해하느냐 가시채를 뒷발질하기가 네게 고생이니라. 내가 대답하되 주님 누구시니이까 주께서 이르시되 나는 네가 박해하는 예수라. 일어나 너의 발로 서라 내가 네게 나타난 것은 곧 네가 나를 본 일과 장차 내가 네게 나타날 일에 너로 종과 증인을 삼으려 함이니 이스라엘과 이방인들에게서 내가 너를 구원하여 그들에게 보내어 그 눈을 뜨게 하여 어둠에서 빛으로, 사탄의 권세에서 하나님께로 돌아오게 하고 죄 사함과 나를 믿어 거룩하게 된 무리 가운데서 기업을 얻게 하리라 하더이다. 아그립바 왕이여 그러므로 하늘에서 보이신 것을

내가 거스르지 아니하고 먼저 다메섹과 예루살렘에 있는 사
람과 유대 온 땅과 이방인에게까지 회개하고 하나님께로 돌
아와서 회개에 합당한 일을 하라 전하므로 유대인들이 성전
에서 나를 잡아 죽이고자 하였으나 하나님의 도우심을 받아
내가 오늘까지 서서 높고 낮은 사람 앞에서 증언하는 것은
선지자들과 모세가 반드시 되리라고 말한 것밖에 없으니 곧
그리스도가 고난을 받으실 것과 죽은 자 가운데서 먼저 다
시 살아나사 이스라엘과 이방인들에게 빛을 전하시리라 함
이니이다 하니라"

하나님께서는 강퍅한 바울을 하나님을 만나는 체험을 통하
여 완전하게 바꾸셨습니다. 바울은 율법에 정통한 관념적인 신
앙을 가진 자였습니다. 관념적인 신앙을 가지고 예수 인들을 핍
박하고 스데반이 돌에 맞을 때 그곳에 있던 자였습니다. 바울은
율법으로 관념적인 신앙인이 되어 예수 인들을 핍박한 것입니
다. 확실한 체험적인 근거 없이 율법과 사람들의 소리를 듣고 예
수믿는 사람들을 박해했습니다. 그러나 살아계신 하나님을 직접
만나고 체험적이고 실제적인 신앙인이 되어서 살아계신 예수님
을 증명했던 사람입니다. 하나님께서 살아 계신다는 것을 체험
한 것입니다. 기독교는 체험의 종교라고 합니다. 체험을 해보아
야 정확하게 깨달을 수가 있고 진리를 바르게 분별할 수가 있기
때문입니다. 그는 예루살렘의 대제사장의 특별한 배려를 통해
서 권세와 위엄을 받고 이웃나라 다메섹에 피신해 있는 성도들

을 붙잡아서 끌고와 죽이기 위해서 대표들을 거느리고 출발했습니다. 그가 다메섹 도시가 눈앞에 보이는 거리까지 갔을 때 갑자기 하늘에서 태양보다 더 밝은 빛이 비취면서 하늘에서 음성이 나서 말하기를 "사울아 사울아 어찌하여 너가 나를 핍박하느냐? 네가 가시채를 뒷발질하기에 괴롭도다." 그는 말에서 떨어져 엎드려서 말했습니다. "주여 뉘시이니까?" "나는 네가 핍박하는 예수라" 거기에서 사울은 예수 그리스도를 만나게 되었습니다. 그리고 난 다음 그는 일생일대에 크나큰 변화를 받아 새로운 사람이 되고 하나님의 거룩한 사역자가 된 체험을 가지고 있습니다. 왜 바울을 거기에서 우리가 하나님께서 왜 사울을 불러서 바울로 만드셨으며, 또 하나님은 어떻게 해서 우리들을 이와 같이 부르시는지 알아보아야 될 것입니다.

필자가 지금까지 목회자로서 사명을 감당하다가 보니, 바울과 같이 하나님의 살아계심을 증명하면서 복음을 증거할 사람들은 필히 하나님을 만나는 체험을 통과하게 하신다는 것입니다. 살아계신 하나님을 체험해 보아야 바르게 알아서 바르게 설명하고 살아계신 하나님을 증명할 수가 있기 때문입니다. 하나님은 영이시지만 살아계신 하나님이십니다. 직접 만나야 바르게 증명할 수가 있는 것입니다.

사울은 예수님을 만나고 그의 이름을 바울로 바꾸었습니다. 오늘 예수님께서 그를 찾아오지 않으셨다면 사울은 있지만 바울은 존재하지 않았습니다. 역사 속에 잊혀 진 유대교 랍비 사울은 있었지만, 열세 번째 사도로 기독교 역사의 한 획을 그은 바울은 없었습니다. 예수님을 만나 그의 인생은 주님 손에 붙들렸고 초대교회 복음 전파의 선두주자가 되어 힘차게 달렸습니다. 그의 손을 통해 하나님은 신약성경 13권의 서신을 기록하여 지금도 우리에게 말씀하고 계십니다. 바울의 회심 사건을 살펴보고 변화 된 바울의 삶을 보며 우리의 삶을 생각하길 원합니다. 바울을 찾아오신 예수님께서 오늘도 우리 마음에 찾아오셔서 확신과 소망과 믿음을 더해주시길 바랍니다.

사도바울은 3차에 걸친 전도 여행을 다 마치고 예루살렘으로 돌아와 유대인들에 의해 체포되었습니다. 걸어 다닌 거리만도 무려 17.000킬로가 넘는 험난한 사역을 마치고 돌아온 늙은 사도를 기다리는 것은 결박이었습니다. 이제 사역의 막바지에 이르러 순교를 예견한 바울은 오늘 두려움 없이 유대인들 앞에서 자기의 신앙을 변론하며 주 예수님을 증거 합니다. 그는 사도행전 26장 1절부터 5절 까지 자신의 출신과 열렬한 유대교 신봉자로서 기독교를 박해했던 과거를 이야기합니다. 바울은 로마식민지 하에 유대인으로 로마시민권을 가진 사람이었습니다. 바울이 나면서 로마시민권을 가졌다는 것은 그의 집안이 로마제국에 상당한 공헌을 했기 때문이라 추측됩니다.

그는 현재 터어키 서쪽에 위치한 길리기아의 다소란 로마의 한 마을에서 태어났습니다. 유대교 신앙심이 깊은 부모는 그를 예루살렘으로 다시 유학을 보냈습니다. 그것도 당시 7대 랍비

중 한사람인 가말리엘이 지도하는 명문학교에 입학을 시킵니다. 유대 사회에서 가말리엘의 지위와 영향력은 대단한 것이었습니다. 사도행전 5장에 보면 베드로와 사도들이 공회에 잡혀 죽게 되었을 때 가말리엘이 지혜로운 말로 제사장을 설득해 제자들이 풀려나는 장면이 나옵니다. 당시는 가말리엘의 문하생이라는 것만으로도 큰 자부심과 명예였습니다.

그리고 이미 수학이 끝난 바울의 수하에도 제자가 여럿 있었습니다. 산헤드린 공회에서 기독교인들을 체포할 권한을 준 것을 보면 바울도 유대사회에서 인정받을 위치에 있었다는 것을 알 수 있습니다. 이렇게 보면 바울의 미래는 존경받는 랍비와 성공한 율법학자가 보장 된 인생이었음을 알 수 있습니다. 그런 바울의 인생이 예수님을 만나는 사건으로 완전히 뒤집히게 된 것입니다. 우리는 사도 바울에 대해 세 가지를 살펴보려합니다. 예수님을 만나기 전, 주님과의 만남, 주님을 만난 다음의 삶입니다.

첫째, 예수님을 만나기 전 사울입니다. 사울은 자기의 신분과 학문과 종교적 지식에 대한 오만으로 가득 찬 사람이었습니다. 그는 다메섹 도상에서 예수님을 처음 만납니다. 예수님과 동시대에 살았던 사울이 그동안 예수님을 만난 적이 한 번도 없었다는 것입니다. 예수님의 공생애 3년 간 단 한 번도 주님의 사역 현장에 와보지 않았던 것입니다. 율법과 종교에 각별한 열정을 가진 그가 온 유대를 떠들썩하게 했던 예수님의 사역 현장을 한 번도 찾지 않았다는 게 무엇을 말합니까?

그의 종교적 오만함과 율법의 잣대로 이미 주님을 이단으로 정죄했고 알아 볼 가치도 없는 사람으로 판단한 것입니다. 인간이 이렇게 어리석고 편협하고 오만한 존재였습니다. 얼마 가지지 않은 지식과 경험으로 모든 걸 판단할 수 있다고 착각합니다. 옳고 그름을 판단하기 위해선 먼저 사실을 살펴봐야 하는 거 아닙니까? 처음에 이렇게 단지 예수님을 무시하고 무관심했던 바울이 점차 무서운 악의 집행자로 변하게 됩니다. 기독교인들이 유대에 퍼진다는 소식에 격분한 바울은 불손세력 소탕에 나섭니다.

예루살렘도 부족해 240킬로나 떨어진 다메섹까지 기독교인을 붙잡으러 떠납니다. 다메섹은 현재 터키의 다마스커스입니다. 이 정도면 종교적 신념을 넘어서 광기라고 보아야 합니다. 같은 사건을 기록한 사도행전 9장에 보면 그가 위협과 살기가 등등했다고 기록합니다. 자신을 구하러 오신 주님께 냉소적이던 그는 어느 순간 주님을 박해하는 악한 세력의 도구가 되어 버린 것입니다. 십자가의 긍휼을 입지 못한 사람들은 언제고 사탄의 도구가 될 수 있습니다.

대개 자기가 잘 알지 못하는 다른 종교에 대해 무관심한 게 정상입니다. 유독 기독교에 대해서 안티 세력이 많은 것도 어떤 이유이든 악한 영의 조정을 받고 있다는 뜻입니다. 예수님을 영혼의 중심에 모시기 전 까지 인간은 악한 영의 지배하에 있습니다.

사도행전 26장에서 예수님께서 바울에게 이렇게 말씀하십니다. "내가 그들의 눈을 뜨게 하여 어둠에서 빛으로, 사탄의 권세에서 하나님께로 돌아오게 하고 죄 사함과 나를 믿어 거룩하게 된 무리 가운데서 기업을 얻게 하리라" 예수님께서 정의하신 인간의 현주소는 사탄의 권세 아래 있다는 것입니다. 우리가 인생의 주인으로 사는 것 같지만 실은 사탄의 지배 아래 조정당하고 있는 것입니다. 그 세력이 얼마나 강하고 집요한지 인간 스스로는 빠져 나올 수 없습니다.

예수님은 마태복음 12장 29절에서 이렇게 말씀하십니다. "사람이 먼저 강한 자를 결박하지 않고서야 어떻게 그 강한 자의 집에 들어가 그 세간을 강탈하겠느냐 결박한 후에야 그 집을 강탈하리라" 주님께서 강탈해온다는 표현을 쓰셨습니다. 사탄이 얼마나 강하게 우리를 자기 거라고 붙들고 있는 지 그것을 결박하고 강탈해 오듯이 우리를 빼내 오신다는 것입니다. 주님께서 우리를 짓누르던 사탄의 세력을 결박하신 줄 믿습니다. 우리를 악한 세력에서 빼앗아 하나님의 자녀로 삼으신 주님께 감사와 영광을 돌립니다. 아멘. 주님을 만나기 전 바울은 잘나가는 유대교의 차기 지도자처럼 보였지만 실은 사악한 종교의 영에 지배당하는 비참한 죄인일 뿐이었던 것입니다.

둘째, 사울이 예수님을 만나는 모습입니다. 그의 인생에 꿈도 꾸지 못한 극적인 만남이 기다리고 있었습니다. 그는 자기 인생이 계획한 대로 율법사가 되고 존경받는 랍비가 되리라 생각했을 겁니다. 나이가 들면 율법학교나 하나 세워 후진을 양성하겠다고 생각했을지 모릅니다. 우리도 우리 생각과 계획대로 인생이 계속 될 것 같은 착각 속에서 살지 않습니까?

저도 군대생활이 언제까지 지속 될 것 같은 막연한 생각으로 살았습니다. 19살에 군대에 들어가서 43살까지 군대에서 살았으니까요. 너무나 익숙하고 몸에 밴 이 환경과 삶이 변한다는 게 상상이 가지 않았습니다. 그런데 예기치 못한 일들이 우리 앞에 있고 익숙한 것들과 갑자기 헤어져야 할 때가 반드시 옵니다. 바울에게 오늘 그 일이 일어난 것입니다. 그는 어제와 똑같은 평범한 태양 아래 바람을 가르며 정오의 길을 달리고 있었습니다. 가슴에 품은 영장을 내밀고 불법한 무리들을 잡아서 줄줄이 꿰어 예루살렘으로 끌고 갈 마음에 다급했을 것입니다.

그런데 그 때 초자연적인 세계가 순간 그 자연스러움을 깨고 들이 닥칩니다. 순식간에 주변은 초현실적 공간으로 돌변합니다. 사도행전 26장을 보면 해보다 더 밝은 빛이 그를 둘러 비추며 동행하던 사람들이 다 땅에 엎드려 졌다고 기록합니다. 그리고 주 예수님의 음성이 들립니다. 사울아, 사울아 예수님이 그의 이름을 두 번 부르셨다고 그는 말합니다. 바울이 주님을 만나는 장면이 사도행전 9장과 22장과 26장에 세 번 이나 기록되어 있습니다. 바울이 주님을 증거 할 상황 마다 이 사건을 이야기했기 때문입니다.

큰 충격이나 감동을 받은 잊지 못할 사건이 있지 않습니까?

세월이 지나도 그 이야기 할 때 마다 그 현장에 돌아간 듯 실감나고 똑같은 감흥이 일어나는 걸 느낍니다. 바울에게는 오늘 주님을 만난 이 사건이 그랬습니다. 그는 세 군데에서 모두 주님이 자기 이름을 두 번 부른 것을 빼지 않고 기록합니다. 사람의 이름을 두 번 연속 불러보십시오. 이름을 두 번 부를 땐 상대에 대한 깊은 사랑이 있다는 걸 알 수 있습니다. 그리고 안타까운 책망이 들어 있을 때도 그렇습니다.

예수님께서 마르다야 마르다야 라고 부르실 때가 그러셨습니다. 또 마태복음 23장 37에 예루살렘을 향해 눈물을 흘리신 장면이 나옵니다. "예루살렘아 예루살렘아 선지자들을 죽이고 네게 파송된 자 들을 돌로 치는 자여 암탉이 그 새끼를 날개 아래 모음같이 내가 네 자녀를 모으려 한 일이 몇 번이냐 그러나 너희가 원치 아니하였도다" 어쩌면 에덴동산에서 범죄하고 숨어있는 아담을 부르실 때도 그러셨을지 모릅니다. 아담아, 아담아 네가 어디 있느냐. 하나님은 우리의 범죄 한 순간에도 긍휼을 베푸시고 오래 참으시는 분입니다.

우리가 숨고 싶은 순간에도 주님께 싸늘한 등을 보인 순간에도 주님은 우리의 이름을 불러주심을 믿으시기 바랍니다. 바울은 자기의 이름을 두 번 부르시는 주님의 음성 속에서 하나님의 사랑을 알았습니다. 순간 단번에 자기의 인생을 걸었고 평생 그 음성을 잊지 못하는 것입니다. 주님이 바울을 부르시는 음성 속엔 그에 대한 진노가 없습니다. 십자가 위에서도 주님은 저들이 하는 것을 알지 못함이니 용서해달라고 기도하셨습니다.

주님이 우리의 약함을 아시고 우리의 체질을 아시기에 실수하고 범죄 해도 우리에게 소망이 있는 줄 믿습니다. 그 주님이 바울에게 네가 왜 나를 박해하느냐고 하실 때 그가 소스라쳐 놀라 묻습니다. 주님 누구시니이까? 바울은 직관적으로 하늘로부터 들리는 음성이 분명 하나님임을 알았습니다. 그의 이 질문은 저는 결코 그런 적 없습니다. 도대체 당신은 누구십니까? 란 뜻입니다.

주님께서 나는 네가 박해하는 나사렛 예수라 하실 때 바울에게 더 이상의 아무 질문도 설명도 필요치 않았습니다. 자신이 이름조차 경멸했던 나사렛 예수님이 바로 하나님이시라는 걸 그는 섬광처럼 깨달은 것입니다. 바울사도는 즉시 주님 무엇을 하리이까라고 예수님을 하나님으로 인정합니다. 사람들이 예수님을 만나기 전에는 의심도 들고 따지기도 하고 자기의 이성적인 판단을 들어 깐깐하게 굽니다. 인간이라면 당연한 행동입니다. 그러나 누구든 주님을 체험적으로 만나게 되면 그깟 게 한순간 다 부질없게 되어버립니다.

바울이 오늘 그가 신봉해오던 구약 성경과 율법이 가리키는 그리스도가 바로 예수님이란 것을 깨닫는 데 오랜 시간이 필요치 않았습니다. 성령이 임하시면 즉시 예수님을 하나님의 아들이고 나의 구원자라고 인식시켜 주십니다. 사실 이 깨달음이 설명으로 되는 것이 아니고 노력해서 되는 것도 아니고 오직 성령님의 은혜로 되는 것입니다. 우리 성도님들께도 말씀의 지식 위에 하나님의 은혜의 체험이 늘 함께 하시길 간절히 축복드립니다.

셋째, 예수님을 만난 후 변화 된 바울의 모습을 살펴봅니다. 하나님을 직면한 바울은 순식간에 그의 삶의 방식이 바뀝니다. 행 22:10절에 보면 주님 무엇을 하리이까라고 묻습니다. 하나님을 만나는 방식은 다 다르시만 하나님을 만난 사람들의 공통 된 모습은 하나님의 뜻을 묻고 그 뜻대로 살아가려 한다는 것입니다. 사도행전26장 9절에 바울은 변론 중 과거의 자신을 이렇게 말합니다.

나도 나사렛 예수의 이름을 대적하여 많은 일을 행하여야 될 줄 스스로 생각하고 한마디로 내가 생각해서 내 방식대로 살았다는 것입니다. 내 인생의 결정권자는 나라는 것입니다. 그러나 진짜 하나님을 만나는 순간 인생의 결정권자는 바뀝니다. 사울로 살 때는 스스로를 크게 여기고 인생의 권리가 자기에게 있다고 생각했습니다. 그러나 바울이 되었을 때 자기의 작음을 발견하고 오직 하나님의 뜻을 행하는 자가 된 것입니다.

하나님께 결정권을 드리고 겸손하게 순종하는 것이 재미없고 무력한 삶으로 보이십니까? 그렇지 않습니다. 하나님께 우리의 인생을 위임할 때 오히려 세상이 감당 못할 사람이 된다고 성경은 말씀합니다. 예수님의 권위에 순복한 바울의 변화 된 인생이 비루하고 볼품없이 바뀌었습니까? 아닙니다. 하나님께 인생의 결정권을 이양한 그는 더 이상 악에 내몰려 무고한 박해와 살인에 가담했던 과거의 사울이 아니었습니다.

사도행전19장 11절을 보면 "하나님이 바울의 손으로 놀라운 능력을 행하게 하시니 심지어 사람들이 바울의 몸에서 손수건이나 앞치마를 가져다가 병든 사람에게 얹으면 그 병이 떠나고 악귀도 나가더라" 그는 사람을 살리는 하나님의 권능의 대행자가 된 것입니다. 그리고 후에 로마황제인 가이사 앞에서 서서 당당하게 주 예수님의 도를 변론하는 사람이 됩니다.

내가 나의 인생을 경영하는 게 더 안심이 되는 게 인간입니다. 사실 경영하는 것을 이룰 능력이 없음을 잘 알고 있으면서도 그렇습니다. 그러나 잠언 16장3절은 말씀합니다. "너의 행사를 여호와께 맡기라 그리하면 너의 경영하는 것이 이루리라" 우리 인생의 소원과 결정권을 다 하나님께 맡길 때 전능하신 하나님께서 가장 완벽하게 이루어주시는 줄 믿으시기 바랍니다.

그리고 주님을 만난 바울은 즉시 예수님을 그리스도라 전하기 시작합니다. 같은 사건이 기록 된 사도행전 9장 20절은 이렇게 기록합니다. "그가 즉시로 각 회당에서 예수가 하나님의 아들이심을 전파하니" 22절입니다. "사울은 힘을 더 얻어 예수를 그리스도라 증언하여 다메섹에 사는 유대인들을 당혹하게 하니라" 예수님을 따르는 제자들을 박해하러 나섰던 사울이 주님을 만난 후 순식간에 주님을 하나님의 아들이라 증거 하는 사람이 된 것입니다. 우리가 예수님을 전하고 싶은 마음이 든다면 그게 바로 우리가 예수님을 만났다는 확실한 증거인 것입니다.

필자가 예수님을 만나서 목회자가 된 사연입니다. 어느 날 양구에서 대표 기도할 때 그러니까 "너 그러다가 목사 된다." 는 음성을 들은 지 정확히 7년이 지나 하나님의 호출이 왔습니다. 여러분들이 목사가 되어야 한다는 것입니다. 심지어는 같이 근무하던 장교들도 목사가 되어야 한다는 것입니다.

제가 마음을 정하게 된 것은 어느 권사님이 하시는 말씀이 집사님 같은 분이 저 김해에 살고 계시는데요, 그분이 목사가 되어 하나님의 일을 하라는 하나님의 소명을 거역하다가 지금 병이 들었는데 그것도 간에 암이 걸려 3개월밖에 살지 못한다고 하니까 지금에야 목회를 하겠다고 하는데 집사님! 그분이 살아서 목회를 할 것 같습니까? 그래서 기도원에 가서 하나님이 저에게 직접 징표로 보여주시면 목사가 되겠다고 금식하며 기도를 했는데, 저는 하나님의 소리를 듣지 않으려고 정신을 바짝 차리고 기도를 하는데 음성을 들릴 리가 만무하지 않습니까? 아침에 집으로 가려고 준비를 하는 데 계속 방언기도가 끊어지지 않고 나왔습니다.

차를 탈 때까지 계속 방언기도가 나왔는데 차를 타고 이제 음성을 듣지 못했으니 목사가 되지 않아도 되겠다, 할렐루야! 하고 기분이 좋아서 그만 마음을 놓고 방언 기도하는 것에 몰입되어 기도하다가 비몽사몽간에 환상이 보이기 시작하더니 그림이 많이 보이고 지나가고 했습니다. 마치 비행기를 탄 것 같이 하늘 위에서 땅을 바라보면 보이는 것같이 여러 건물들과 산들 바다를 지나 같습니다. 그러다가 아무도 없는 건물에 들어가 강대상 앞에 서니 사람들이 금방 모여들었습니다. 꼭 2002년 월드컵을 응원할 때 시청 앞에 사람이 모이는 장면을 방송사에서 빨리 돌아가게 하는 것과 똑 같았습니다. 별별 사람들이 다 모여 있었습니다. 그리고 사람들이 다 차자 다른 지어진 교회 건물로 제가 들어갔습니다.

거기서도 사람들이 막 모여들면서 금방 가득하게 찼습니다. 이제 또 다른 간물인데 이번에게 아주 큰 건물이라 전체를 한 번에 보여주지 않습니다. 한 군데 한 군데 나누어서 보여주시는데 마치 우리나라에서 가장 크다고 하는 ○○○기도원 성전과 같은 것을 보여 주시는데 사람들로 가득하게 찼습니다. 그리고 다시 걸어서 조그마한 산에 올라갔는데 올라가 보니 세 사람이 십자가에 달려있었습니다. 그래서 제가 군복을 입고 지나가면서 어떤 분이 예수님 인가요? 했더니, 가운데 십자가에 달려 피를 흘리고 계시는 분이 내가 예수다 하며 손을 내밀며 말씀하셨습니다. 그분이 저에게 손을 내미시는데 손에 종이 말은 무엇을 나에게 주어 내가 막 받아드는데 옆에 같이 차에 계시던 분이 내릴 때가 되었다고 깨어서 준비하라고 해서 깨워서 깨어났습니다.

지금도 생각하면 정말 신비스럽습니다. 어떻게 십자가에 달린 주님과 이야기하고 나니 차에서 내릴 시간이 되었는가 말입니다. 이것은 도저히 사람의 이론으로는 해석이 안 됩니다. 그래서 성경을 보니 예수님이 십자가에 달릴 때 양편에 강도가 있었으니 세 사람이 맞습니다. 그래도 저는 집에 돌아가 사모에게 귀신들이 나를 목사 되게 하려고 헛것을 보여 주었다고 했습니다. 그러나 기도를 하면 할수록 정확하다는 감동이 오고 또 사건을 말하지 말고 입을 다물고 있으라고 감동을 주어 아무에게도 말을 하지 않고 있었습니다. 그러다가 2002년 8월경에 기도하니까 이제 말을 해도 된다는 감동이 와서 기록하고 간증하기 시작을 했습니다. 필자가 약속 한대로 예수님을 만났으니 순종하고 목회를 시작한 것입니다. 목회를 하면서 하나님께서 살아계신다는 증표를 수없이 체험했습니다. 목회는 하나님께서 하신다는 것입니다. 저는 그저 순종하는 것입니다. 순종하니 하나님께서 기적을 행하시면서 살아계심을 증명하게 하셨습니다.

바울은 유대인으로 외국에서 출생했고 당시 세계 언어라 할 수 있는 헬라어를 배웠습니다. 폭넓은 헬라 철학과 사상들을 배우고 율법에 능통한 학자로 성장했습니다. 하나님은 그가 아직 주님을 만나기 전부터 이방인들에게 복음을 전할 모든 준비를 하게 하신 것입니다. 우리에게 주신 능력과 은사와 경험들 또한 주님께 드리기를 원한다면 하나님의 나라를 위해 귀하게 써지리라 믿습니다. 바울이 끝까지 순종한 것은 살아계신 하나님을 만났기 때문입니다. 직접 하나님의 살아계심을 체험했기 때문에 여러가지 핍박을 견디고 순교까지 할 수 있었습니다. 필자역시 하나님의 살아계심을 체험하니 충만한교회에 오시는 분들에게 담대하게 하나님의 살아계심을 증명하고 있습니다.

12장 앉은뱅이를 걷게 한 사건을 통해 증명하셨다.

(행3:6-8)"베드로가 이르되 은과 금은 내게 없거니와 내게 있는 이것을 네게 주노니 나사렛 예수 그리스도의 이름으로 일어나 걸으라 하고, 오른손을 잡아 일으키니 발과 발목이 곧 힘을 얻고, 뛰어 서서 걸으며 그들과 함께 성전으로 들어가면서 걷기도 하고 뛰기도 하며 하나님을 찬송하니"

베드로와 요한이 지금 하나님의 살아계심을 증명하기 위하여 앉은뱅이를 예수이름으로 걷게 한 사건입니다. 분명하게 예수님은 주의 성령이 내게 임했으니 "눌린자를 자유롭게 한다"고 말씀하셨습니다. 천국은 이 땅에서 이루어져야 합니다. 앉은뱅이는 지금 지옥과 같은 생활을 하고 있는 것입니다. 그러나 베드로와 요한을 만나 천국을 경험하게 되었습니다. 베드로와 요한과 다른 제자들이 유대인들이 하는 습관대로 제 9시 기도시간, 즉 다시 말하면 오후 3시 기도시간에 성전으로 하나님께 예배드리러 올라가게 된 것입니다. 이미 베드로와 야곱이나 요한이나 예수님의 제자들은 오순절 이후가 되어서 성령으로 충만하여 복음을 예루살렘에 편만하게 전파하고 있을 때였습니다.

그런데 그들이 성전으로 예배드리러 올라갈 그 찰나에 습관적으로 성전 미문 가에서 구걸하러 나오는 앉은뱅이가 사람들에게 업혀서 미문 가에 와서 앉아있었습니다. 이 사람은 태어날 때부터 앉은뱅이 된 사람이라 호구지책을 유지하기 위해서 매일 성전에 예배드리러 오는 사람들 앞에서 손을 내밀고 적선을 구하고 있었습니다. 그런데 그날따라 베드로와 요한이 그 앞을 지나가는데 성령께서 베드로에게 지시하였습니다. 갑자기 베드로의 마음속에 성령의 지식의 말씀의 은사를 통해서 이 사람이 오늘 건강하게 서서 일어날 수 있다는 지식의 말씀을 주셨습니다. 그리고 믿음을 주셨습니다.

그래서 베드로가 이 앉은뱅이를 보고 말했습니다. 우리를 보라! 이 앉은뱅이가 적선해달라고 그렇게 사정을 해도 돈을 잘 안 주는데 자원해서 뭘 주려고 우리를 보라고 말하는 사람이 다 있나 싶어서 눈이 휘둥그레져서 그냥 얼굴의 만면에 희색이 가득하여 두 손을 내밀면서 베드로를 쳐다보았습니다. 그 때 베드로와 요한이 함께 눈을 마주쳐 이 사람과 같이 얼굴과 얼굴을 마주보고 난 다음 장엄하게 이렇게 말했습니다. "금과 은은 내게 없다!" 이 말을 듣자마자 이 구걸하는 앉은뱅이 얼굴 속에는 그만 수심이 꽉 들어찼습니다. 실망의 빛이 역력하였습니다. 그러나 베드로는 연이어서 말했습니다. "내게 있는 것이 있다. 내게 있는 것으로 네게 주노니 나사렛 예수 이름으로 일어나라! 그리고 어리벙벙하고 있는 사람의 손을 잡고 잡아당기니 하나님의 성령의 능력이 번개처럼 내리치는지라, 그의 무릎이 그만 펴지고 온 다리에 생기와 생명이 들어오자" 이 사람이 벌떡 일어나서 그 길로 구걸이고 뭐고 다 집어 치워버리고 뛰고 달리며 하나님께 감사하고 찬양하며 그의 운명이 영원히 달라져 버리고 만 것입니다. 지옥에서 천국으로 바뀐 것입니다. 베드로와 요한이 예수님의 이름으로 예배에 참석한 모든 사람들에게 천국을 체험하게 한 것입니다.

이 장면을 한번 보시기 바랍니다. 사람은 언제나 인생을 살아가면서 호구지책이나 해결하고 일시적이고 현실적인 인생의 문제나 해결 받으려고 하는 것입니다. 그러나 하나님께서 우리에게 오실 때는 일시적이고 현실적인 인생의 문제만 해결하려는 것이 아니라, 영원하고도 근원적인 인생문제를 해결하기 위해서 오시는 것입니다. 베드로가 은이나 금 몇 푼를 줬더라면 이 사람은 일시적으로 현실적인 호구지책은 해결할지 몰라도 그의 근원적인 문제 앉은뱅이가 됐다는 근본적인 문제 그 영원한 문제가 결코 해결되지 못하고 그는 다람쥐 쳇바퀴 돌듯 늘 앉은뱅이로서 걸인으로서 일생을 마쳐버리고 말았을 것입니다.

오늘날 하나님께서 우리에게 오시는 것은 호구지책이나 일시적인 문제보다도 근본적인 문제, 영원한 문제를 해결해주길 원하는 것입니다. 지옥을 천국으로 바꾸어 주시는 것입니다. 근원적인 문제와 영원한 문제가 해결되면 일시적이고 호구적인 문제는 자동적으로 따라서 해결되게 마련인 것입니다. 나는 언제나 이 성경을 읽을 때마다 가슴이 짜릿하게 느끼는 것은 베드로가 금과 은은 내게 없으나 내게 있는 것으로 네게 준다는 말입니다. 베드로는 확실히 그가 무엇을 가지고 있는지 알았습니다.

그런데 유감스럽게도 오늘날 수많은 교회와 수많은 성도들이 금과 은은 가지고 있어서 일시적이고도 현실적인 호구지책은 해결하고 있어도 영원한 문제, 근원적인 문제는 해결 받지 못하고 있습니다. 성령이 역사하지 않기 때문입니다. 오늘날 사람들은 내게 무엇이 있는지를 모르고 있습니다. 오늘 난 묻고 싶습니다. 무엇을 가지고 있습니까? 베드로처럼 내게 이것이 있다 내게 있는 것으로 네게 준다! 이러한 확증을 가지고 있느냐는 것입니다. 오늘 내게 무엇이 있는가? 적어도 이 책을 읽는 분들이야말로 베드로처럼 말할 수 있어야 하는 것입니다. "내게 있는 것으로 네게 준다" 그렇다면 우리 오늘 가슴을 펼쳐놓고 재고품 정리를 좀 해봐야 되겠습니다. 과연 무엇이 있는가? 여태까지 교회를 왔다 갔다 하면서 예배를 드렸는데 지금 나의 속에 무엇을 줄 것이 있는 가 이걸 알아야 줄 수가 있는 것입니다.

첫째, 우리 크리스천이 가지고 있는 것이 무엇인가. 먼저 내가 갖고 있다는 것은 예수 그리스도의 십자가 밑에 나와서 날 위하여 가시관을 쓰시고 양손과 양발에 대못이 박히시고 창을 받아 피를 쏟고 물을 쏟아 대속의 제물이 되어 십자가에 매달려 있는 예수 그리스도를 바라보고 거기에서 위대한 구원의 지식을 내가 얻어야 되는 것입니다. 내가 가질 수 있는 것은 구원에 대한 지식을 가지고 있는 것입니다. 사람이 흥하고 망하는 것은 지식 때문에 흥하고 망하는 것입니다.

성경에 말하기를 내 백성이 지식이 없어 망한다고 말한 것입니다. 오늘날 세계 물질 사회에도 노하우, 과학적인 지식 기술적인 지식 경제적인 지식 노하우가 있느냐 없느냐에 따라서 그 나라 민족이 흥하느냐 망하느냐 선진국이 되느냐 후진국이 되느냐가 달려 있는 것입니다. 그렇기 때문에 오늘날 세계의 과학이나 경제 경쟁은 이 노하우의 지식을 어떻게 얻느냐에 있습니다. 이

와같이 우리 신앙도 오늘날 우리가 사람에게 줄 것이 있다면 내가 예수 그리스도의 대속에 대한 어떠한 지식을 내가 가지고 있느냐는 것입니다.

우리는 죄사함과 영생과 천국에 대한 지식을 가지고 있습니다. 예수님께서 십자가에 못 박힌 것은, 그는 하나의 희생자로서 순교자로서 못 박힌 것이 아님을 우리는 알고 있습니다. "저가 찔림은 우리의 허물로 인함이요 저가 상함은 우리의 죄악으로 인함이라. 저가 징계를 받음으로 우리가 평화를 누리고, 저가 채찍을 맞으므로 우리가 나음을 입었도다. 우리는 다 그릇 행하여 어린 양같이 각기 제 길로 갔거늘 여호와께서는 우리 무리의 죄악을 저에게 담당시켰도다." 이래서 예수 그리스도가 십자가에 매달린 것은 우리들의 일생의 죄악을 그곳에서 다 보혈로 청산해 버렸기 때문에 예수 그리스도를 믿음으로 말미암아 죄를 짓고 불의하며 추악하고 버림을 받아야 마땅함에도 불구한 우리들이 죄를 안 지은 것처럼, 다 용서를 받고 죄가 다 청산돼 버리고, 그리고 하나님 앞에서 의롭다는 자격을 얻어서 조금도 부끄럼 없이 하나님 앞에 담대하게 설 수 있는 사람이 되는 것입니다. 지옥에서 천국으로 옮긴바 된 것입니다. 그래서 이와 같은 자격 때문에 우리는 "예수 그리스도를 통해서 눈물과 근심과 탄식과 죽음과 이별하는 것이나 곡하는 것이나 앓는 것이 없는 천국영생에 유유히 들어갈 수 있다." 아니 이 땅에서 천국을 누릴 수가 있게 된 것입니다. 이 세상과 이 세상의 모든 것은 다 끝장이 나고 역사의 수레바퀴가 마지막 정죄할 때가 우리에게 쉬 다가오는데, 그 건너편에 새로운 영원의 세계가 시작될 때, 예수를 통해서 우리는 영원히 들어가서 살 수 있다는 이 근원적인 문제 영원한 문제에 대한 지식을 가지고 있기 때문에 죄악과 저주와 절망과 죽음에 처한 사람들에게 가서 "금과 은은 내가 줄 것이 없으되 내게 있는 것으로 네게 준다. 예수 믿고 죄사함 받고 영생을 얻어 천국에 들어가자!" "예수님의 은혜로 이 땅에서 천국을 누리자" 손을 잡아 일으킬 수 있는 것입니다. 이것은 우리가 가지고 있는 사실입니다.

그것만은 아닙니다. 우리는 치료와 부활에 대한 지식을 가지고 있습니다. 저는 매주 집회를 인도하면서 복음을 증거할 때 강력하게 제가 예수님에 대해 가지고 있는 천국의 복음을 전합니다. 제가 가지고 있는 것을 말했습니다. 예수님은 죄 사함만 주시는 주님이 아니십니다. 예수님께서는 우리를 치료해 주십니다. 지금 우리에게 천국을 체험하며 누리게 하십니다. 병든자의 삶은 지옥입니다. 하지만 예수님의 이름으로 치유 받으면 천국이 되는 것입니다. 예수님께서 영의 병 마음의 병 육체의 병 생활의 병 인생의 병을 고쳐주십니다. 현실세계에서 천국을 누리게 하십니다. 오늘날 은과 금은 사람들에게 줄 수 없을지 몰라도 오늘날 예수께서 우리의 병을 고치신다는 이와 같은 것을 가지고 있는 것입니다.

나아가서 또 가지고 있습니다. 저주에서 해방을 얻는 지식을 가지고 있습니다. 오늘 예수 믿고 난 다음 겨우 겨우 천국만 가는 것이 우리 신앙이 아닙니다. 우린 예수 믿고 이 땅에 사는 동안에 영혼이 잘 됨 같이 범사에 잘 되는 지식을 가지고 있습니다. 천국을 누리며 사는 것입니다. 우리가 오늘날 헐벗고 굶주리고 저주 안에 있는 것은 정상적인 삶이 아니라 비정상적인 지옥의 삶인 것입니다. 왜일까요? 하나님께서 에덴을 지으셨을 때 헐벗음과 굶주림의 저주의 세계를 만들지 않았습니다. 이것은 오직 마귀의 말을 우리 조상이 듣고 하나님을 반역함으로 말미암아 그래서 이 땅은 저주를 받아버렸습니다.

이러므로 가난은 정상적인 것이 아니고 비정상적인 지옥의 삶인 것입니다. 그러나 우리의 구세주 예수님이 오셔서 우리를 위해서 저주를 받으셔서 갈라디아서 3장 13절에 "그리스도께서 우리를 위하여 저주를 받은바 되사 율법의 저주에서 우리를 속량하셨으니 기록된바 나무에 달린 자마다 저주 아래 있는 자라 하였음이라 이로 말미암아 아브라함의 축복이 이방인에게 미침이라" 이렇기 때문에 예수 그리스도의 구원은 오직 우리의 영혼의 구원뿐 아니라, 우리를 아담 이후에 우리에게 내렸던 비정상적인 가난과 헐벗음과 저주와 절망의 지옥 같은 삶에서 구원하여 천국이 되도록 하시는 것입니다. 우리는 예수 안에서 아브라함의 축복이 우리에게 임한다는 확실한 근원적인 지식을 마음속에 가지고 있는 것입니다.

이러므로 우리 자신이 이 지식으로 저주에서 해방을 얻을 뿐 아니라, 처처에 가는 곳마다 우린 외쳐서 말할 수 있는 것입니다. 금과 은은 내게 없으나 내게 있는 것으로 네게 주노니 예수 이름으로 말미암아 저주에서 해방을 얻어 아브라함의 축복에 참예하라! 천국을 체험하고 누려라. 저주는 무지에서 다가오고 무지는 공포를 가져옵니다. 내가 알 수 없을 때 공포를 가져옵니다. 그러나 내가 밝히 지식을 알면 이제는 공포에서 해방되고 이 지식에 입각해서 담대한 믿음이 생깁니다.

말씀과 성령에 입각하지 않은 믿음은 믿음이 아닙니다. 지식이 없는 믿음은 감정에 불과한 것입니다. 그러나 확실한 지식에 우리가 서서 '믿습니다'로 나아가면 눈에는 아무 증거 안 보이고 귀에는 아무 소리 안 들리고 손에는 잡히는 것 없어도 내가 아니까 내가 믿는다! 그 지식 위에 서서 나아갈 때 무지를 물리치고 불안과 공포를 물리치고 하나님의 기적을 가져올 수 있는 것입니다. 이래서 우리는 근본적이고도 영원한 문제의 해답에 대한 지식을 가지고 있기 때문에 우리들도 베드로처럼 오늘날 죄로 말미암아 앉은 뱅이가 되고 질병으로 앉은뱅이가 되고, 저주와 절망의 앉은뱅이가 되어서, 인생을 포기하고, 낙심과 원망 가운데 살고 있는 사람들에게 "금과 은은 내게 없으나 내게 있는 것으로 네게 주노니 나사렛 예수 이름으로 일어나라! 천국을 체험하라." 이 지식을 나누어주어서 그리스도의 이름으로 손을 잡고 일으켜서 교회에 데리고 와서 새사람을 만들 수가 있는 것입니다.

둘째, 성령을 나누어 줄 수 있는 체험을 가지고 있다. 그 체험은 무엇이냐. 성령에 대한 체험의 지식인 것입니다. 우리 주님께서 우리에게 말씀하시기를 내가 너희를 고아와 같이 버려두지 않고 너희에게 오리라고 말씀하셨습니다. 인생에서 가장 무서운 적이 고독의 병입니다. 사람이란 고독하다는 것은 견딜 수 없는 것입니다. 그런데 인생에서 예수 믿는 사람에게 하나님께서 "내가 너희를 고아와 같이 버려두지 않고 너희에게 오리라 내가 아버지께 구하겠으니 그가 또 다른 보혜사를 주사 영원토록 너희와 함께 있게 하겠다." 이제 우리는 인생을 혼자라는 생각은 할 수 없게 됐습니다. 왜 그렇습니까? 예수를 믿고 구원을 받은 사람에게는 하나님께서 성령을 보내서서 성령이 우리 몸을 성전 삼고 들어와 계시므로 이제 우리의 인생의 자리에는 언제나 성령과 나와 함께이지 나 혼자는 없습니다. "성령과 나와 함께 자고, 성령과 나와 함께 깨고, 성령과 나와 함께 밥 먹고, 성령과 나와 함께 공부하고, 성령과 나와 함께 사업하고, 성령과 나와 함께 교회 오고, 성령과 나와 함께 기도하고, 성령과 나와 함께 전도하고, 성령과 나와 함께 믿는다." 이제는 예수 믿는 사람들에게는 혼자라는 것은 있을 수가 없게 돼버리고 마는 것입니다. 살아도 성령과 함께 죽어도 성령과 함께, 그러기 때문에 이제 우린 고독하지 않습니다.

우리 주 예수님께서는 당신이 친히 가르친 제자들도 성령과 함께 하지 않고는 전도하러 내보내지 않았습니다. "너희는 예루살렘를 떠나지 말고 아버지의 약속하신 그것을 기다리라, 요한은 물로 세례를 주지 않았느냐 너희는 몇 날이 못 되어 성령으로 세례를 받으리라 성령이 너희에게 임하시면 너희가 권능을 받고 예루살렘과 온 유대와 사마리아와 땅 끝까지 이르러 나의 증인이 되리라" 오늘날 너무나 많은 예수 믿는 사람들이 성령이 함께 계신 것을 알지 못 하기 때문에 그들은 스스로 고독증에 빠져버리고 불안과 공포에 떨어져 버리고 마는 것입니다.

그러나 이런 지식이 있고 체험이 있습니다. 성령이 나와 함께 계신다 이러므로 내게 어떠한 일이 다가와도 "나는 혼자 인생을 살지 않는다, 성령과 함께 인생을 산다. 이렇기 때문에 내게 능력 주시는 자 안에서 내게 능치 못하심이 없다! 성령으로 나는 전도할 수 있다! 성령으로 기도할 수 있다! 성령으로 귀신을 쫓을 수 있다! 나는 할 수 있다! 성령이 함께 하신 것을 체험할 때는 할 수 있다." 는 사람이 되어버리고 마는 것입니다. 나 혼자 인생을 사는 것이 아니고, 하나님이 함께 계시는데 왜 '할 수 없다'는 사람이 되겠습니까?'할 수 있다'는 사람이 되는 것은 당연한 것입니다.

그와 함께 우리들에게는 큰 삶의 평안과 자신이 생깁니다. 어떠한 일이 있어도 하나님이 나와 같이 계십니다. "하나님을 사랑하는 자 곧 그 뜻대로 부르심을 입은 자들에게는 모든 것이 합력하여 선을 이루느니라"고 이와 같이 말씀하시므로 영원한 긍정적인 삶을 살아갈 수가 있게 되는 것입니다. 이것을 기억해 주십시오. 그래서 "금과 은은 내게 없으나 내게 있는 체험이 있다. 성령이 같이 계시는 체험이 있다. 우리는 이제 함께 라는 인생을 산다. 이 '함께 라는 인생'을 받아들여라. 그리고 고독에서 울지 마라. 항상 함께 라는 인생의 신념을 가지고서 하나님과 함께 믿음과 소망과 사랑과 위대한 삶의 꿈을 향해서 전진할 수 있다. 성령님과 함께 인생을 산다. 성령께서 너희 삶의 무한한 자원이 되어주신다. 성령님과 함께 이 땅에서 천국을 누린다." 이것을 우리가 줄 수 있습니다. 이것이야말로 얼마나 귀한 보배인지 금이나 은이나 일시적인 호구지책의 문제가 아닙니다. 근원적인 문제의 해결이며 영원한 문제의 해결이요, 성령과 함께 얻은 용기와 힘을 가지고 나아간다면 이 세상에 이루지 못 할 것이 하나도 없는 것입니다.

셋째, 우리는 이제 우리가 나누어 줄 수 있는 힘이 있다. 그것은 사랑할 수 있는 힘인 것입니다. 이 세상에 사랑보다 귀한 것은 없습니다. 금이나 은이나 보화나 지위나 명예나 권세를 재산처럼 쌓아놓은들 그게 무슨 소용이 있습니까? 이것은 사랑을 할 수 있는 하나의 수단에 불과한 것입니다. 인생이란 금이나 은이나 보석이나 다이아몬드로 칠보단장을 하고도 고독한 인생을 살아서 뭐하겠습니까? 인생의 가장 위대한 힘은 사랑할 수 있는 힘인 것입니다. "내가 남을 사랑할 수 있고 내가 남에게 사랑을 받는다." 따뜻한 사랑의 말 한 마디, 따뜻한 사랑으로서 손 한번 잡고 흔들어 주는 것 따뜻한 격려 이게 더 낫지, 책을 읽는 여성도들이여! "남편이 금이나 은이나 보석이나 다이아몬드로서 칠보단장해주는 것이 좋습니까? 따뜻하게 사랑해 주는 것이 좋습니까?" 사랑이 좋을 것입니다. 분명하게 사랑이 좋아요.

성경은 말하길 "그러므로 믿음 소망 사랑 이 세 가지는 항상 있을 것인데 그중에 사랑이 제일이라"고 말하셨습니다. 그런데 예수님 안에서 우리가 놀라운 것은 우리는 사랑할 수 있는 힘이 있다는 것입니다. 천국을 누리며 살기 때문에 사랑을 전달할 수 있는 것입니다. 사랑은 마음만 먹어도 안 됩니다. 사랑할 수 있는 힘이 생겨야 하는 것입니다. 근본적으로 내가 사랑할 수 없어 내 마음속에서 사랑이 안 나오는데 어떻게 사랑합니까? 그런데 예수님 안에서 우리는 사랑할 수 있는 힘이 생깁니다. 왜 그러느냐? 사랑을 받아보지 못 한 사람은 절대로 사랑할 줄 모릅니다. 이것을 알아야 됩니다. 자녀를 결혼시킬 때에도 부모 없이 고독하게 자란 사람은 결혼하고 난 다음에도 가정생활이 늘 괴로운 것을 많이 보게 됩니다. 왜 그래요? 사랑하는 것을 배우지 못했기 때문에…. 부모님에게 흡족한 사랑을 받아본 사람은 다른 사람을 사랑할 줄 압니다. 사랑을 받아보지 못 한 사람은 사랑을 할 줄 모르게 되는 것입니다.

우리 예수를 믿는 사람은 죄를 짓고 불의하고 추악하며 버림을 받아야 마땅함에도 불구하고 하나님이 세상을 이처럼 사랑하사 독생자를 주셨다는 것을 체험하게 되는 것입니다. 예수께서 오셔서 내가 죄인들을 구원하기 위해서 몸찢고 피흘려 구원해 주었다. 이 하나님의 영원한 사랑, 나의 모습 그대로 못난 그대로 빈손 그대로를 하나님께서 용납하여 주시고, 안아주시고, 그 죄악을 다 책임져 주시고, 그리고 하나님의 아들이라 성도라고 불러주시는 그 막강한 사랑! 내가 잘났을 때 사랑받는 거야 당연합니다. 너무나 못나서 버림받아야 될 쓰레기더미 같은 인생을 사랑해주는 것, 이 것은 참사랑이 아니고는 되지 않는 것입니다.

내가 하나님께 그 사랑을 받고 나니까 그 다음 하나님 안에서 나 스스로를 사랑하게 됩니다. 나도 살만한 인간이다. 하나님께 사랑을 받자 자기를 인정하고 존경하게 되고 자기를 사랑하게 될 때 행복하게 되고 행복한 사람만이 가족을 사랑하게 되는 것입니다. 내가 마음이 기쁘고 행복할 때 이웃을 사랑하게 되고 그래서 이웃을 사랑할 수 있는 힘이 생기는 것입니다. 하나님께 내가 사랑을 받았으니, "이 못난 것도 살아갈 가치가 있고 존경받는 인간이 되었으니 이 얼마나 기쁘고 행복한가, 그러니 나도 남을 사랑해야 되겠다." 하나님의 사랑을 받고 깨달은 사람만이 이웃을 사랑할 수 있는 힘이 생겨나고 그는 마음에 용기와 결단이 생기는 것입니다. 예수님의 은혜로 천국을 누리는 크리스천만이 이웃에게 천국을 전할 수가 있는 것입니다.

"금과 은은 내게 없으나 내게 있는 것으로 네게 준다. 나는 너를 사랑한다. 내가 누리고 있는 천국을 준다." 할렐루야! 이것보다 더 귀한 것이 어디 있겠습니까? 미문가에서 구걸하던 앉은뱅이는 베드로를 통한 하나님의 축복을 받고 그 인생이 완전히 지옥에서 천국으로 변해버리고 말았습니다. 호구지책의 금과 은 몇 푼 받는 것에 비교할 수 없습니다. 그는 앉은뱅이의 자리를 박차고 구걸의 생활을 박차고 일어나서 뛰고 춤추고 찬양하는 새사람이 되었습니다. 오늘날 인생의 앉은뱅이가 되어서 지옥과 같은 인생을 살면서 그날그날의 생활을 영위하는 사람에게는 영원한 치료의 메시지가 필요합니다. 우리는 가는 처처에 "금과 은은 내게 없으나 너의 근원적인 인생의 문제 영원한 인생의 문제를 해결해줄 그 권능을 내가 체험했고 가지고 있다. 금과 은은 내게 없으나 내게 있는 것으로 네게 주노니 나사렛 예수 이름으로 일어나라! 일어나라! 일어나라! 일어나라! 일어나라!" 영원한 하나님의 능력으로 새로운 삶을 살아갈 수 있게 되는 것입니다. 복음은 지옥 인생을 천국인생으로 바꾸는 것입니다.

충만한교회에서는 지방에 계시는 분들을 위하여 집회실황 녹음 CD 33개 셑이 준비되어 있습니다. CD를 통하여 치유와 능력을 받는 분들이 많습니다. 자세한 것은 전화(02-3474-0675)와 홈페이지(www.ka0675.com)를 참고하세요.

13장 빌립을 통해 사마리아에서 증명하셨다.

(행 8:5-8)"빌립이 사마리아 성에 내려가 그리스도를 백성에게 전파하니, 무리가 빌립의 말도 듣고 행하는 표적도 보고 한마음으로 그가 하는 말을 따르더라. 많은 사람에게 붙었던 더러운 귀신들이 크게 소리를 지르며 나가고 또 많은 중풍병자와 못 걷는 사람이 나으니, 그 성에 큰 기쁨이 있더라."

살아계신 하나님은 말씀만 하시지 않으시고 말씀과 같이 따르는 표적을 통하여 믿게 하셨습니다. 살아계신 하나님을 증명하는 기적을 통하여 복음이 전파되게 하셨습니다. 하나님은 세상 사람들과 크리스천들에게 가상적인 존재가 아니고 살아서 역사하시는 것을 증명하여 보이시고 믿도록 하셨습니다. 산자의 하나님이시라는 것을 증명하셨습니다. 살아계신 하나님이 증명되어야 세상 사람들이 믿게 됩니다. 그래서 전도는 살아계신 하나님을 증명하는 것입니다. 오늘 말씀을 보면 빌립이 사마리아에 가서 예수 그리스도의 복음을 증거 하니 많은 사람들이 그 말씀도 듣고 따르는 표적도 보고 일심으로 빌립의 가르침을 좇더라고 말했습니다. 큰 기쁨이 있더라고 했습니다. 그들이 빌립이 증거 하는 말씀만 들은 것이 아닙니다. 빌립을 통해서 하나님께서 그 인생들에게 행한 그 위대한 축복과 구원의 표적을 보고, 그들의 마음이 감동하고 큰 기쁨을 얻고 변화를 받아서 일심으로 빌립의 가르침을 좇았다고 말하고 있는 것입니다. 살아계신 하나님이 증명이 되었다는 것입니다. 큰 기쁨이 있었다는 것은 살아계신 하나님의 역사로 지옥과같은 삶에서 해방되어 천국이 되었다는 것입니다. 빌립의 복음 증거로 나타난 표적은 도대체 어떠한 것이었습니까? 성경은 밝히 말하기를 많은 사람들에게 붙었던 귀신이 소리치며 나갔다고 말했습니다.

그리고 그 다음으로 많은 중풍병자와 앉은뱅이가 나았다고 말했습니다. 그리고 그 다음에는 그 성에 전에 없었던 큰 기쁨이 있더라고 말한 것입니다. 한마디로 살아계신 하나님이 증명되니 사마리아가 천국이 된 것입니다. 오늘날도 빌립이 증거 하던 그 예수 그리스도는 변하지 않았습니다. 성경은 말씀하시기를 "예수 그리스도는 어제나 오늘이나 영원토록 동일하시니라."고 말씀하고 있는 것입니다. 우리가 증거 하는 그 예수 그리스도는 지금도 부활하시고 살아 계셔서 성령으로 우리 가운데 역사하고 계신 것입니다. 이러므로 빌립이 사마리아에 가서 복음을 증거한 것이나, 우리가 오늘날 복음을 증거 하는 것이나 동일한 복음이요, 동일한 성령으로 그리스도를 증거 하는 것입니다. 세상에 하나님의 나라(천국)를 세우려면 반드시 하나님의 살아계심을 증명해야 합니다. 그렇기 때문에 빌립의 복음 증거에 나타난 이와 같은 증거가 우리의 생활 속에서도 현실적으로 나타나야 살아계신 하나님이 증명되는 것입니다. 그러므로 오늘 우리가 예수 그리스도를 증거하고 예수 그리스도를 구주로 모실 때 우리의 생활 속에 어떠한 하나님의 역사를 기대할 수 있겠습니까?

하나님의 역사를 기대하려면 자신이 없어져야 합니다. 자신이 없어져서 예수님을 누리며 살게 되면 환경의 영향을 적게 받게 됩니다. 자신이 없어져야 하나님의 역사가 자신을 통하여 100% 나타나는 것입니다. 전에는 좋은 일이 생기는 것과 어려운 일이 생기는 것에 영향을 크게 받았습니다. 그러나 예수로 살게 되면 좋은 일이 생기나 어려운 일이 생기나 마음이 크게 요동하지 않습니다. 환경보다는 예수님이 기뻐하시고 슬퍼하시는 것에 민감하게 반응하게 됩니다. 이런 사람을 통하여 하나님의 살아계시는 역사가 이루어집니다. 하나님의 살아계심이 증명되는 것입니다. 하나님께서는 하나님의 살아계심을 세상에 증명시키는 크리스천을 찾고 계십니다.

스데반이 순교한 후에 예루살렘에서 교회와 성도들에 대한 큰 박해가 시작되었습니다. 핍박이 너무 심하여 성도들은 예루살렘 성 안에 있기가 어려워지니까 그들이 뿔뿔이 유대와 사마리아로 흩어졌는데, 그들이 흩어지면서 교회는 유대와 사마리아와 온 아시아로 퍼져나가기 시작을 했던 것입니다. 성령의 역사입니다. 마치 메마른 산에 불씨 하나가 바람에 날려서 퍼지게 되니까 그 불씨가 처음에는 아무 것도 아니었는데 나중에 온 산을 뒤엎는 산불이 되는 것과 같은 모양입니다.

그 당시 예루살렘 교회 성도들의 심령 중심에 성령의 불이 임했습니다. 정말 이제 나는 죽고 예수로 사는 놀라운 성도들이 된 것입니다. 그런데 그 불을 가지고 있는 성도들이 온 유대와 사마리아로 흩어진 것입니다. 그러니 그들이 가는 곳곳마다 성령의 불이 붙기 시작한 것입니다. 그래서 초대교회에 부흥이 이 사건으로 인하여 일어나게 됩니다. 살아계신 하나님의 예언이 이루어진 것입니다. "…사도 외에는 다 유대와 사마리아 모든 땅으로 흩어지니라(1절)" "그 흩어진 사람들이 두루 다니며…(4절)"

"흩어졌다, 두루 다녔다" 는 표현은 예루살렘을 떠나 피난길에 들어선 그리스도인들의 형편이 얼마나 비참했는지 생생히 말해주는 구절입니다. 집도 교회도 다 버리고 목적지가 없는 길을 떠나는 것입니다. 아마 어떤 이들은 눈물로 기도했을 것입니다. "하나님, 왜 우리를 도와주시지 않으십니까? 집도 없습니다. 교회는 문을 닫게 되었습니다. 하나님 왜 우리를 그냥 내버려 두십니까?" 그들은 고난도 두렵고 침묵만 하고 계시는 하나님이 답답했을 것입니다. 그러나 인식을 하지 못했을 뿐이지 살아계신 하나님은 성도들의 마음에 성전 삼고 동행하고 계셨습니다.

그런데 8절에 보니 본문 상황과 전혀 어울리지 않게 "그 성에 큰 기쁨이 있더라."는 구절이 나옵니다. "큰 핍박"과 "큰 기쁨" 전혀 어울리지 않는 두 단어가 함께 기록된 것은 성령의 의도가 있음을 알 수 있는 구절입니다. 살아계신 하나님은 예루살렘 교회에 큰 핍박이 일어날 때 가만히 계셨던 것이 아니라는 것입니다. 예루살렘의 박해 때문에 교회가 무너졌습니까? 정 반대입니다. 예루살렘의 박해 때문에 초대 교회는 더욱 확대되었습니다. 박해를 피해 흩어진 사람들은 사방에서 복음을 전하였고 유대와 사마리아, 소아시아, 유럽까지 교회는 퍼져갔습니다.

1절을 보십시오. "유대와 사마리아 모든 땅으로 흩어지니라"

4절에서는 이렇게 말합니다. "그 흩어진 사람들이 두루 다니며 복음의 말씀을 전할 새" 혹시 어떤 성경 구절이 생각나지 않습니까? 사도행전 1장 8절 "오직 성령이 너희에게 임하시면 너희가 권능을 받고 예루살렘과 온 유대와 사마리아와 땅 끝까지 이르러 내 증인이 되리라 하시니라" 예수님이 승천하시기 전에 제자들에게 분명히 예언하신 말씀입니다. 예루살렘의 대 핍박으로 인하여 온 유대와 사마리아에 복음이 전해진 것입니다. 이 예언의 말씀이 예루살렘의 대 핍박으로 인하여 성취되리라고는 누가 상상할 수 있었겠습니까? 예루살렘 교회에 대 핍박이 일어나서 성도들이 예루살렘에서 도무지 살지 못해서 피난을 가게 됐는데 온 유대와 사마리아와 땅 끝까지 그들이 흩어지면서 예수님의 증인이 되고 그리고 교회가 서게 된 것입니다.

그러므로 스데반의 순교와 예루살렘 교회 대 핍박은 한편 생각하면 성도들에게는 이해할 수 없는 일이고 하나님께도 말할 수 없는 손해같이 보이지만, 살아계신 하나님께서 그 일속에서도 역사하시고, 그 일도 하나님이 허락하심 가운데 된 일이라는 사실을 깨닫게 됩니다.

이사야 45장 7절에 "나는 빛도 짓고 어둠도 창조하며 나는 평안도 짓고 환난도 창조하나니 나는 여호와라 이 모든 일들을 행하는 자니라 하였노라" 하나님께서 환난도 창조하신다는 것입니다. 환난이 일어나도 종국에는 합력하여 선을 이루게 된다는 것입니다. 한편으로 보면 하나님이 살아계신데 어떻게 예루살렘의 대 핍이 일어나는가 싶지만, 그 일속에도 하나님의 역사가 있었고, 하나님이 허락하셔서 된 일이었음을 깨닫게 됩니다. 스데반의 순교도, 그리고 예루살렘의 대 핍박도 하나님이 살아계시지 않아서 그랬던 일이 아니었습니다. 하나님께서 친히 그 일속에 역사하셨던 것입니다.

사도행전 8장 5절을 보면 빌립이 사마리아로 갔다고 했는데, 이것은 빌립이 당시 얼마나 다급했었는지를 알게 해 줍니다. 대 핍박이 아니었다면 결코 사마리아로 가지 않았을 것이기 때문입니다. 누가복음 9장 52-56절에 보면 얼마 전에 예수님과 제자들이 사마리아 땅에 들렀다가 그곳 사람들로부터 배척을 받았던 일이 기록되어 있습니다.

당시 야고보와 요한이 얼마나 화가 났는지 "주여! 우리가 불을 명하여 하늘로 좇아내려 저희를 멸하라 하기를 원하시나이까?" 했을 정도입니다. 예수님도 그런 마음을 가지셨을 것이라고 제자들은 생각했던 것입니다. 그 정도로 사마리아 사람들로부터 수모를 당했습니다. 그런 사마리아에 빌립은 왜 갔을까요? 유대인들이 여기는 따라 오지 않을 곳이기에 간 것입니다. 빌립은 피난을 간 것입니다. 그런데 알고보면 성령의 인도입니다.

그런데 성경은 참 놀랍게 이 부분을 설명하기를 빌립이 사마리아로 간일에 대하여 피난 갔다고 하지 않고 전도했다고 했습니다. 마치 전도 여행을 간 것처럼 기록하고 있습니다.

"…그리스도를 백성에게 전파하니(5절)" 빌립 뿐 아니라, 그리스도인들이 피난 다닌 일을 전도 여행이었다고 표현했습니다. "그 흩어진 사람들이 두루 다니며 복음의 말씀을 전할 새(4절)"

이것은 놀라운 것입니다. 성령의 인도를 받아 살아계신 하나님이 하신 일을 증거 하는 것입니다.

빌립은 분명히 사마리아에 전도하러 간 것이 아니었습니다. 파송을 받아 간 것도 아닙니다. 그러나 결과적으로는 전도 여행이 되었습니다. 이유가 무엇이지요? 빌립이 성령 충만하여 나는 죽고 예수로 사는 사람으로 거듭났기 때문입니다. 성령의 인도를 받았기 때문입니다. 하나님의 계획에 있었던 것입니다. 그래서 놀라운 것입니다.

정말 십자가 복음을 분명히 믿어서 자신이 예수님과 함께 죽었고 예수님이 생명이 되셔서 살게 되면 그때부터는 우리가 혹시 어떤 어려움을 겪어서 피란 생활을 하게 되는 일이 있다 하더라도 그것이 성령께서 인도하시는 전도 여행이 되고 선교 여행이 된다는 말입니다. 그리고 사마리아에 큰 기쁨이 임하였다고 했습니다. 많은 사람이 복음을 들었고 병에서 고침을 받았고 귀신들린 자가 놓임을 받았기 때문입니다. 예수님이 빌립을 통하여 친히 하신 것입니다. 살아계신 하나님을 증명한 것입니다.

이것이 우리가 오늘 성경에서 주목해야 할 것입니다. 대 핍박 중에 이런 큰 기쁨이 일어난 것은 빌립이 성령 충만하여 나는 죽고 예수로 사는 사람이었기 때문입니다. 그는 환란을 당하여 잠시 당황하였지만 곧 성령의 인도를 받은 것입니다. 그가 정신을 차려보니 사마리아에 와 있었습니다. 그러나 거기에는 갈급한 이들이 많았습니다. 사람은 너나나나 영적인 존재이기 때문입니다. 빌립은 자신의 처지를 생각하지 않고 그들에게 예수 그리스도를 전했고 역사는 일어났습니다. 그래서 빌립의 피난길이 전도 여행이 된 것입니다. 그는 선교사 파송을 받은 것이 아니지만 선교사가 된 것입니다. "전도해라! 전도해야지!"가 아닙니다. 성령 충만하여 예수로 사는 사람이 되면 삶 자체가 전도가 된다는 것입니다. 성령께서 살아계신 하나님을 증명하도록 인도한다는 것입니다. 예수로 살면 우리가 직장 나가는 것이 전도고 학교 다니는 것이 전도이고 출장 가는 것이 전도입니다. 사도행전 1장 8절의 예언이 이루어진 것입니다. "오직 성령이 너희에게 임하시면 너희가 권능을 받고 …내 증인이 되리라" 그래서 사마리아에 큰 구원의 역사, 큰 기쁨이 일어난 것입니다. 하나님의 살아계심이 증명되는 역사가 일어난 것입니다. 언제 핍박을 당하여 피난하여야 했었는지 다 잊어버릴 정도였습니다.

우리에게 이런 일이 일어나길 기도합시다. 초대교회 성도들은 성령으로 불붙은 성도였습니다. 그들이 흩어졌습니다. 메마른 산에 불씨가 흩어지면 어떻게 됩니까? 엄청난 산불이 일어나지 않습니까? 온 유대와 사마리아와 온 아시아에 복음의 불이 붙기 시작했습니다. 예루살렘 교회의 핍박 때만큼 교회 성장이 크게 일어났던 때가 없었습니다.

얼마나 신나는 일입니까? 그렇습니다. 우리가 성령 충만하여 나 죽고 예수로 사는 자가 되면 환란도 핍박도 두렵지 않습니다. 전에는 꼭 환경 따지고 사람 따지고 자리 따졌습니다. 우리 자신이 약하니 그럴 수밖에 없었습니다. "하나님, 좋은 환경 주세요. 하나님, 좋은 자리에 가게 해주세요. 좋은 사람 만나게 해주세요." 늘 그렇게 기도했습니다. 우리 자신이 약하기 때문입니다.

그러나 예수로 살게 되면 그럴 필요가 없어집니다. 오히려 "어려운 곳에 보내 주세요! 아무도 안 가겠다면 저 있잖아요!" 하게 됩니다. 교만한 것이 아닙니다. 예수님이 하시는 것을 믿기 때문입니다. 이제는 내가 사는 것이 아니고 내 안에 그리스도가 사시는 것이라고 믿어지니까 믿음 때문에 그런 기도가 나오는 것이고 실제로 그 삶은 놀라운 삶이 되는 것입니다. 주위에 있는 사람들이 '어떻게 저런 일이 일어날 수 있을까?' 하게 되는 것입니다. 우리 모두가 이러한 담대함을 꼭 누리실 수 있게 되기를 축복합니다. 우리에게도 이런 일이 일어나기를 기도해야 합니다. 성령의 인도를 받으면 누구에게나 가능한 일입니다.

혹시 지금 힘들고 어려워 삶의 기반이 다 흔들려 고통당하는 사람이 있습니까? "사도행전 8장의 이 말씀이 내게 이루어지기를 원합니다." 이렇게 기도하시기 바랍니다. 그러나 그 말씀도 기억이 안 나면 큰 핍박과 큰 기쁨이라는 단어만이라도 기억하시기 바랍니다. "하나님, 큰 핍박! 큰 기쁨! 이대로 되게 해주세요." 기도하세요. 기도를 해도 하나님이 역사하도록 기도를 해야 되고 하나님이 기뻐하시는 기도가 되어야 합니다. 관념적인 기도를 하지 말고 체험적인 실제적인 기도를 해야 합니다. 관념적인 기도는 주시옵소서 기도이고, 체험적인 실제적인 기도는 성령의 인도를 받으며 기도하는 것입니다.

자신의 앞에 닥친 사건이나 환경에 신경 쓰지 않고 오직 성령 충만하여 나는 죽고 예수로 사는 자만되면 됩니다. 그러면 환란이 오히려 엄청난 하나님의 역사가 되는 것입니다. 우리가 예수님으로 살게 되면 눈에 보이는 어려움이 더 이상 문제가 되지를 않습니다. 내게 영향을 미치기 보다는 내가 오히려 그 어려운 환경을 뒤집어 놓는 일을 하게 됩니다.

흔히 어려운 일이 생기면 하나님의 뜻을 알기 어렵다고 합니다. 아닙니다. 결코 그럴 리가 없습니다. 하나님께서 그렇게 하실 리가 없습니다. 평소에도 하나님은 우리에게 하나님의 뜻을 가르쳐주시기를 원하십니다. 그런데 우리가 어려움을 당했다면 하나님의 뜻을 더 분명하게 가르쳐주시기를 원하시지, 어려움을 당했는데 하나님의 뜻을 아는데 혼란스럽게 하실 이유가 어디 있겠습니까? 하나님은 어려울 때일수록 당신의 뜻을 우리에게 더욱 분명히 알게 해 주시기 원하십니다. 그런데 많은 성도들이 어려움을 당하고 하나님의 뜻을 알기 어렵다고 생각합니다. 하나님의 뜻을 묻는 질문이 잘못 되었기 때문입니다.

하나님의 계획을 알기 어렵다고 생각하는 사람은 질문이 바로 되었는지 점검해 보아야 합니다. 많은 사람이 어려움을 당하면 그만 마음이 조급해지고 두려워하고 염려하여 자기 자신에 집착을 합니다. 그래서 기도를 해도 "나를 향한 하나님의 계획이 무엇입니까?" "이런 어려움을 주시는 이유가 무엇입니까?" 그렇게 기도를 합니다. 그런 질문으로는 하나님 계획을 깨닫기 어렵습니다. 여전히 자아 중심이기 때문입니다.

어려움이 올 때 자신을 십자가에 못 박혔음을 믿으시고 전제 조건을 달지 않고 "하나님의 계획이 무엇입니까?" "깨달아 알게 하여 주옵소서"하고 물으시기 바랍니다. 그러면 하나님의 원하시고 기뻐하시고 이루시려는 것들이 깨달아집니다. 그러면서 성령의 인도를 받으면 환경에 보증의 역사가 일어날 것입니다.

그 다음에 "그러면 나는 무엇을 하기 원하십니까?" 하고 묻는 것입니다. 그러면 나를 향한 하나님의 계획이 너무나 구체적으로 깨달아집니다. 하나님은 우리에게 하나님의 뜻을 소상하게 다 밝혀주셨습니다. 하나님의 계획을 깨달았다면 근심과 두려움은 십자가에 못 박고 오직 순종만 있는 것입니다. 우리가 너무나 간단한 이 진리를 붙들지 못하고 방황하고 있는 것입니다.

어느 성경본문이나 주인공은 아브라함도 다윗도 제자들도 아니고, 언제나 살아계신 하나님입니다. 나머지 사람들은 다 엑스트라입니다. 어느 성경이나 하나님이 주인공임을 알고 읽어야 메시지가 분명해지는 것입니다.

성경만 그렇습니까? 성경 읽기만 아니라 우리 인생도 마찬가지입니다. 우리들의 인생에 누가 주인공입니까? 자신입니까? 그러니까 삶이 혼란스러운 것입니다. 하나님의 뜻을 알기 어려운 것입니다. 자신의 인생의 주인공은 예수님입니다. 이것을 분명히 하면 인생은 분명해집니다. 길도 답도 분명해집니다. 성령의 인도를 받으면 됩니다. 그러면 살아계신 하나님을 증명하게 됩니다. 성령의 인도를 받아야 하나님의 살아계심을 체험하게 되는 것입니다.

큰 환란이 닥쳐도 변하여 큰 기쁨이 되는 것입니다. 성경은 분명히 하나님의 목적이 무엇이며 세상 역사가 어떻게 진행될지 분명히 밝혀주고 있습니다. 하나님의 예언이 하나 남았다고 말씀하고 있습니다. 마태복음 24장 14절에 "이 천국 복음이 모든 민족에게 증거되기 위하여 온 세상에 전파되리니 그제야 끝이 오리라" 이 말씀을 이루시기 위해서 모든 일이 지금 이루어지고 있는 것입니다. 천국 복음이 모든 족속에게 전해지는 일을 위하여 역사는 움직이고 있는 것입니다.

모든 인생도 마찬가지입니다. 우리는 하나님의 이 약속에 비추어 인생 계획도 세우고 우리가 잘 살고 있는지 판단도 해야 합니다. 이 말씀에 비추어서 자신의 인생을 보고 또 앞으로 되어질 일을 판단하기만 한다면 비록 내 인생에 큰 환란이 닥친 것같은 일이 올지라도, 그 일이 큰 기쁨으로 바뀌는 역사가 일어납니다.

무엇이 예루살렘의 큰 핍박 중에 큰 기쁨을 경험하게 했습니까? 오직 성령의 철저한 인도하심을 받았기 때문입니다. 처음에 저들은 하나님의 섭리를 다 이해하지 못했습니다. 그러나 그들은 모든 상황에서 오직 나 죽고 예수로 살면서 모든 판단을 주님께 드리고 오직 복음 전하는데 만 힘썼습니다. 하나님의 계획대로 요원의 불길처럼 복음은 전 세계로 퍼져가게 된 것입니다.

나 죽고 예수로 살고 나면 환경에 대해 가지고 있는 판단이 완전히 바뀝니다. 전에는 "환경이 좋아야 되고, 사람 잘 만나야 되고…." 이제 상관없습니다. 예수님만 내 안에 분명히 동행하며 계시고, 예수님이 내 주님이신 것만 확실하다면 오히려 어려움이 나에게 어떤 놀라운 결과를 가져올지 누가 장담하겠습니까? 하나님의 역사를 한두 번 경험하셨나요? 결국 지나고 놓고 보면 어려운 일 환란 같은 일이 다 큰 간증이 되지 않았습니까? 편안하다, 쉽다, 잘됐다 할 때가 오히려 위기였지 않습니까?

피난을 떠나는 상황이 되어도 나는 죽고 예수로 사니 두려워하지 않고, 낙심하지 않고, 주저앉지 않고 주님을 바라보았기 때문입니다. 우리가 혹 미련하여 그 순간에 다 깨닫지 못하였어도 오직 주님만 바라보면 주께서 기가 막힐 정도로 길을 인도하십니다. 로마서 8장 28절에 "우리가 알거니와 하나님을 사랑하는 자 곧 그 뜻대로 부르심을 받은 자들에게는 모든 것이 합력하여 선을 이루느니라." 지금은 어려워도 종국에는 축복이라는 말입니다. 고린도전서 10장 13절에 "사람이 감당할 시험 밖에는 너희가 당한 것이 없나니 오직 하나님은 미쁘사 너희가 감당하지 못할 시험 당함을 허락하지 아니하시고 시험 당할 즈음에 또한 피할 길을 내사 너희로 능히 감당하게 하시느니라." 성령의 인도를 받으면 시험이나 핍박이 축복이 된다는 것입니다. 믿어야 합니다. 믿어야 살아계신 하나님을 체험합니다.

자신은 죽고 예수로 살면서 달라진 것은 환경에 대한 판단이 달라진 것입니다. '어렵다, 죽겠다, 괴롭다'고 형편대로 판단하지 않게 된 것입니다. 풍랑을 만나도 두렵지 않고, 오병이어로 5천 명을 먹여야 되는 일이 있을지라도, 잔치 집에 포도주가 떨어져도 당황스럽지 않다는 것입니다. 문제는 예수님이 함께 하시느냐 하는 것이지, 어려운 환경 처지가 아닌 것입니다. 스데반 시대의 그 하나님은 오늘도 동일한 역사를 일으키십니다.

좋은 일이 일어났느냐. 어려움이 닥쳤느냐는 우리에게 중요하지 않습니다. 우리 자신이 예수님으로 살면 됩니다. 오직 하나님의 약속, 하나님의 목적을 붙잡고 살면 되는 것입니다. 자신의 삶 속에서도 대 핍박이 오히려 큰 기쁨이 되는 역사가 반드시 일어나게 하십니다. 기도하기 때문입니다. 기도할 때 들리는 레마의 말씀이 자신의 삶을 놀랍게 변화시키게 되기를 축복합니다.

빌립의 사마리아 전도는 사마리아인들에게 크나큰 변화를 가져다주었습니다. 살아계신 하나님이 역사하셨기 때문입니다. 그래서 큰 기쁨이 있었습니다. 오늘날에도 예수 그리스도는 우리들의 삶에 자유와 변화를 가져다주며 진정한 기쁨으로 채워 주시는 것입니다. 하나님 안에서 우리들은 진실로 사마리아에서 예수 그리스도의 복음을 듣고 위대한 변화가 다가온 것처럼, 우리도 살아계신 하나님을 체험하고, 세상에 살아계신 하나님을 증명시킵시다. 이를 위해 성령의 인도를 받으시기를 바랍니다.

성령의 인도를 받으려면 자신이 없어져야 가능합니다. 우리가 살아가면서 하나님의 살아계심을 체험하지 못하고 증명하지 못하는 것은 자신이 살아있기 때문입니다. 자신이 죽어 없어지면 날마다 사마리아와 같이 큰 기쁨을 체험하게 됩니다. 날마다 하나님의 살아계심을 체험하면서 세상 사람들에게 살아계신 하나님을 증명하며 사시기를 바랍니다. 관심이 있어야 합니다. 하나님은 지금도 이런 사람을 부르고 훈련하고 계십니다.

충만한교회에서는 매주 토요일 10:00-12:30까지 개별집중치유를 하고 있습니다. 상처가 깊고 영적으로 눌린분들이 치유와 능력을 받고있습니다. 상세한 것은 홈페이지를 참고 하세요.

14장 빌립보 감옥을 통해 증명하셨다.

(행 16:25~34)"한밤중에 바울과 실라가 기도하고 하나님을 찬송하매 죄수들이 듣더라. 이에 갑자기 큰 지진이 나서 옥터가 움직이고 문이 곧 다 열리며 모든 사람의 매인 것이 다 벗어진지라. 간수가 자다가 깨어 옥문들이 열린 것을 보고 죄수들이 도망한 줄 생각하고 칼을 빼어 자결하려 하거늘 바울이 크게 소리 질러 이르되 네 몸을 상하지 말라 우리가 다 여기 있노라 하니 간수가 등불을 달라고 하며 뛰어 들어가 무서워 떨며 바울과 실라 앞에 엎드리고 그들을 데리고 나가 이르되 선생들이여 내가 어떻게 하여야 구원을 받으리이까 하거늘 이르되 주 예수를 믿으라. 그리하면 너와 네 집이 구원을 받으리라 하고 주의 말씀을 그 사람과 그 집에 있는 모든 사람에게 전하더라. 그 밤 그 시각에 간수가 그들을 데려다가 그 맞은 자리를 씻어 주고 자기와 그 온 가족이 다 세례를 받은 후 그들을 데리고 자기 집에 올라가서 음식을 차려 주고 그와 온 집안이 하나님을 믿으므로 크게 기뻐하니라"

하나님께서는 살아계심을 증명하기 위하여 빌립보 감옥을 천국을 만드십니다. 하나님께서 빌립보교회를 세우기 위해서는 사도 바울과 실라가 매를 많이 맞고 감옥에 들어가도록 역사하십니다. 다만 간수와 그 가족을 얻기 위해서만이 아닙니다. 살아계신 하나님께서는 항상 은혜와 능력으로 함께 하고 계시다는 것을 빌립보 사람들에게 깊이 깨닫게 하기 위해서도 그렇게 하신 것입니다.

빌립보 교회는 살아계신 하나님의 역사와 권능에 의해서 세워진 교회요, 살아계신 하나님께서 특별하게 부르신 사람들로 세워진 교회요, 하나님의 사랑과 은혜가 항상 함께 하시는 교회가 되었습니다. 바울과 실라가 빌립보에서 전도하다가 잡혀서 많이 얻어맞고 수갑을 단단히 발목에 채워서 감옥의 깊은 곳에 들어가게 되었습니다. 깊은 감옥에 갇혀서 그들은 고통스럽고 괴로운데 원망과 불평과 탄식을 해도 마땅할 터인데 그렇지 않고 두 사람이 쇠고랑을 철렁철렁 박자를 맞추면서 감사와 찬양을 불렀습니다. 그들이 감사하고 찬양하자 하늘의 보좌가 진동했습니다. 살아계신 하나님께서 역사하시기 시작을 했습니다. 지옥이 뒤흔들렸습니다. 감옥이 뒤흔들렸습니다. 하나님의 살아계신 역사가 일어나 천국으로 바뀌었습니다. 하늘의 천사들이 몰려왔습니다. 모든 수갑이 다 풀리고 감옥 문이 열리고 하나님의 은총이 나타나서 모든 죄수들이 복음을 듣는 깊은 감동을 갖게 된 것입니다. 감사의 위대한 힘이 그들 환경 가운데 나타난 것입니다.

바울과 실라는 빌립보 감옥에 갇히게 되었을 때 무엇을 합니까? 찬양과 기도를 시작합니다. 25절을 보면 "한 밤중에 바울과 실라가 기도하고 하나님을 찬송하매 죄수들이 듣더라" 바울과 실라의 찬송을 하나님만 들으신 것이 아니라 죄수들도, 간수들도 그 소리를 들었을 것입니다. 그 찬송 소리는 감옥에 있는 많은 사람들에게 큰 감동을 주었을 것입니다. 바울은 무슨 찬송을 하였을까요? 제가 생각할 때 찬송 속에 복음을 다 담겨진 것을 찬양으로 불렀을 것입니다. 자신의 신세를 한탄하며, 원망하는 것이 아니라, 하나님의 이름을 찬양하며, 그의 영광을 찬송하는 곡조로 불렀을 것입니다. 두 사람은 빌립보에서 전도하다가 억울하게 감옥에 갇혔지만, 감옥 안에서도 기도하고 찬송했습니다. 그것도 죄수들이 다 들을 만큼 큰 소리를 내어 기도하고 찬송했습니다. 감옥이라는 현실보다 승리의 미래를 주관하시는 살아계신 하나님을 바라보는 믿음이 필요합니다. 예수를 믿는 사람들도 뜻하지 않는 고난을 당하지만 그 모든 고난들은 결국 선을 이룹니다. 고난은 견디기 어려운 것이지만 고난당하는 순간이야말로 우리가 그리스도인의 진수를 보여줄 수 있는 기회이며, 복음을 전할 수 있는 최선의 기회이기도 합니다. 우리가 심한 고통 속에서도 좌절하지 않고 기쁨으로 찬양할 때 우리는 살아계신 하나님의 기적을 보게 될 것이며, 사람들은 우리를 보고 놀랄 것이고 그 이유를 묻게 될 것입니다. 그 때 우리는 복음을 효과적으로 전할 수 있는 기회를 얻게 됩니다. 빌립보 감옥에서 바울과 실라가 기도하고, 찬송을 부를 때 어떤 역사가 일어났습니까? 3가지 놀라운 기적이 일어나게 됩니다.

첫째, 살아계신 하나님의 역사로 찬송합니다. 바울과 실라는 빌립보 감옥에서 성령께서 역사하시어 하나님께 기도하고 찬송하는 놀라운 기적이 일어났습니다. 오늘 본문에 나오는 바울과 실라는 빌립보라는 곳에 가서 복음을 전하다가 감옥에 갇히게 됩니다. 감옥에도 그냥 편안하게 들어간 것이 아니라, 본문을 보면 "상관들이 옷을 찢어 벗기고 매로 치라 하여 많이 친 후에 그 발을 착고에 든든히 채웠다"고 했습니다. 옷을 그냥 벗긴 것이 아닙니다. 찢어서 벗겼다는 것은 험악한 분위기 가운데 폭력을 동원해서 찢었다는 말입니다. 벗은 몸에 매를 쳤는데 인정사정 봐주지 않고 많이 쳤습니다. 온 몸은 찢기고 터져 피가 나고 부러지고 했을 것입니다. 그 정도에서 끝나지 않았습니다. 발에 착고를 든든히 채워 꼼짝 못하게 했습니다. 아파서 신음조차도 제대로 낼 수 없는 그런 매를 맞고 갇혔습니다.

그렇게 매를 맞고 발은 착고에 채워진 바울과 실라는 빌립보 감옥에서 무엇을 했습니까? 하나님께 기도하고 찬송하였습니다. 성령께서 찬양을 하도록 역사하신 것입니다. 25절에 보면 "한밤중에 바울과 실라가 기도하고 하나님을 찬송하매 죄수들이 듣더라" 이것이야말로 지진이 일어난 것 못지않은 첫 번째 기적이었습니다. 빌립보 감옥에서 바울과 실라가 하나님께 기도하고, 찬송하였다는 것은 인간의 이성이나 감정으로는 도저히 행할 수 없는 기적입니다. 성령의 역사입니다. 자신의 주변 상황이나 환경을 믿음으로 극복하고 승리한 모습입니다.

바울은 지금 어떤 상황에 있습니까? 바울과 실라는 억울하게 매를 맞고 감옥에 던져졌으며, 감옥은 음침하고 어둡고 습기 차고 추웠습니다. 매를 맞은 상처 때문에 온 몸이 쑤시고 아팠습니다. 위안이 될 만한 것은 그 무엇도 없었습니다. 그런 상황에서 어떻게 기뻐하며 감사하면서 찬송할 수 있었을까요? 참으로 놀라운 기적이 아닐 수가 없습니다. 성령께서 역사하시면 그 어디나 하늘나라가 되기 때문입니다. 빌립보 감옥에서 바울과 실라가 기도한 내용이 무엇입니까, 찬송한 내용이 무엇입니까? 그들의 '기도'는 무엇을 구하는 그런 기도가 아니라 하나님을 사모하며 경배하는 찬양의 기도를 의미합니다. 즉 그들은 감옥에서 한탄하거나 불평하지 않았을 뿐만 아니라, 자신들을 그 감옥에서 구원해 주시기를 기도한 것도 아니었다는 것입니다. 그들은 그저 하나님을 사모하며 찬양하는 그런 기도와 찬송을 드렸던 것입니다. 찬양을 부르자 바울과 실라에게 역사하던 성령이 감옥에 충만하게 된 것입니다. 하나님의 천사들이 동원되었습니다.

우리가 답답한 일, 억울한 일, 큰 고통을 당할 때 어떻게 극복해야 합니까? 바울과 실라 처럼 찬송과 기도를 통하여 극복해야 합니다. 이는 바울과 같이 하나님을 만나는 체험이 있어야 가능한 것입니다. 이것이 바로 성경에 약속해 놓은 해답입니다. 믿음의 선배들은 큰 위기가 찾아왔을 때에도, 풀무불에 들어갈 때에도, 사자굴에 들어갈 때에서 찬송과 기도를 통하여 승리하였습니다. 기도와 찬송은 살아계신 하나님의 영광이 임하게 하는 키입니다. 세상이 감당할 수 없는 살아계신 하나님의 기적을 일으키는 키입니다. 하나님의 마음을 움직이는 강력한 능력은 바로 찬송입니다. 암울하고 답답한 일을 만나고, 감옥과 같은 환경을 만나면 근심과 걱정으로 시간을 보내기 보다는 기도하며 주님께 엎드려야 합니다. 기도하고, 찬미하며 하나님께 나아가야 합니다. 그것이 지혜로운 방법이요. 가장 확실한 방법이 됩니다. 진정한 신앙인은 주님 때문에 당하는 고난과 어려움에 대해서 낙담하지 않습니다. 원망하지도 않습니다. 불평하지도 않습니다. 오히려 그럴수록 더 믿음으로 기도하며 찬미하며 하나님께 영광을 돌립니다. 그것은 그들의 마음이 하나님을 향하여 열려졌기 때문입니다.

그리고 이것이야말로 땅이 진동하고 옥문이 열려지는 사건 못지않은 기적입니다. "울고 있는 형제여 왜 찬송을 잊었는가? 어둠속에 찬송은 살아계신 하나님께서 일으키는 기적을 부른다네. 바울과 실라가 빌립보 감옥의 문을 찬송으로 열었다네. 고통의 문을 찬송 찬송으로 찬송 찬송으로" 찬송은 살아계신 하나님께서 일으키는 기적을 일으키는 놀라운 힘이 있습니다. 살아계신 하나님께서 일으키는 영광이 임하게 됩니다.

둘째, 옥문이 열려지고 옥터가 움직입니다. 바울과 실라가 기도하고 찬송할 때 옥문이 열려지고, 옥터가 움직이며, 매인 모든 것을 벗겨지는 기적이 일어납니다. 바울과 실라가 감옥 안에서 기도하고 찬송하자 어떤 기적이 일어나게 되었습니까? 갑자기 큰 지진이 나면서 옥터가 움직이고 문이 열리고 묶였던 손발이 다 풀려지는 두 번째 살아계신 하나님의 기적이 일어났습니다. 26절에 보면 "이에 갑자기 큰 지진이 나서 옥터가 움직이고 문이 곧 다 열리며, 모든 사람의 매인 것이 다 벗어진지라" 하나님의 초자연적인 기적으로 지진이 일어나 옥터가 움직이며, 옥문이 열리고, 죄수들의 손을 채운 수갑 혹은 착고가 풀려졌습니다. 지옥인 감옥이 성령이 충만해지자 천국이 된 것입니다. 바울과 실라가 처음부터 기도와 찬미로 감옥의 문을 열려는 의도를 가지고 기도와 찬미를 한 것은 아닐 것입니다. 살아계신 하나님은 놀라운 기적으로 감옥의 문을 열고 그들의 매인 것이 풀려졌습니다. 우리가 전능하신 하나님을 믿고 기도하고 찬송하면, 이처럼 요지부동이던 환경도 흔들리며 변하고 맙니다.

삶을 옭매던 거대한 사슬들도 한순간에 힘없이 풀어지고 맙니다. 칠흑같이 어둡고 암담한 현실에서 생각지도 못했던 희망의 문이 열리게 될 것입니다. 기도하고 찬송할 때, 우리는 결코 혼자가 아닙니다. 전능하신 하나님께서 전혀 예기치 못한 방법으로 우리를 도와주십니다.

유다의 왕 다윗이나 아사왕이나 히스기야 왕을 보면 외적의 침략이 있어서 나라가 사면초가와 같이 진퇴양난의 지경에 빠졌을 때 그들은 하나같이 하나님께 엎드렸고 하나님의 도움을 구하였습니다. 하나님께 기도하고, 찬송하며 나아갈 때 하나님은 그들보다 훨씬 더 강력한 군대를 물리쳐 주셨고, 죽을 수밖에 없는 전쟁에서 승리케 해 주셨습니다. 여호사밧 왕이 모압과 암몬과 마온 사람들의 연합군을 대항해서 전쟁터에 나가 싸우려 할 때 무슨 방법을 사용합니까? 인간의 이성이나 경험으로 볼 때 정말로 받아들일 수 없는 이상한 방식을 사용합니다. 여호사밧은 노래하는 자를 택하여 거룩한 예복을 입히고 군대 앞에 서서 행하며 여호와를 찬송하게 합니다. 대하20:21절에 보면 "백성과 더불어 의논하고 노래하는 자들을 택하여 거룩한 예복을 입히고 군대 앞에서 행진하며 여호와를 찬송하여 이르기를 여호와께 감사하세 그 자비하심이 영원하도다." 노래하는 자들이 거룩한 예복을 입고 하나님의 이름을 찬송할 때에 어떤 역사가 일어났습니까? 하나님의 영광이 유다 백성들에게 임하였습니다. 하나님의 능력이 그 전쟁터에 나타나게 되었습니다.

그리고 대하20:22절에 보면 그 노래와 찬송이 시작될 때에 여호와께서 친히 일어나사 유다를 치러 온 암몬 자손과 모압과 세일산 주민들을 강력하게 치셨습니다. 이 전쟁에서 유다 백성들이 대승리를 거두게 되었고, 하나님의 능력을 만방에 보여주었습니다. 찬송의 힘은 원수를 물리칩니다. 놀라운 하나님의 기적을 일으킵니다. 우리를 삼키려는 악한 사탄의 권세를 물리치는 놀라운 능력입니다. 근심과 걱정이 심할 땐 기도를 하십시오. 우울하고 답답할 땐 찬송을 하십시오. 사방으로 우겨싸임을 당하여 낙심되고 절망이 될 때 기도하십시오. 두려움이 우리들의 마음을 짓누를 땐 찬송을 하십시오. 기도할 때 근심 걱정 낙심과 절망이 사라지고, 찬송할 때에 우울함과 답답함과 두려움이 사라지게 될 것입니다.

오늘도 삶속에서 하나님의 살아계신 기적을 체험하기를 원하는 사람들은 기도의 능력과 찬미의 능력을 믿으면서 기도에 힘쓰고 찬미에 힘써야 합니다. 기도는 기적의 문을 여는 비법입니다. 페르시아의 천일야화 중에 "알리바바와 40인의 도적"이라는 이야기가 있습니다. 가난한 알리바바가 나무를 하러 산에 갔다가 도적들을 만나 나무위에 숨어있었는데 도적들이 큰 바위 앞에 서서 "열려라 참깨!!"하자 큰 바위 문이 열리고 그 굴속으로 도적들이 들어가자 문이 닫혔습니다. 잠시 후에 도적들이 그 굴에서 나오는 것을 보고 잠시 후에 알리바바가 시험 삼아 큰 바위 문 앞에 서서 외쳤습니다. "열려라 참깨!!" 그러자 큰 돌문이 열리는 것이 아니겠습니까? 그 굴속으로 들어가 보니 도적들이 훔쳐다 쌓아 놓은 온갖 보물과 금화들이 가득하였습니다. 비밀 열쇠를 알고 있는 한 그 동굴 속의 모든 보화는 알리바바의 것이었습니다. 기적을 여는 열쇠는 아주 오묘하고 신비한데 숨어있지 않습니다.

지금 우리들에게, 모든 이들에게 하나님은 이 키를 주셨습니다. 사용하기만 하면 됩니다. 매뉴얼도 필요 없습니다. 그저 나의 마음을 진솔하게 그리고 간절하게 진심으로 아뢰면 됩니다. 어려운 비법이나 이해하기 어려운 매뉴얼도 없습니다. "열려라 참깨!"얼마나 간단합니까? 기도는 어려운 것이 아닙니다. 쉽습니다. 하지만 쉽다고 해서 그 성능이 보잘 것 없는 것이 아니라 놀라운 기적을 가져옵니다. 우리가 전능하신 하나님을 믿고 기도하고 찬송하면, 이처럼 요지부동이던 환경도 흔들리며 변하고 맙니다. 삶을 옭매던 거대한 사슬들도 한순간에 힘없이 풀어지고 맙니다. 칠흑같이 어둡고 암담한 현실에서 생각지도 못했던 희망의 문이 열리게 될 것입니다.

셋째, 간수에게 살아계신 하나님을 증명시켰다. 바울과 실라가 찬송을 부를 때에 천하보다 귀한 생명이 구원함을 얻는 놀라운 기적이 일어났습니다. 바울과 실라가 빌립보 감옥에서 찬송을 불렀을 때 어떤 기적이 일어나게 되었습니까? 그 기도와 찬송을 들을 때 간수장과 그의 가족들이 구원함을 얻는 세 번째 살아 계신 하나님의 기적이 일어나게 됩니다. 그 간수장은 바울과 실라가 부르는 그 찬양의 소리를 들으면서 성령의 역사로 하나님께서 살아 계신다는 것을 체험했을 것입니다. 예수 그리스도를 믿고 싶은 욕망이 강하게 일어났을 것입니다. 성령께서 간수장의 심령 속에 예수 믿어야 한다는 강력한 복음의 불이 붙기 시작하였습니다. 이렇게 추측할 수 있는 근거는 30절에 보면 "간수장이 선생들이여 내가 어떻게 하여야 구원을 받으리이까?" 질문하는 모습을 보면 알 수 있습니다. 또한 31절에 보면 바울이 그들에게 "주 예수를 믿으라. 그리하면 너와 네 집이 구원을 받으리라"고 말할 때, 그 사람과 온 집안사람들이 세례를 받고 하나님을 믿고 기뻐하는 장면을 볼 때 바울과 실라가 부른 찬양이 그 마음을 이미 녹여 놓았고, 그 마음속에 예수님을 믿고자 하는 열망을 불러 놓았다는 것을 짐작할 수 있습니다.

간수장은 어떤 인물입니까? 그는 참으로 바늘로 찔러도 피 한 방울도 나오지 않을 정도로 매정한 사람이며, 무정한 사람입니다. 심한 매를 맞은 바울과 실라가 감방에 들어왔을 때, 그들의 상처와 아픔에 대하여 전혀 신경을 쓰지 않았습니다. 그는 그렇게 고통을 당하고 있는 바울과 실라를 감옥에 쳐 넣고는 아무 일도 없었다는 듯이 태평하게 잠에 빠져버렸습니다. 그런데 그가 자는 동안에 지진이 일어났고 옥문이 열렸으며 죄수들의 매인 것이 다

벗겨졌습니다. 놀라서 일어난 간수장은 이제 죄수들이 다 도망한 줄 알고 검을 꺼내 자결하려고 했습니다. 당시의 법률에 의하면 죄수를 놓쳤을 때는 간수가 죽임을 당하게 되어 있었습니다. 그래서 이 간수는 처형을 당하느니 자결하려고 했던 것입니다.

그 때 바울과 실라가 큰 소리로 말했습니다. 28절에 보면 "바울이 크게 소리질러 이르되 네 몸을 상하지 말라 우리가 다 여기 있노라 하니" 이제 간수장은 처형을 당하거나 벌을 받을 염려가 없어졌습니다. 이제 안심해도 되었습니다. 그런데 그는 무서워 떨면서 바울과 실라 앞에 엎드렸습니다. "간수가 등불을 달라고 하며 뛰어 들어가 무서워 떨며 바울과 실라 앞에 엎드리고"(29절), 죄수도 도망하지 않았고 염려하던 일은 아무것도 일어나지 않았습니다.

그런데 간수는 무엇을 무서워하면서 떨었다는 것일까요? 그것은 영적인 두려움이요, 죄책에 대한 두려움이었습니다. 순간적으로 이 간수장은 자기가 죄인임을 깨닫게 되었던 것입니다. '이 큰 죄인인 내가 하나님 앞에서 어떻게 살 수 있을까? 하나님의 그 크신 능력 앞에서 내가 어떻게 살 수 있단 말인가?' 그러한 두려움이 간수장을 사로잡았습니다. 그래서 간수장은 "선생들이여 내가 어떻게 하여야 구원을 받을 수 있으리이까"하고 외쳤습니다(30절) 이 간수장의 절규에 바울은 "주 예수를 믿으라. 그리하면 너와 네 집이 구원을 얻으리라"고 대답했습니다. 그 말을 듣고 간수장과 그의 모든 가족들이 예수 그리스도를 믿고 영접하는 놀라운 살아계신 하나님의 기적이 일어났습니다(34절).

이것은 오직 하나님만이 행하실 수 있는 놀라운 기적입니다. 살아계신 하나님을 증명하게 되었습니다. 구원은 인간의 이성이나 힘으로는 불가능한 일이며, 오직 하나님의 전적인 주권이며, 하나님의 능력으로만 가능합니다.

인생이라는 무엇입니까? 옛날 희랍의 한 왕은 인생이 무엇인지를 몹시 궁금했습니다. 그래서 왕은 많은 철학자들을 불러 모아 그들에게 인생이 무엇인지를 써 오라고 명령을 했습니다. 2년 만에 철학자들은 큰 수레 두 대에 가득 찰 만큼 책을 써 가지고 왔습니다. 왕은 내용이 너무 방대하니 줄여 오라고 했습니다. 그래서 철학자들은 그 많은 내용을 다시 3년 만에 4권의 책으로 주었습니다. 그러나 이번에도 왕은 내용이 너무 많다면서 다시 1권으로 줄이라고 했습니다. 그래서 철학자들은 또 1년이라는 세월을 보내면서 그 내용을 1권으로 줄였습니다. 이렇게 많은 시간을 들여 인생이라는 무엇이냐는 질문에 답하는 책을 만들었는데 정작 왕은 나이가 많아 죽음을 눈앞에 두게 되어 그 책을 다 읽을 시간이 없었습니다. 그래서 학자들에게 인생이 무엇인지를 한 마디로 말해보라고 했습니다. 그러자 한 철학자가 이렇게 말하였습니다. "인생이라는 것은 태어날 때부터 생사고락을 당하다가 마지막에는 죽는 것입니다." 왕은 이 한마디를 듣고 죽었다고 합니다. 인생을 마감하기 전에 주 예수 그리스도를 믿고 영생을 얻는 것은 최고의 은혜이며, 최고의 기적입니다.

하나님은 바울과 실라가 빌립보 감옥에 들어갔을 때 이미 놀라운 구원을 계획하셨습니다. 살아계신 하나님을 증명하기 위한 하나님의 계획이 있었던 것입니다. 옥문이 열리고 착고가 풀어지는 정도의 기적으로 하나님은 만족하시는 분이 아니셨습니다. 하나님은 천하 보다 귀한 간수장과 그의 가족들을 구원하는 놀라운 기적을 행하셨습니다. 살아계신 하나님을 증명하여 간수장을 믿게 한 것입니다. 하나님의 구원의 계획은 참으로 놀랍고 신비롭습니다. 바울의 감옥의 시련이 간수장과 그의 가정을 구원받게 한 것입니다. 그리고 감옥의 고난이 있었기 때문에 유럽의 첫 교회인 빌립보 교회가 든든히 세워질 수 있었습니다. 이것이 바로 하나님의 놀라운 계획이며, 하나님의 큰 섭리입니다.

이 장면은 마치 시23:5절을 상기시킵니다. "주께서 내 원수의 목전에서 내게 상을 베푸시고…" 잔인하고 포악한 간수가 이렇게 변화된 것 또한 기적이 아닐 수 없습니다. 그러면 간수는 어떻게 해서 그렇게 변화될 수 있었을까요? 그가 주님의 말씀을 들으면서 성령의 감화를 받았기 때문이었습니다. 하나님의 살아계심을 증명되었기 때문입니다. 복음은 이렇게 사람을 변화시키는 능력을 가지고 있습니다. 죄인이 변화되는 것이야말로 가장 큰 기적이 아닐 수 없습니다. 지금 당하는 일들이 어렵고 힘들고 고난스럽다 할지라도 낙심하지 마시기 바랍니다. 하나님은 그런 힘들고 어려운 일 또는 고난을 통해서 신비로운 일을 이루어 가시려고 계획을 세우시고 계시는 중입니다. 항상 합력하여 선을 이루시는 살아계신 하나님이십니다.

말씀을 요약합니다. 그 밤에 그 시각에 간수는 바울과 실라를 데리고 나가 그 맞은 자리를 씻어 주고 또 간수와 그 온 가족이

다 세례를 받았습니다. 간수는 두 사람을 자기 집에 올라가서 음식을 차려주고 그와 온 집안이 하나님을 믿음으로 크게 기뻐했다고 했습니다. 날이 밝아지자 상관들이 사람을 보내어서 바울과 실라를 놓아 주라는 연락을 보냈습니다. 상관들은 사건의 진상을 알게 되었기 때문일 것입니다.

바울은 그들에게 "로마 사람인 우리를 죄도 묻지 않고 사람들 앞에서 때리고 옥에 가두었다가 이제 가만히 보내고자 하느냐? 아니라 상관들 너희가 와서 친히 우리를 데리고 나가야 하리라." 당시 로마 시민권을 가진 사람을 그 죄를 묻지도 않고 공중 앞에서 사람을 때리고 감옥에 넣는 것은 관리들도 크게 문책을 받게 되는 일이었습니다. 바울과 실라가 로마 사람이라는 말을 듣고 그 상관들은 크게 두려워하여 그들이 바울과 실라를 데리고 나가며 그 성에서 떠나기를 청했다고 했습니다.

사도 바울이 로마시민권자라는 것을 밝힌 것은 아마 사도가 다음에 빌립보 성에 다시 들어올 때 그곳 관리들이 그를 방해하지 못하도록 하기 위해서였을 것입니다. 바울과 실라는 옥에서 나와서 루디아 집에 들어가서 형제들을 만났다고 했습니다. 이렇게 해서 빌립보 교회는 루디아와 귀신을 좇아낸 그 여종과 간수와 그 가족이 초석이 되어 빌리보 교회가 탄생하게 된 것입니다. 빌립보 교회는 말씀과 살아계신 하나님을 증명 함으로 세워진 교회입니다. 빌립보 교회는 사도 바울과 깊은 사랑을 나누는 교회였으며 사도에게 항상 기쁨을 주는 교회요, 사도가 죽는 날까지 끝까지 그를 도왔던 특별한 관계를 가진 교회가 되었습니다.

15장 죽은 자를 살림을 통해 증명하셨다.

(행 9:36-43)"욥바에 다비다라 하는 여 제자가 있으니 그 이름을 번역하면 도르가라 선행과 구제하는 일이 심히 많더니 그 때에 병들어 죽으매 시체를 씻어 다락에 누이니라 룻다가 욥바에서 가까운지라 제자들이 베드로가 거기 있음을 듣고 두 사람을 보내어 지체 말고 와 달라고 간청하여 베드로가 일어나 그들과 함께 가서 이르매 그들이 데리고 다락방에 올라가니 모든 과부가 베드로 곁에 서서 울며 도르가가 그들과 함께 있을 때에 지은 속옷과 겉옷을 다 내보이거늘 베드로가 사람을 다 내보내고 무릎을 꿇고 기도하고 돌이켜 시체를 향하여 이르되 다비다야 일어나라 하니 그가 눈을 떠 베드로를 보고 일어나 앉는지라. 베드로가 손을 내밀어 일으키고 성도들과 과부들을 불러 들여 그가 살아난 것을 보이니 온 욥바 사람이 알고 많은 사람이 주를 믿더라. 베드로가 욥바에 여러 날 있어 시몬이라 하는 무두장이의 집에서 머무니라."

하나님은 체험적인 믿음을 가진 베드로를 통하여 도르가를 살립니다. 베드로가 예수님의 이름으로 도르가를 살림으로 인하여 하나님의 살아계심을 증명한 것입니다. 베드로는 예수님이 회당장 야이로의 딸을 살리는 것과 죽은지 4일이 지난 나사로를 살리는 것을 직접 보았기 때문에 담대하게 기도하여 도르가를 살린 것입니다. 도르가를 살림으로 인하여 하나님의 살아계심이 증명되어 "온 욥바 사람이 알고 많은 사람이 주를 믿더라." 고 성경을 말씀하고 있습니다. 이렇게 하나님의 살아계심을 증명하면 백 마디 말로 복음을 증거 하는 것보다 복음 전파가 쉬워지는 것입니다. 그래서 하나님은 하나님의 사람들을 훈련하여 하나님의 살아계심을 증명하게 하시는 것입니다.

도르가는 새로운 삶을 통해 많은 사람들이 주를 믿게 한 여 제자였습니다. 도르가는 하나님의 특별한 은혜로 나사로처럼 죽었다가 다시 살아났습니다. 그래서 욥바의 많은 사람들이 다시 살아난 도르가를 보고 주를 믿었다고 했습니다. 도르가가 다시 살아남으로 두 가지를 나타냈다고 생각합니다.

첫째는, 도르가가 다시 살아남으로 죽은 자를 다시 살릴 수 있는 하나님의 능력을 나타냈습니다. 하나님께서 살아계신다는 것을 증명된 것입니다. 하나님께서 성도들에게 기적을 체험하게 하는 것은 하나님의 살아계심을 증명하게 하기 위함입니다. 도르가는 죽었다가 다시 살아남으로 인간의 생사화복을 주장하시는 하나님의 살아계심이 증명되었습니다. 오늘 우리가 관념적인 신앙을 탈피하기 위하여 무엇보다도 하나님의 살아계시고 역사하시는 능력을 나타내야 합니다. 그래서 체험적인 실제적인 신앙이 되어야 합니다. 그래서 세상 사람들에게 살아계신 하나님을 증명하는 일꾼이 되어야 합니다.

둘째로 도르가가 다시 살아남으로 나타낸 것은 자기의 변화된 삶이었습니다. 죽음을 경험한 사람은 천국 중심의 삶을 살게 되고, 살아계신 하나님을 증명하는 하나님 중심의 삶을 살게 되고, 이웃 중심의 삶을 살게 되고, 보다 높은 차원의 삶을 살게 됩니다. 도르가가 살아났을 때 그는 보다 높은 차원의 삶을 살게 되었습니다. 선행과 구제도 더 많았을 것입니다. 더 주님을 높이며 증거 하는 삶을 살았을 것입니다.

사실 우리 그리스도인들에게 가장 중요한 것은 변화된 인격과 삶입니다. 죽었다가 다시 살아난 경험을 통해서만 변화되는 것이 아니라, 예수님을 믿고 의지하고 성령의 인도를 받으므로 그 인격과 삶이 변화되어야 합니다. 더 좋은 변화를 가져오지 않는 성도의 삶은 하나님께 영광 돌릴 수 없고 하나님의 살아계심을 증명할 수 없습니다. 도르가가 변화된 새로운 삶을 살았을 때 많은 사람들을 주님께로 돌아오게 했습니다. 그녀는 살았을 때에도 주님을 증거 했고, 죽었을 때에도 주님을 증명했고, 그리고 다시 살아났을 때는 더 능력 있게 주님의 살아 역사하심을 증명 했습니다.

살아계신 하나님의 기적의 결론은 복음을 증거하고 살아계신 하나님을 증명 하는 것입니다. 많은 사람을 주님께로 돌아오게 하는 것입니다. 도르가는 무명한 자 같으나 사도행전의 한 페이지를 아름답게 수놓고 있는 찬란한 별이 되었습니다. 주님의 사랑을 가장 생생하게 진하게 나타내 보여준 유명한 자가 되었습니다.

첫째, 기독교는 체험의 종교이다. 우리가 믿는 기독교는 체험의 종교입니다. 자기가 직접 하나님의 사랑과 살아계심의 은혜를 체험하지 못한다면 솔직히 누군가의 설득이나 간접적인 교육으로 하나님을 진정으로 믿기는 좀 어렵습니다. 일단 우리가 개인적으로 하나님의 은혜를 체험하기만 하고 나면 그 다음부터는 누가 뭐라고 해도 하나님을 부인할 수 없게 됩니다. 왜냐하면 내가 하나님의 살아계심을 직접 체험했으니까. 내 몸으로 하나님을 느꼈기 때문에 누가 무슨 소리를 해도 미혹되지 않습니다. 체험이 없으니까 이단들에게 속는 것입니다.

베드로 역시 변화산 위에서의 경험이 너무나 굉장했기 때문에 수십 년이 지난 후에도 잊지 못하고 베드로 후서에서 그때의 일을 회상하고 있는 것입니다. 자연법칙을 깨고 어떤 놀라운 일을 하게 되면 사람은 그걸 기적이라고 말합니다. 일어날 법한 일이 일어나는 것을 가지고 기적이라고 호들갑을 떠는 사람은 잘 없습니다. 기적은 그렇게나 어렵고도 신기한 것입니다. 하나님의 살아계심을 체험하면 좌로나 우로나 치우치지 않는 믿음이 됩니다.

둘째, 기적은 누구를 위하여 일으킬까요? 오늘 본문에는 베드로가 행한 몇 가지 기적들이 나와 있습니다. 본문의 바로 앞에는 중풍병자를 고친 기사가 나오고, 본문의 바로 다음에는 하늘로부터 내려온 보자기 환상을 본 일이 나옵니다. 오늘날 특히 중풍병자와 암환자들이 많습니다. 이분들은 세상 의술로서 완전한 치유가 어렵습니다. 그런데 기도로 이 병자들을 낫게 한다면 이건 정말 엄청나게 굉장한 일이 될 것입니다. 성경에는 중풍병자들이 나은 기록이 많이 있습니다. 중풍병자가 세상의 의술로 나은 경우는 잘 보지 못했습니다. 저도 여러 병자들을 위해서 기도했지만 다른 병자들은 기적적인 치유가 되었는데, 중풍병자는 온전하게 정상으로 돌아오지 않았습니다. 암환자를 지속적인 집회 참석과 집중 기도하여 성령께서 완전하게 장악이 되니 치유가 되었습니다. 하나님의 나라가 되니 치유가 되더라는 것입니다.

그런데 이런 기적은 왜 일어납니까? 베드로가 훌륭하고 위대한 사람이라는 것을 광고하기 위해서? 아니면 베드로를 잘 먹고 잘 살게 해주려고? 그도 아니면 베드로의 영적인 권위를 높여 주려고? 보통 기적은 하나님이 만드신 자연법칙을 깨는 것을 말합니다. 그런데 이 자연법칙도 사실은 하나님이 만드셨습니다. 그러므로 이 자연법칙이 자주 깨어진다면 이건 더 이상 법칙이라고 불리기가 어렵게 됩니다. 더구나 자기가 만든 법칙을 스스로 깨뜨린다면 이건 좀 이상합니다. 그래서 기적은 정말 드물게 일어납니다. 아니 일어나기가 정말 어렵습니다. 그런데도 기적은 일어납니다. 하나님께서 필요하시면 기적을 일으키십니다. 그렇게 하여 하나님의 살아계심을 증명하십니다.

그러면 왜 기적이 일어나는 것일까요? 하나님의 살아 역사하심을 증명하여 믿지 않던 자들이 예수를 믿고 하나님께 돌아오도록 기적을 일으키시는 것입니다. 복음 전도를 위하여 하나님의 살아계심을 증명하시기 위하여 기적을 행하시는 것입니다. 인간 아무개를 영화롭게 하려고 하시는 것이 아니라, 하나님의 살아계심을 증명하시려고 기적을 베푸시는 것입니다.

오늘 본문에 나오는 욥바는 예루살렘의 북서쪽 50km정도에 위치한 항구입니다. 이 항구는 그 옛날 솔로몬이 성전을 짓기 위해 레바논에서 목재를 들여오던 항구로 유명합니다. 요나가 바로 이곳에 하나님의 낯을 피하여 도망갔습니다. 유명한 로마의 율리우스 케사르(시저)가 이 항구를 유대인들에게 주었고 유대인들이 로마인들과 독립전쟁을 할 때까지 이 항구는 유대인들에게 속합니다. 그러므로 이 본문의 배경이 되는 시점에서 욥바는 이방인의 도시가 아니고 유대인의 도시입니다.

셋째, 욥바의 다비다. 그러므로 지금 욥바에는 유대인들이 아주 많습니다. 그런데 이 욥바에 다비다라고 하는 여성 제자가 있었습니다. 여기서 말하는 제자는 예수님을 직접 따른 사람이 아니라, 그냥 예수님을 믿고 그 계명을 지키는 사람 즉 신자를 말합니다. 당시 이스라엘 사람들은 두 개의 이름을 가지고 있었습니다. 아람어식 이름과 그리스식 이름입니다. 다비다는 아람식이고 도르가는 그리스식입니다.

아람어는 곧 히브리어의 모국어입니다. 로마의 식민지이지만 로마인들 중에서 지배층이나 지식인들은 라틴어가 아니라 그리스어를 사용했기 때문에 유대인들은 로마식의 이름을 가지고 있습니다. 다비다나 도르가는 똑 같은 뜻을 가지는데 그 뜻은 '영양'입니다. 빨리 달리고 품위가 있는 그래서 은혜로움이나 아름다움의 상징이 되었는데 바로 본문의 다비다가 그런 일을 한 사람입니다. 주위에 어려운 형제를 돕는 선행을 베푸는 헌신된 여인이었습니다. 믿음이 좋은 여인 이었습니다.

그런데 베드로가 롯다에 머물고 있을 그때에 이 다비다가 병들어 죽어서 이제 시체를 씻어서 다락에 두었답니다. 왜 시체를 다락에 두었는지는 나와 있지 않습니다. 어쩌면 사람들은 구약의 선지자들이 사람을 살릴 때 다락에서 이적을 행했던 것을 기억하고 다비다에게도 똑같은 은혜가 임하기를 기원하고 그랬는지도 모릅니다. 여하튼 다비다가 죽자 사람들은 다비다의 시체를 씻어서 다락에 두고는 성령의 감동하심으로 룻다에 거하고 있던 하나님의 사람 베드로에게 빨리 와 달라고 사람을 보냅니다. 룻다는 욥바와 약 16km 정도 떨어져 있답니다.

더운 지역에서는 시체가 빨리 썩기 때문에 당일 매장이 관습인 이스라엘에서 사람들은 성령의 감동과 지시에 따라 기적을 바라고 룻다에 있는 베드로를 급히 청한 것입니다. 왜냐면 베드로가 룻다에서 중풍병자였던 애니아를 낫게 한 사실을 알고 있었기 때문입니다. 죽으면 모든게 끝인데도 이 사람들은 포기하지 않고 이웃도시인 룻다로 사람을 보내서 기적의 베드로를 초청한 것입니다.

베드로를 초청하면서 한글 성경에는 번역이 되지 않았지만 '우리에게까지' 같이 와 달라고 요청했답니다. 여기서 '우리'는 사도행전을 기록한 누가를 비롯해서 믿음의 형제들을 말하는 것이라고 보면 틀림없을 것입니다. 그런데 욥바의 제자들은 베드로에게 사람을 보내어 지체 말고, 곧 내려와 달라고 강경하게 이야기하면서도 한편으로는 제발 와 달라고 사정합니다. 뭔가 앞뒤가 안 맞는 것 같지만, 그만큼 룻다의 제자들은 베드로가 오면 다비다를 살릴 수 있으리라고 여겼다는 것이고, 또 다비다에게 하나님의 기적이 임하기를 간절히 소원한 것입니다. 그래서 시체를 다락에 두고는 룻다로 두 명의 제자를 급히 보낸 것입니다.

사람은 태어났으면 언젠가는 반드시 죽는 것이 일반적인데 이들은 지금 다비다를 이대로 떠나보낼 수가 없습니다. 다비다가 그 정도로 이 사람들에게 은혜를 베풀었기 때문입니다. 자기들이 너무 다비다에게 큰 은혜를 입었기 때문에 욥바의 제자들은 이웃 도시에 있는 하나님의 사람 베드로를 청한 것입니다.

이 소식을 듣고 베드로가 욥바에 도착하니 과부들이 다비다의 시체가 있는 다락으로 베드로를 따라와서는 서서 웁니다. 그리고는 베드로에게 다비다가 자기들을 위해서 좋은 일을 얼마나 많이 했는지 이야기 합니다. 그냥 이야기만 한 것이 아닙니다. 자기들이 입고 있는 다비다가 해준 속옷과 겉옷을 보여줍니다. 혹시라도 오해하실까봐 이야기하는데 여기서 속옷은 오늘날의 속옷 개념이 아닙니다. 그냥 겉옷 안에 입는 옷으로 요즘 식으로 하면 긴 남방이나 티. 겉옷은 외투도 되고 이불도 되며 전당포에서도 잡아줄 만큼 고가입니다.

이런 옷을 입은 과부들이 다비다의 선행을 증거하며 베드로에게 제발 다비다를 살려달라고 빕니다. 베드로가 이런 힘이 있다고 믿었을까요? 다비다는 과부들이 볼 때 반드시 이 세상에 있어야 할 사람입니다. 하나님의 사랑을 온몸으로 실천한 그리스도의 제자입니다. 그래서 이들은 지금 울고 있습니다. 물질적으로 다비다의 은혜를 갚을 수 없어서 더 슬퍼하고 있었는지도 모릅니다.

당시 과부들은 가난한 이의 대명사입니다. '고아와 과부와 나

그네'는 성경에서 항상 가난한 사람들을 말할 때 사용되는 단어들입니다. 이 가난한 이들은 너무나 다비다의 은혜가 고마웠기 때문에 다비다가 앞으로도 자기들과 함께 있어야 한다고 생각했고 때마침 주님의 수제자이면서 룻다에서 중풍병자를 고친 베드로의 이야기를 듣고 그에게 매달린 것입니다.

넷째, 다비다야! 일어나라. 자, 일단 사람이 죽었습니다. 아프기나 하면 기도해서 치료의 광선을 발해 달라고 성령님께 간청하겠지만, 이미 죽은 시체를 향하여 무엇을 할 수 있을까요? 사람이 할 수 있는 일이 있고 할 수 없는 일이 있습니다. 죽은 이를 살리는 것은 글쎄요, 그러나 이때 베드로는 죽은 아이를 살리신 예수님이 생각났습니다. 나사로는 죽은지 사흘이 지나서 이미 무덤에 들어 있었지만, 회당장 야이로의 딸은 방금 죽어서 침상에 그래도 누워 있었을 것입니다.

베드로가 막막할 때 그는 주님이 야이로의 딸을 살리신 것이 생각났습니다. 선생님께 배운 것을 이제 제자가 써먹는 겁니다. 더구나 다락방에 안치된 시체를 보고 베드로는 그 옛날 엘리야와 엘리사를 생각했는지도 모릅니다. 주님은 영이지만 엘리야와 엘리사는 단순히 주의 선지자, 인간에 불과합니다. 그렇다면 주의 사자인 베드로도 그런 일을 할 수 있습니다. 베드로가 사람을 다 내어 보내고 무릎을 꿇고 기도합니다. 예전에 선생님은 일어서서 명하셨지만, 베드로는 상황이 급박하여 주님의 권능을 힘입기 위해 무릎 꿇고 기도한 것입니다.

사실 예전에 주께서는 이미 열두제자들에게 죽은 자를 살리는 권능을 주셨습니다. 마태복음10:8에 "병든 자를 고치며 죽은 자를 살리며 나병환자를 깨끗하게 하며 귀신을 쫓아내되" 이 말이 그냥 단순히 의례적으로 하는 말이 아닙니다. 우리가 그 말씀을 믿을 때에 하나님의 놀라운 역사는 일어나는 것입니다.

베드로는 자기에게 죽은 자를 살리는 권능을 주신 주님께 기도한 것입니다. 주님 저의 기도를 들으시고 이 여인 다비다를 살려 주시옵소서. "예수님! 살아서 역사하시는 주님의 권능을 저들에게 보여 주소서" "다비다를 살려서 하나님의 살아계심이 증명되게 하옵소서" 이렇게 기도한 것입니다. 기도를 마친 베드로는 시체를 향하여 말합니다. "예수님의 이름으로 명령한다. 다비다야 일어나라" 시리아 사본과 벌게이트 역에는 "우리 주 예수 그리스도의 이름으로"라는 구절이 있습니다. 베드로는 주님의 권능을 힘입어 주님의 이름으로 시체에게 명한 것입니다.

이미 인간적으로 모든 것이 끝난 것 같은 상태에서 베드로는 주님의 말씀을 믿고 성령의 임재 가운데 그에게 기도하고 이제 시체를 향하여 일어나라고 명한 것입니다. 베드로가 다비다야 일어나라고 한 말은 아람어로 '타비다 쿰'입니다. 그런데 그 옛날 주께서 야이로의 딸에게 하신 말씀은 '탈리다 쿰'이지요. 아람어 철자 한개만 다르지 똑같은 말입니다. 주는 이미 승천하셨지만 주께서 파송한 주의 제자들은 이제 주께서 주신 권능을 행하고 있습니다.

다섯째, 기적의 효과. 일어나라는 주님의 음성을 듣고 다비다가 곧 일어나니 베드로가 손을 내밀어 다비다를 잡아 일으킵니다. 그리고 과부들과 온 성도들이 다비다가 다시 살아난 모습을 봅니다. 어떻게 되었을까요? 당연히 성도들과 과부들은 놀라고 기뻐했겠지만, 온 욥다 사람이 알고 많은 사람이 믿더라고 합니다.

그러나 이걸로 기적의 효과가 끝이 난 것이 아닙니다. 욥바에 사는 가죽가공업자인 시몬은 자기와 이름이 같은 시몬 베드로를 자기의 집에 유하게 하고, 그 집에서 고넬료의 초청을 받게 되는 것입니다. 베드로는 이제 이방인을 향하여 전도하게 되는 놀라운 일을 하게됩니다. 로마의 백부장으로 가이사랴에 주둔하고 있던 고넬료의 가정을 주께로 인도하게 되는 것입니다. 하나님의 교회가 이 기적으로 말미암아 튼튼하게 서게 된 것입니다.

여섯째, 죽은 자를 살리신 이유. 그럼 왜 하나님은 이미 죽은 다비다를 살리신 것일까요? 그 당시 진실된 믿음을 가진 성도들 중에 다비다만 죽은게 아닙니다. 수많은 성도들이 이런 저런 이유로 죽었을 것입니다. 그들 중에 다비다만큼 다른 이를 구제하고 선행을 한 신자가 없었을 까요? 그렇지 않을 것입니다. 성령의 시대인 초대교회에서 다비다만큼 자기의 재물을 가지고 이웃을 돕고 하나님을 진실로 믿는 이들이 많았을 것입니다.

그랬는데 왜 하필 다비다 만입니까? 그것은 바로 다비다의 구제와 헌신 그리고 진실된 믿음이 다비다의 도움을 받은 과부들로 하여금 베드로에게, 아니 베드로가 대표하는 하나님에게 매달리게 한 것입니다. 가난한 과부들은 다비다의 은혜에 갚을게 없었습니다. 그래서 그녀에게 엄청난 은혜를 입고서도 단지 그녀를 위해서 기도만 할 뿐입니다. 그래서 과부들은 더 슬픕니다. 자기들의 은혜를 갚기도 전에 다비다가 죽었기 때문이지요. 다비다의 시체를 앞에 두고도 이대로는 도저히 다비다를 못 보낸다고 베드로에게 매달리게 만든 이유입니다.

다비다가 나에게 행한 은혜의 증거가, 그녀가 한 선행의 증거나 이렇게나 내 몸에 있는데 은혜를 갚기도 전에, 좀 더 감사하기도 전에 다비다가 죽었기 때문에 더 과부들은 슬퍼하고 베드로를 청하여 다비다의 선행을 말한 것입니다. 다른 수많은 신약의 성도들이 죽어갈 때에 성경의 기록에는 그 누구도 시체를 다락에 두고 제자들에게 찾아와서 살려 달라고 요청한 기록은 없습니다.

그렇다면 살려달라고 요청하기만 하면 누구나 다 살아 날 수 있습니까? 그렇지는 않습니다. 만일 그렇다면 예수 믿는 사람은 아무도 죽지 않을 겁니다. 그러므로 각 교회는 준비한 묘지가 필요 없을 것입니다. 게다가 베드로를 급히 청한 욥바의 교인들과 과부들은 다비다가 얼마나 자기들을 도왔는지 그 증거를 보여주며 울기만 했지 베드로에게 제발 다비다를 살려 달라고 요청한 기록은 없습니다.

그러나 베드로가 그 먼 거리를 사람들의 요청을 받아 들어갔을 때에는 단순히 장례식을 집전하려고 간 것은 아닙니다. 왜냐하면 욥바의 성도들은 다비다를 다락에다 두었기 때문입니다. 다락은 예로부터 선지자들이 죽은 자를 살리던 장소였습니다.

열왕기상17:19 "엘리야가 …자기가 거처하는 다락에 올라가서 자기 침상에 누이고" 열왕기하4:21 "아들을 하나님의 사람의 침상위에 두고" 여기서 하나님의 사람 엘리사의 침상 역시 다락에 있습니다. 그렇기 때문에 시체를 다락에 두고 베드로를 불렀다는 것은 죽은 이를 살려달라는 강한 요청인 것입니다. 하루 만에 장례를 치르는 관습을 가지고 있고, 사흘이 지나면 영혼이 완전히 하나님께로 떠난다고 믿었던 욥바의 성도들은 다비다의 영혼이 아직은 여기에 있다고 생각하고 급히 베드로를 불렀던 것입니다. 그들의 기도에 성령께서 감동하신 것입니다.

그럼 왜 주님은 다비다를 다시 살려 주셨을까요? 왜 하나님은 다른 성도들의 죽음에는 눈감고 계시다가 다비다를 다시 살리셨지요? 그것은 다비다가 다시 살아야 욥바에 있는 불신자들이 하나님의 살아계심을 체험하여 하나님께로 돌아올 수가 있었기 때문입니다. 그리고 아직 다비다를 통하여 욥바에서 해야 할 일이 있다고 인정했기 때문입니다. 아마 다비다의 시신을 다락에 두고 베드로를 부른 것은 욥바 성도들의 공통적인 생각이기 보다는 성령께서 역사하신 것입니다. 성령께서 다비다를 살려서 욥바에 있는 사람들을 구원하기 위함이었습니다.

어떤 이는 이렇게 말합니다. '우리가 이 땅에서 해야 할 일이 있는 동안에는 주께서 우리의 목숨을 거두어 가시지 않는다' 정말 그런지 아닌지는 놔두고 한번 진지하게 생각해 보아야 할 말입니다. 아직도 이 땅에서 주를 위해서 해야 할 사명이 있다면 우리는 결코 저세상으로 갈 수 없습니다. 아직도 해야 할 일이 있는데 이

걸 마저 다 해놓고서야 주께로 가서 편히 쉴 수 있을 것이기 때문입니다. 아직 생명의 면류관을 쓸 자격이 안 되었는데 갈 수는 없습니다. 아직 우리가 거할 처소가 완성되지 않았는데 갈 수가 없습니다.

비유적으로 말해볼까요. 주께서 우리 믿는 성도들을 위해 천국에 거할 처소를 마련하셨는데 이게 아파트 기본형입니다. 85제곱미터. 아무 장식도 가구도 편의시설도 없습니다. 그런데 여기에 우리가 받은 상급으로 보석장식들이 더해지는 거라고 한번 생각해 보세요. 각종 편의시설과 가구들이 상급으로 주어진다고 생각해 보세요. 겨우 구원을 얻는 수준의 부끄러운 구원을 얻어서 천국에 갔다고 생각하면 너무 밋밋해요. 우리가 거할 집이 영 그렇습니다. 한때 기독교인들 사이에서 개털 모자론이 유행했는데요, 기왕 머리에 쓸 거면 개털모자보다는 면류관이 낫지 않습니까? 개털모자가 없을 확률이 높지만….

두 번째는 다비다의 다시 살아남이 부활의 주님을 전도하는데 굉장한 역할을 한다는 점입니다. 사람들의 눈으로 십자가에 달리신 주님을 똑똑히 보았는데 갑자기 그 주님이 부활하셨다고, 그리고는 우리들의 눈앞에서 산채로 하늘로 올라가셨다고 주장하는 기독교인들의 주장이 다비다의 부활로 힘을 얻는 것입니다.

욥바의 많은 이들이 다비다의 부활사건을 듣고 보고 주를 믿게 되었습니다. 그래서 교회가 튼튼해 진 것입니다. 각종 핍박을 무릅쓰고라도 하나님을 믿을 힘을 공급하기 위해서 하나님은 초대형 기적을 보여 주신 것입니다.

4부 하나님께서 살아계심을 나타내시는 시기

16장 세상에 살아계심을 증명하고자 할 때

(삼상17:45-49)"다윗이 블레셋 사람에게 이르되 너는 칼과 창과 단창으로 내게 오거니와 나는 만군의 여호와의 이름 곧 네가 모욕하는 이스라엘 군대의 하나님의 이름으로 네게 가노라. 오늘 여호와께서 너를 내 손에 붙이시리니 내가 너를 쳐서 네 머리를 베고 블레셋 군대의 시체로 오늘날 공중의 새와 땅의 들짐승에게 주어 온 땅으로 이스라엘에 하나님이 계신줄 알게 하겠고, 또 여호와의 구원하심이 칼과 창에 있지 아니함을 이 무리로 알게 하리라 전쟁은 여호와께 속한 것인즉 그가 너희를 우리 손에 붙이시리라. 블레셋 사람이 일어나 다윗에게로 마주 가까이 올 때에 다윗이 블레셋 사람에게로 마주 그 항오를 향하여 빨리 달리며, 손을 주머니에 넣어 돌을 취하여 물매로 던져 블레셋 사람의 이마를 치매 돌이 그 이마에 박히니 땅에 엎드러지니라."

하나님은 이방사람들에게 천지만물을 초자연적으로 움직이는 살아계신 하나님이라고 증명되기를 원하십니다. 하나님은 이방사람들에게 하나님의 살아계심을 증명하는 성도를 축복하십니다. 이스라엘 초대 왕 사울 시대에 블레셋의 군대가 이스라엘에 쳐들어 왔습니다. 사울의 군대가 마주 나가 항전를 벌리고 대결한지 40일이 지났습니다. 그런데 블레셋 군대 중 골리앗이란 거인이 매일 같이 나와서 이스라엘을 모욕하고 강하게 도전함으로 이스라엘의 군인들의 사기가 땅에 떨어졌습니다. 그때 다윗의 아버지 이새가 다윗에게 전쟁에 나간 그 형들을 위문하고 음식을 전하고 오라고 함으로 나귀에 음식을 싣고 전쟁터에 나갔습니다. 다윗이 전쟁터에 도착했을 때 또 다시 골리앗이 나와 한참 시위를 하고 이스라엘을 모욕하고 협박을 하고 있었습니다.

이를 보고 분개한 다윗이 자원하여 이스라엘을 대표하여 나아가 골리앗과 싸워 물맷돌로 골리앗의 이마를 쳐서 넘어뜨리고 칼로 목을 베어 대 승전을 이스라엘에 가져다주었습니다. 사울의 군 인중 역전의 용사들도 다 겁에 질려 못하는 일을 초립 동 소년 다윗이 해낼 수 있었던 이유가 어디에 있었을까요? 오늘날 우리들도 수많은 거인 골리앗과 같은 어려움에 시달리고 있습니다. 이 거인들을 물리치고 승리하기 위하여 다윗이 이긴 승리의 비결에 우리가 귀를 기울여 보는 것이 마땅할 것입니다.

첫째, 다윗은 하나님을 향한 꿈이 있는 사람이었습니다. 다윗이 골리앗을 쳐서 물리치고 이긴 비결은 다윗의 가슴속에 그는 원대한 꿈을 품고 살았다는 것입니다. 다윗은 항상 그 마음속에 꿈을 가지고 있었습니다. 그 꿈이란 하늘과 땅과 세계와 그 가운데에 모든 것을 지으신 살아계신 하나님이 주인으로 계시고, 이 하나님이 자기를 사랑해 주시고 자기와 함께 계신다는 이것입니다. 그렇기 때문에 그는 평범한 사람이 아니라 살아계신 하나님과 더불어 사는 하나님의 사람이 되어 있었습니다.

그리고 아버지의 양을 칠 때 사자나 곰이 아버지의 양을 물고 갈 때 다윗은 살아계신 하나님이 같이 계시는 꿈을 품고 하나님을 의지하고 나아가 그들을 쳐서 죽였습니다. 감히 초립동 조그마한 소년이 사자나 곰을 대항하여 어떻게 나아갈 수 있겠습니다. 그러나 다윗은 몸은 작고키는 작았지만 그 마음속에 살아계신 하나님이 동행한다는 꿈이 있었습니다.

그 마음속에 살아계신 하나님을 주인으로 모시고 있었습니다. 하나님이 그 안에, 그가 하나님 안에 있는 꿈을 마음속에 가지고 있었기 때문에 그가 사자나 곰을 대항하여 나갈 때 자기 힘으로 나아가는 것이 아니라, 하나님과 함께 나간다는 확신을 가지고 있었던 것입니다.

그러므로 하나님을 의지하고 그는 나아가서 사자를 치고 곰을 치고 양을 입에서 빼앗아 내고 덤벼들면 수염을 잡고 쳐서 사자나 곰을 죽였는데 그것은 자기 힘으로 된 것이 아니라, 그 마음속에 꿈을 품고 있었기 때문인 것입니다. 이렇기 때문에 다윗은 골리앗을 만났을 때 그 사자나 곰 중의 하나로 보았습니다. "골리앗이 아무리 거인이라고 해도 사자와 곰처럼 우직스럽고 강하지는 않다." 그리고 다윗이 그 마음속에 살아계신 하나님의 꿈을 가지고 있고 하나님의 꿈을 품고 하나님 안에서 골리앗을 바라 볼 때 골리앗은 사자나 곰 한 마리에 불과한 것입니다. 그렇기 때문에 그는 강하고 담대하게 나아가서 하나님을 의지하여 골리앗을 쳐서 죽이고 이스라엘에 대 승리를 가지고 올 수 있었던 것입니다.

다윗이 보통 사람과 다른 것은 다윗은 그 마음속에 꿈을 품고 사는 사람인 것입니다. 그는 하나님의 꿈에 취해 있었습니다. 하나님이 내 안에 내가 하나님 안에 있다는 그 꿈을 항상 생각하고 항상 묵상하고 그 꿈속에 살았기 때문에 그는 보통 사람이 아니었습니다. 꿈꾸는 사람이었습니다. 그는 하나님의 사람이었습니다. 하나님께 취한 사람이었습니다. 그래서 하나님과 그가 함께 나감으로 말미암아 사자와 곰도 골리앗도 그를 당할 수가 없었던 것입니다. 오늘날 우리도 한가지입니다. 우리가 다 죄를 짓고 불의하고 추악하고 버림을 받아야 마땅한 인생들이지만 하나님의 부르심을 받아 갈보리 십자가 밑에 나와서 예수님을 바라보고 구원을 받고 변화된 사람인 것입니다. 그러므로 우리는 예수 그리스도의 십자가를 바라보고 우리 마음속에 꿈을 품고 살아야만 하는 것입니다. 우리 예수 믿는 사람은 꿈꾸는 사람들인 것입니다.

안 믿는 사람은 도저히 상상할 수 없습니다. 눈에 보이지 않고 귀에 들리지 않고 냄새 맡을 수 없고 맛볼 수 없고 손에 잡을 수 없는 것을 우리는 꿈을 가지고 마음속에서 바라보게 되는 것입니다. 우리는 갈보리 십자가 밑에서 예수 그리스도를 쳐다보고 우리는 그 안에서 마음속에 꿈을 품습니다. 우리의 죄가 용서받고 우리를 의롭게 해 주신 예수님을 바라보고 용서받은 의인이 되었다는 꿈을 품은 사람인 것입니다.

예수 그리스도로 말미암아 이제 하나님께로부터 멀리 떨어져 있지 아니하고 하나님의 품에 안겨 있고 하나님이 우리에게 성령을 부어주시고 우리를 사랑하고 우리와 함께 살고 우리는 하나님의 자녀가 되고 하나님의 가족이 되었다는 꿈을 마음속에 품고 사는 사람인 것입니다.

우리는 갈보리 십자가를 바라보고 주님께서 안개와 같이 모든 슬픔을 다 쓸어버리고 우리의 모든 연약함과 질병을 대신 담당해 주시고 예수로 말미암아 기쁨을 얻고 우리 마음속에 소망을 얻으며 우리가 치료받고 건강하게 된 자화상을 가지고 꿈을 품은 사람들인 것입니다. 비록 지금 내가 병들고 고통스럽고 괴로워도 그것은 현실입니다.

그러나 현실에 대적할 때 현실로 대적하면 안 됩니다. 마음에 꿈을 품고 현실을 대적해야 합니다. 아무리 눈에 아무 증거 안 보이고 귀에는 아무 소리 안 들려도 아무리 병들고 고통스럽고 관절염이 우울증이 심장병이 걸려 있어도 나는 예수를 바라보고 마음속에 꿈을 받아들인 사람인 것입니다. 예수께서 나의 약한 것을 친히 담당하시고 병을 짊어지고 가셨으므로 그리스도 안에서 나는 병을 이기고 건강하게 된 나의 모습을 꿈꾸고 살아야 하는 것입니다. 그 꿈을 품고 현실에 대결하면 꿈을 품은 자가 언제나 이깁니다. 꿈은 현실보다 강하기 때문인 것입니다.

우리는 갈보리 십자가를 바라보고 현실이 아무리 어렵고 낭패와 실망을 당하고 경제적인 고통이 있고 가난이 있고 슬픔이 있을지라도 그리스도께서 십자가에서 우리의 가난과 저주를 다 청산하시고 아브라함의 복으로 우리에게 복 주신 모습을 바라보고 이것을 마음속에 받아들이고, 나는 아브라함의 복 받은 사람이라는 꿈을 가슴속에 품어야만 되는 것입니다. 꿈은 십자가에서 얻을 수가 있는 것입니다. 꿈은 십자가에서 품을 수가 있는 것입니다. 갈보리 십자가를 바라보고 매일 매시 내 마음속에 아브라함의 축복을 받은 나의 모습을 꿈꾸고, 그 꿈을 마음속에 품고 현실의 가난과 슬픔과 저주와 불안을 대결해 나가면 꿈을 품은 자가 언제나 이깁니다. 현실은 꿈에게 지고 마는 것입니다.

현실을 현실과 부딪치면 우리가 안 되지만 현실을 꿈을 품은 사람, 꿈과 부딪히면 현실은 물러가고 꿈이 승리하는 것입니다. 그렇기 때문에 성경에 꿈이 없는 백성은 망한다는 한 이유는 꿈이 없이 현실에 대하면 망하고 맙니다. 그러나 마음속에 꿈을 품고 현실에 대하면 꿈이 현실을 정복하는 것입니다. 그리고 우리는 십자가를 바라보고 우리는 죽음에 처했을지라도 주님께서 사망과 음부를 철폐하고 부활하셔서 그리스도 안에서 우리는 부활이요, 생명인 예수 그리스도와 함께 부활하고 영생을 얻은 꿈을 가질 수가 있는 것입니다.

사망이 오더라도 우리는 영생을 얻고 천국이 우리 것이라는 꿈을 품고 있는 이상 바울 선생이 말하는 것처럼 사망아 너희이기는 것이 어디에 있느냐! 사망아 너희 쏘는 것이 어디 있느냐 사망을 능히 극복하고 이겨낼 수 있는 것은 우리 마음속에 천국과 영광의 꿈이 있기 때문인 것입니다. 언제나 아무리 현실이 고통스럽고 괴롭고 어둡고 깜깜해도 마음속에 꿈을 품고 나가는 사람 앞에는 어둠과 절망은 다 사라지고 마는 것입니다.

꿈을 잃어버렸을 때 절망이 다가오는 것이지 꿈이 있을 때는 절망하지 않습니다. 다윗이 다른 사람보다 탁월한 것은 그는 비록 교육도 없고 시골에서 양떼나 치는 조그마한 초립동 소년이었지만 그는 살아계신 하나님의 꿈을 마음속에 품은 사람이었던 것입니다. 그는 항상 하나님의 꿈 가운데 살았습니다. 하나님과 함께 있었습니다. 하나님과 함께 꿈속에 있었으므로 사자를 보아도 겁나지 않았습니다. 곰을 봐도 겁나지 않았습니다. 모든 이스라엘 역전의 용사들이 다 겁을 먹고 도망을 치는 골리앗 앞에서도 그는 겁이 나지 않았습니다.

왜 그는 꿈을 품고 있었기 때문에 하나님과 함께 있는 꿈을 품고 있으니 하나님 앞에 골리앗은 사자와 곰보다 더 못한 존재인 것입니다. 그러므로 꿈을 품고 나가자 현실은 꿈 앞에 무릎을 꿇고 마는 것입니다. 사자도 죽고 곰도 죽고 골리앗도 죽었습니다. 오늘 여러분과 제가 갈보리 십자가 밑에서 하나님이 주시는 축복의 꿈을 품고 나가면 우리의 현실의 어떤 어려움도 우리 앞에 무릎을 꿇게 되고 우리는 승리하게 되는 것입니다.

둘째, 하나님에 대한 확실한 지식이 있었습니다. 막연하게 그는 하나님을 믿은 것이 아닙니다. 시편 23편은 다윗이 그가 하나님에 대해서 알았던 모든 진리와 지식을 그려 놓은 것입니다. 다윗은 하나님이 선하신 목자인 것을 알았습니다. 하나님이 나쁜 하나님이 아니라 좋은 하나님인 것을 알았습니다. 하나님은 좋은 하나님이기 때문에 내게 부족함이 없게 하십니다. 나를 푸른 초장에 인도해 주시고 쉴만한 물가로 이끌어 주시며 내 생명을 끊임없이 소생시켜 주시고 하나님이 자기 이름을 위하여 의의 길로 인도해 주시는 참으로 좋은 목자라는 것을 그는 늘 알고 있었습니다. 하나님의 대한 지식이 그는 분명했습니다. 하나님에 대한 부정적인 생각이 없습니다.

하나님은 좋은 하나님이시다. 그러므로 내게 하나님은 좋게 해 주시기를 원하시는 하나님이라는 것을 분명한 그런 신앙의 지식을 가지고 있었습니다. 그는 환난 중에 통해도 하나님은 함께 계셔서 건지시는 하나님이시라는 것을 알았습니다. 내가 비록 사망의 음침한 골짜기로 다닐지라도 해를 두려워하지 않을 것은 주께서 함께 계심이라. 주의 지팡이와 막대가 나를 안위하시나이다. 그러므로 어떤 환난이 다가와도 하나님이 나와 같이 계시는 꿈을 품고 있기 때문에 하나님의 지팡이와 막대기가 나를 인도해서 나를 사망의 음침한 골짜기를 통해서 더 연단 받고 더 능력 있고 더 씩씩한 사람으로 나올 것을 그는 확신하고 있었습니다. 그러므로 환난이 그는 부럽지 않았습니다.

환난에 처하여서도 하나님에 대한 신앙이 뚜렷했었습니다. 그는 원수들이 쳐들어올지라도 원수의 목전에서 하나님은 진수성

찬 차리시고 내 머리에 오히려 기름을 발라 성령 충만해서 높이고 잔을 넘치게 만들어 주는 좋은 하나님이라는 것을 알았습니다. 그렇기 때문에 원수를 바라보고 두려워하지 않고 원수가 오면 원수 앞에 진수성찬 차리는 하나님을 바라보고 기뻐할 수 있는 적극적이고 긍정적이고 창조적인 신앙을 가지고 있었습니다.

또 하나님을 바라볼 때 하나님은 항상 선하시고 인자하셔서 종국적으로 그를 천국 아버지 집에 데려가서 영원히 살게 할 것이라는 확실한 지식을 가지고 있었던 것입니다. 우리가 하나님에 대한 분명한 지식을 갖지 못하고 하나님이 좋은 하나님인지 나쁜 하나님인지를 분별하지를 못하고 내 마음속에 의심을 가지고 있고 환난에 처하게 될 때 하나님이 나를 버렸나보다 원망하고 탄식하고 불평하고 원수가 오면 겁이 나서 도망을 치고 정말 천국이 있을 것이냐! 없을 것이냐! 마음에 불안정을 가지고 있으면 담대한 신앙으로 승리할 수 없습니다. 다윗과 같이 하나님에 대한 분명한 지식을 가지고 있어야 되는 것입니다.

하나님이 우리와 같이 계시는 분명한 지식을 가지고 있으면 우리는 요동치 않습니다. 우리 모든 교회의 교인들은 하나님에 대한 분명한 지식을 예수 그리스도의 십자가에서 우리는 가지고 있는 것입니다. 우리 하나님은 예수 그리스도를 통해서 우리를 용서하고 의롭게 하시고 우리와 화목케 하시고 성령과 사랑을 부어 주시고 십자가를 통하여 우리를 기쁘게 하시고 우리 병을 제하시고 마귀를 멸하시고 십자가를 통하여 저주와 가난을 물리치시고 아브라함의 복을 주시며 천국과 영생을 주시기 위해서 대속의 은 총을 베풀어주신 것을 우리는 잘 알고 있는 것입니다.

그래서 사랑하는 자여! 내 영혼이 잘 됨같이 내가 범사에 잘 되며 강건하기를 간구하노라는 아버지의 종국적인 뜻을 우리는 너무나 분명히 알고 있는 것입니다. 하나님에 대해서 온전한 지식을 아는 사람만이 어떠한 일에도 이겨 나갈 수가 있는 것입니다. 하나님에 대한 온전한 지식을 알지 못하고 희미하여 오른편도 왼편도 아니고 중도도 아닌 방황하는 이러한 신앙을 가지고 있으면 결코 성공할 수가 없는 것입니다.

셋째, 다윗은 믿음의 사람이었습니다. 믿음이란 환경이나 감각을 초월하여 하나님과 하나님의 말씀을 믿는 것을 말합니다. 사람은 눈으로 보는 것을 믿고 귀를 듣는 것을 믿고 냄새 맡고 맛보고 손으로 만지는 환경을 믿습니다. 그러므로 환경으로 좋아지면 할렐루야를 하고 환경이 어려워지면 좌절을 합니다. 그러나 우리 예수 믿는 사람은 그렇게 하는 것이 아닙니다. 그런 것은 육체적인 감각적인 믿음입니다. 우리는 신령한 믿음을 가지고 있습니다. 신령한 믿음이란 하나님을 믿는 것입니다. 죽은 자를 살리시며 없는 것을 있게 하신 하나님을 믿는 것입니다. 창조주 하나님을 믿고 하나님의 약속을 믿습니다.

그래서 하나님과 하나님의 약속을 바라보고는 육체적으로는 감각적으로 눈에는 아무 증거 안 보이고 귀에는 아무 소리 안 들리고 손에는 잡히는 것은 없어도 거기에 흔들리지 않습니다. 우리는 보는 것으로 행하지 아니하고 믿음으로 행하는 것입니다. 하나님을 바라보고 하나님 말씀에 의지해서 사는 이것이 믿음인 것입니다. 그러므로 믿음이란 환경의 협박에 두려워하지 않고 담대히 신앙 고백을 하면서 살아 나가는 것입니다.

다윗을 보십시오. 다윗이 골리앗을 대항하여 나아갈 때 골리앗이 간담이 서늘하게 무시무시한 협박을 했습니다. 그는 키가 구척장신이었습니다. 그는 귀가 크고 눈이 종달만했습니다. 그는 산이 쩌렁쩌렁 울리는 소리로 다윗을 향해서 저주를 했습니다. "블레셋 사람이 다윗에게 이르되, 네가 나를 개로 여기고 막대기를 가지고 내게 나왔느냐 하고 그 신들의 이름으로 다윗을 저주하고 또 이르되, 내게로 오라 내가 네 고기를 공중의 새들과 들짐승에게 주리라." 얼마나 간담이 서늘합니까? 그럼에도 불구하고 다윗은 하나님을 믿고 하나님의 말씀을 믿었기 때문에 환경이나 골리앗 같은 것을 바라보고 두려워하지 아니하였습니다. 다윗은 살아 계신 하나님이 입술을 사용하고 있었습니다.

사무엘상 17장 45절로 47절에 보면 "다윗이 블레셋 사람에게 이르되 너는 칼과 창과 단창으로 내게 오거니와 나는 만군의 여호와의 이름 곧 네가 모욕하는 이스라엘 군대의 하나님의 이름으로 네게 가노라. 오늘 여호와께서 너를 내 손에 붙이시리니 내가 너를 쳐서 네 머리를 베고 블레셋 군대의 시체로 오늘날 공중의 새와 땅의 들짐승에게 주어 온 땅으로 이스라엘에 하나님이 계신 줄 알게 하겠고 또 여호와의 구원하심이 칼과 창에 있지 아니함을 이 무리로 알게 하리라 전쟁은 여호와께 속한 것인즉 그가 너희를 우리 손에 붙이시리라" 하나님께서 다윗의 입술을 통하여 골리앗에게 선포한 것입니다. 다윗이 골리앗에게 선포한 말은 하나님의 예언의 말씀입니다.

사람이 마음에 믿어서 의에 이르고 입으로 시인하여 구원에 이른다고 말씀한 것입니다. 우리가 마음속에 하나님을 믿으면 우리 마음속에 원수 앞에서 강하고 담대한 신앙 고백을 해야 되는 것입니다. 다윗은 성령께서 감동하시는 대로 강하고 담대하게 선포를 했고 이 신포를 통해서 하나님의 성령이 역사한 것입니다.

오늘날 수많은 사람들이 입으로 자꾸 신앙을 부정합니다. "나는 못해요. 나는 안 돼요. 할 수 없어요. 망했어요. 능력이 없어요. 나는 패해요." 이와 같은 부정적인 말을 합니다. 이것은 원수에게 박수를 쳐주는 것입니다. 원수에게 함께 합작을 해 주는 것입니다. 그러므로 원수가 더 힘을 얻지요. 원수는 자기 말에 동의해 주고 원수에 동참을 해 주니까 원수야 더 힘을 얻지요. 그래서 수많은 사람들이 하나님을 믿다가 입술의 잘못된 부정적인 고백으로 말미암아 오히려 원수 앞에 무릎을 꿇게 되고 원수에게 짓밟히고 마는 것입니다. 우리는 마음속에 믿었으면 그 믿음을 눈에는 아무 증거 안 보이고 귀에는 아무 소리 안 들리고 손에는 잡히는 것 없어도 강하고 담대하게 선포를 해야만 하는 것입니다. 그러므로 삶 속에 성령의 감동을 놓치면 안 됩니다. 성령의 감동에 따라 순종할 때 기적이 일어나는 것입니다.

사람이 믿음이 있는가, 없는가를 알려면 그 입에서 나오는 말을 들어보면 압니다. 입술의 말에 담대함 나오면 믿음이 있는 사람입니다. 그러나 입술의 말에 부정적인 말들이 나오면 신앙이 없는 사람인 것입니다. 아브라함은 그 나이가 85세 때에 하나님이 자식 주실 것을 말씀했을 때 그는 믿었습니다. 하나님께서 그를 밤에 데리고 가서 하늘의 별들을 헤아리게 하고 꿈을 갖게 하고 네 자식이 저와 같이 많을 것이라고 할 때 그는 믿었습니다. 그리고 난 다음에 그는 강하고 담대하게 그 믿음을 믿고 선포했습니다. 85세에 하나님께서 꿈을 보여 주었지만 100살이 될 때까지 그는 아직 아들을 얻지 못했습니다. 그러나 그는 믿음을 잃지 않고 계속적으로 고백을 계속했습니다. 그는 이름이 아브람이 아브라함, 즉 많은 민족의 조상이요, 그 아내 사래가 사라로, 즉 여주인으로 이름이 바뀌었습니다.

그래서 그들은 85세부터 시작해서 장작 15년까지 계속해서 늘 믿음을 가지고 고백했습니다. "나는 많은 민족의 조상이다. 내 아내는 여주인이다." 이와 같이 그는 끊임없이 믿음의 고백을 하고 그 믿음대로 하나님이 100세 되었을 때 아들을 주었던 것입니다.

그러므로 우리들은 다윗과 같이 강하고 담대한 신앙의 사람이 되어야 하는 것입니다. 그러기 위해서 성령의 인도를 받아야 합니다. 성령님께 사로잡혀야 합니다. 살아계신 하나님께서 자신의 주인으로 마음 성전에 임재 하여 계신다는 믿음을 선포해야 합니다. 우리 예수 믿는 사람은 이 세상 떡으로만 사는 것이 아니요, 하나님 입으로 나오는 모든 말씀으로 삽니다. 우리는 믿음으로 행하고 보는 것으로 행하지 않습니다. 그렇기 때문에 성령님의 감동하심을 강하고 담대하게 선포 할 수 있어야 되는 것입니다.

넷째, 다윗은 강하고 담대한 사람이었습니다. 담력이 없으면 초립동 소년이 사자나 곰을 대항하여 싸울 수가 없습니다. 살아계신 하나님께서 함께 하신다는 마음에 담력이 있기 때문에 용감해서 사자나 곰을 향해서 나아갈 수 있는 것입니다. 골리앗을 사자나 곰과 같이 하나님께서 죽인다는 담력이 없이는 블레셋의 거인을 향하여 물맷돌만 가지고서 대적해 나아갈 수가 없습니다. 떨려서 어떻게 나갑니까? 그러나 그는 스스로에게 힘을 주고 용기를 주어서 강하고 담대한 신앙을 가지게 된 것입니다.

오늘 다윗은 골리앗을 하나님의 이름으로 쓰러지게 합니다. 블레셋 사람들에게 하나님의 살아계심을 증명한 것입니다. "블레셋 사람이 일어나 다윗에게로 마주 가까이 올 때에 다윗이 블레셋 사람을 향하여 빨리 달리며, 손을 주머니에 넣어 돌을 가지고 물매로 던져 블레셋 사람의 이마를 치매 돌이 그의 이마에 박히니 땅에 엎드러지니라. 다윗이 이같이 물매와 돌로 블레셋 사람을 이기고 그를 쳐 죽였으나 자기 손에는 칼이 없었더라. 다윗이 달려가서 블레셋 사람을 밟고 그의 칼을 그 칼집에서 **빼내어** 그 칼로 그를 죽이고 그의 머리를 베니 블레셋 사람들이 자기 용사의 죽음을 보고 도망하는지라(삼상 17:48-51)"

다윗에게는 칼도 없었고 창도 없었습니다. 다윗은 순수하게 하나님의 이름으로 물맷돌로 골리앗을 쓰러지게 하고, 골리앗의 칼로 목을 자릅니다. 골리앗은 자기 칼로 자기의 목이 잘린 것입니다. 하나님께서 그렇게 하신 것입니다. 다윗은 오늘 하나님의 살아계심을 블레셋 사람들에게 분명하게 증명한 것입니다.

하나님께서는 다윗과 같이 이방사람들에게 하나님의 살아계심을 증명할 사람을 찾고 계십니다. 지금 세상에도 하나님의 살아계심을 증명하고 말하는 이방인들이 있습니다. 우리는 이들에게 하나님의 살아계심을 증명해야 합니다. 어떻게 하면 증명할 수가 있겠습니까? 다윗과 같이 체험적이고 실제적인 믿음이 되어야합니다. 말씀을 지식적으로 아는 관념적인 신앙으로는 세상에 하나님의 살아계심을 증명할 수가 없습니다.

다윗과 같이 체험해야 합니다. 살아계신 하나님께서 동행하고 계신다는 확고한 믿음이 있어야 합니다. 자신 앞에 일어나는 문제는 하나님께서 해결하신다는 믿음이 있어야 합니다. 자신은 하나님께 기도하여 지혜를 받아 순종하면 어떠한 문제라도 살아계신 하나님께서 해결하신다는 체험이 있어야 합니다. 기독교는 말씀을 아는 것으로 끝나는 죽은 종교가 아니고 말씀을 삶에 적용하여 체험함으로 믿음이 자라는 살아있는 생명의 종교입니다. 체험해야 하나님의 살아계심을 증명할 수가 있습니다. 우선 성령으로 세례를 받는 체험부터 해보시기를 바랍니다.

17장 하나님의 자녀가 부르짖어 기도할 때

(출2:23~25)"여러 해 후에 애굽 왕은 죽었고 이스라엘 자손은 고된 노동으로 말미암아 탄식하며 부르짖으니 그 고된 노동으로 말미암아 부르짖는 소리가 하나님께 상달된지라. 하나님이 그들의 고통 소리를 들으시고 하나님이 아브라함과 이삭과 야곱에게 세운 그의 언약을 기억하사, 하나님이 이스라엘 자손을 돌보셨고 하나님이 그들을 기억하셨더라"

하나님께서는 택한 자들이 부르짖어 기도할 때 외면하지 않으시고 응답하여 주십니다. 단 찾고 찾아서 영적인 상태가 되어야 영이신 하나님께서 들으시고 하나님의 사람을 보내주십니다. 오늘 이스라엘 민족도 이런 걱정과 근심 가운데 있었습니다. 애굽 사람들의 고역에 시달리고 있었습니다. 하루하루 사는 것이 말이 아니었습니다. 정말 사는 것이 말아 아니었습니다. 그때야 하나님이 계신다는 것을 깨닫습니다. 구원할 분은 하나님뿐이라는 것을 알았습니다. 열심히 하나님께 부르짖었습니다. 마침내 하나님께서 이들을 돌보셨고, 기억하셨습니다. "여러 해 후에 애굽 왕은 죽었고 이스라엘 자손은 고된 노동으로 말미암아 탄식하며 부르짖으니 그 고된 노동으로 말미암아 부르짖는 소리가 하나님께 상달된지라(출2:23)"

오늘 이스라엘 백성들은 큰 고통 가운데 있습니다. 이스라엘 백성들이 요셉을 반대하는 정치세력 때문에 더 이상 번성하지 못하도록 각종 정책으로 박해를 하고 억압을 합니다. 위험하고 힘든 일을 아주 많이 시키거나 아이를 많이 낳지 못하게 하면서 더 이상 그 사람 수가 늘어나지 못하도록 인구 억제정책들을 씁니다. 그래서 국고성 비돔과 라암셋을 건축하는 일에 노예처럼 학대하며 동원시킵니다. 국고성 비돔이라는 것은 나라의 재산들을 모아두는 곳이고, 라암셋은 태양신을 모시는 성전이었습니다.

말만 들어도 엄청난 것입니다. 당시 이집트는 미국이나 중국같이 아주 큰 나라였습니다. 이런 나라의 재산을 모아두는 창고이니 얼마나 크고 단단한 것이었겠습니까? 또 이집트 사람들이 모시는 최고의 신인데 얼마나 멋지게 성전을 지었겠습니까? 예전에는 자신들의 신들이 최고라는 것을 보이기 위해 아주 화려하고 웅장하게 성전을 지었습니다. 이 일을 한 가지도 아니고 두 가지나 모두 이스라엘 사람들에게 시켰습니다.

이렇게 극심한 육체적 고통은 그런 대로 참을 수 있었습니다. 그러나 더 엄청난 고통은 정신적인 고통이었습니다. 무슨 이야기인가 하면 총리대신 요셉의 자손들로서 비옥한 고센 땅을 받아서 그동안 쭉 아무 걱정 없이 중산층의 인생을 살다가 어느 날 갑자기 노예로 전락하고 자기의 아들들이 죽임을 당하고 딸들이 팔려가는 것은 참으로 큰 고통이었습니다.

"그럼 이 고통은 언제면 끝날 수 있을까?" 그래! "요셉을 모르는 바로 왕이 죽으면 이것이 끝나는 것이 아닌가?" 이스라엘 민족들은 이렇게 생각했습니다. 그런데 23절을 보니, 이집트 왕이 죽었어도 그 고통은 끝나지 않았습니다. 이집트 왕만 죽으면 이 육체적 정신적 고통이 끝날 줄 알았는데 말입니다. 앞날이 깜깜했습니다. 이에 이스라엘민족들은 어떻게 했습니까? 부르짖었습니다. 고난을 당하다가 보니 하나님이 생각난 것입니다.

'자아크'라는 원어를 가진 이 '부르짖다'라는 뜻은 '함께 모이다'라는 말뜻도 있습니다. 그러므로 정확한 말뜻은 "무리가 함께 모여 한뜻으로 구해달라고 하나님께 부르짖었다"는 것입니다. 막다른 상황에 부딪치니 절규하며 외쳤다는 것입니다! 너나 할 것 없이 모두 하나님께 부르짖었다는 것입니다. '우리를 구원할 분은 하나님밖에 안 계신다.' 사람들은 절망 가운데 있을 때 가룟유다 스타일과 베드로 스타일이 있습니다. 가룟유다 스타일은 완전한 절망과 죄책감에 빠져있을 때 스스로 구원의 기회도 놓치고 자기의 목숨을 끊는 사람들입니다.

최근에 많은 사람들이 너무 가난해서, 너무 절망해서, 너무 힘들어서 자살을 합니다. 예전에는 혼자 죽었는데, 요즘은 죄 없는 어린 자식들도 함께 데려가기도 합니다. 이런 사람들은 참으로 안타깝고 어리석다 할 수 밖에 없습니다. 그러나 베드로 스타일의 사람들은 하나님께 힘들면 힘들수록 붙듭니다. 자신의 죄 때문에 괴롭고 고통스럽다할지라도 더 부르짖습니다. 구원해 달라고 애원합니다. 이러한 사람들은 기회를 얻습니다. 희망이 있습니다. 이스라엘 민족들처럼 어떻게든 살아보겠다고 노력하는 사람들은 길을 만들어 냅니다. 그래서 하나님께 함께 힘을 다하여 부르짖었습니다. 구해달라고 살려달라고 간절히 기도했습니다. 그렇게 했더니 어떻게 되었습니까? 출애굽기 2장 24절입니다.

"하나님이 그들의 고통 소리를 들으시고 하나님이 아브라함과 이삭과 야곱에게 세운 그의 언약을 기억하사" 그렇습니다. 부르짖는 기도는 영이신 하나님을 움직입니다.

첫째, 기도를 들으신 하나님. 이스라엘 백성이 부르짖으므로 하나님께서 들으셨습니다. 찾고 찾으면서 부르짖어 기도하니 이스라엘 사람들이 영적인 상태가 된 것입니다. 영적인 상태로 부르짖는 기도를 영이신 하나님께서 들으시고는 아브라함에게 약속하신 언약들을 생각하셨습니다. 그럼, 하나님께서는 어떤 언약을 기억하고 계셨습니까? 아브라함의 하나님, 이삭의 하나님, 야곱의 하나님이라는 언약입니다. 이 세 조상에게 약속하신 그 축복의 약속을 말합니다. 이 약속은 마치 부모와 자식 간의 약속보다 더 끈끈한 것입니다. 얼마나 끈끈한 것입니까?

이렇게 구원의 약속을 기억하시는 하나님을 의지하고 부르짖으면 어떻게 됩니까? 25절입니다. 출애굽기 2장 25절에 보니 "하나님이 이스라엘 자손을 돌보셨고 하나님이 그들을 기억하셨더라" 하나님께서 이스라엘 사람들의 기도를 들으시고 구원하기로 작정하십니다. 모세를 불러서 이스라엘 사람들을 구원하기 위해 보냅니다. "이제 내가 너를 바로에게 보내어 너에게 내 백성 이스라엘 자손을 애굽에서 인도하여 내게 하리라. 모세가 하나님께 아뢰되 내가 누구이기에 바로에게 가며 이스라엘 자손을 애굽에서 인도하여 내리이까(출 3:10-11)"

모세에게 이렇게 말씀하십니다. 출애굽기 3장 7절로 9절에

"여호와께서 가라사대 내가 애굽에 있는 내 백성의 고통을 정녕히 보고 그들이 그 간역자로 인하여 부르짖음을 듣고 그 우고를 알고 내가 내려와서 그들을 애굽인의 손에서 건져내고 그들을 그 땅에서 인도하여 아름답고 광대한 땅, 젖과 꿀이 흐르는 땅 곧 가나안 족속, 헷 족속, 아모리 족속, 브리스 족속, 히위 족속, 여부스 족속의 지방에 이르려 하노라 이제 이스라엘 자손의 부르짖음이 내게 달하고 애굽 사람이 그들을 괴롭게 하는 학대도 내가 보았으니"

당연히 하나님께서 말씀하셨습니다. "내 백성 이스라엘을 애굽에서 인도하여 젖과 꿀이 흐르는 땅으로 데리고 가겠다." 그러므로 그 과정에 일어나는 일들은 이미 하나님께서 책임지신다는 것을 알아야 됩니다. 하나님이 책임 안지시면 어떻게 애굽에서 젖과 꿀이 흐르는 가나안 땅으로 인도하겠다고 말씀하겠습니까? 그들이 홍해수가에 왔을 때 큰 위기에 봉착했습니다. 애굽의 바로 왕이 대 군대를 거느리고 도로 그들을 사로잡으러 왔고 앞에는 창열한 홍해수가 막혀 있었습니다. 그러함에도 불구하고 이스라엘 백성은 두려워하지 말아야만 되었습니다.

왜냐하면 하나님께서 젖과 꿀이 흐르는 땅으로 인도하시겠다고 하셨으므로 그 과정에 홍해수가 막혔다고 할지라도 그 문제는 이스라엘 백성이 책임질 것이 아니라, 하나님이 책임져 주실 것을 알아야 하는 것입니다. 이스라엘 백성은 지식과 믿음이 없어 당황했으나 모세는 이미 미래를 알고 믿고 있었습니다. 모세는 눈에는 아무 증거 안보이고 귀에는 아무소리 안 들리고 손에는 잡히는 것 없어도 하나님께서 가나안까지 데리고 가겠다고 하셨으니 홍해가 아무리 가로막고 애굽의 대군대가 습격을 해와도 이 문제는 하나님이 해결할 것이다. 지식이 없고 이를 믿지 않는 이스라엘 백성은 당황하고 혼비백산하고 부르짖어 모세야 애굽에 장지가 없어서 우리를 이곳에 이끌어 내어 죽이려고 하니 했지만 모세는 이 지식을 가지고 있었기 때문에 그는 담대하게 말했습니다.

출애굽기 14장 13절로 14절에 "너희가 오늘 본 애굽 사람을 또 다시는 영원히 보지 못하리라 여호와께서 너희를 위하여 싸우시리니 너희는 가만히 있을지니라" 너희가 할일이 무엇이냐, 가만히 하나님을 바라보고 믿고 있으면 하나님이 책임져 주실 것인데. 왜 호들갑을 떨고 야단법석을 하느냐. 우리가 하나님의 말씀을 알고 믿으면 미래를 당황할 필요가 없는 것입니다. 그들이 수루광야로 들어가서 사흘 길을 걸어도 마실 물이 없었습니다. 또 이스라엘 백성은 당황했습니다. "모세야 물을 다오. 우리를 광야에서 목말라 죽겠다하겠느냐?" 하나님이 책임질 것 같으면 하나님을 믿고서 견뎌야합니다. 그런데 모세는 하나님께서 문제를 해결할 것을 알고 있었습니다. 그 방법은 하나님이 아시지 우리가 알 필요가 없습니다.

예레미야 33장 3절에 "너는 내게 부르짖으라. 내가 네게 응답하겠고 네가 알지 못하는 크고 은밀한 일을 네게 보이리라"했습니다. 우리가 알 필요 없습니다. 하나님이 아시기 때문에 하나님은 가나안까지 인도해 가시므로 중간에서 일어나는 여러 가지 문제와 장애물은 해결할 수 있는 것입니다.

출애굽기 15장 25절에 "모세가 여호와께 부르짖었더니 여호와께서 그에게 한 나무를 지시하시니 그가 물에 던지매 물이 달아졌더라. 거기서 여호와께서 그들을 위하여 법도와 율례를 정하시고 그들을 시험하실 쌔" 하나님이 해결하십니다. 하나님께서는 우리가 가는 모든 길에 이미 해결책을 가지고 계십니다. 하나님 말씀을 믿었으면 하나님을 기다릴 줄 알아야 하는 것입니다. 이미 해결되어 있다는 지식과 믿음은 인간이 가져야만 하는 것입니다. 하나님이 해결 안하고 어떻게 젖과 꿀이 흐르는 가나안 땅으로 3백만 이스라엘 백성을 데리고 가겠습니까? 중간에 어려운 문제가 생긴다고 하나님이 손 털어 버리고 하나님이 뒤로 돌아선다면 그건 하나님이 하시는 일이 아닙니다. 홍해수도 하나님은 문제를 당했을 때 갈라 놓으시고 수루광야의 물도 달게 하는 것은 젖과 꿀이 흐르는 땅까지 인도하겠다는 하나님의 약속을 이루시기 위한 것입니다.

시편 55편 22절에 "네 짐을 여호와께 맡겨 버리라 너를 붙드시고 의인의 요동함을 영영히 허락지 아니하시리로다"라고 말씀하신 것입니다. 그들이 광야를 지나면서 경험할 식량의 결핍과 물이 없는 것과 건강의 문제 등 산적한 문제의 해답은 하나님께 있었고 인간은 하나님을 알고 믿고 인내만 하면 되는 것입니다. 자꾸 하나님의 할일을 자기들이 앞서서 해결하겠다고 발버둥을 치고 원망하고 불평해서는 안 됩니다. 하나님이 하시겠다는 일은 하나님이 책임져 주시는 것입니다. 문제에 당면하면 하나님께 기도하여 하나님의 지혜를 받아 순종하면 해결이 됩니다.

　신명기 8장 1절로 2절에 "내가 오늘날 명하는 모든 명령을 너희는 지켜 행하라 그리하면 너희가 살고 번성하고 여호와께서 너희의 열조에게 맹세하신 땅에 들어가서 그것을 얻으리라 네 하나님 여호와께서 이 사십년 동안에 너로 광야의 길을 걷게 하신 것을 기억하라 이는 너를 낮추시며 너를 시험하사 네 마음이 어떠한지 그 명령을 지키는지 아니 지키는지 알려하심이라" 하나님을 알고 그 명령을 지키면 그 다음일은 하나님이 약속하신 데로 다 행하시는 것입니다. 그러나 백성들은 사사건건 불신하고 원망하고 불평했습니다.

　모세는 백성들에게 늘 말했습니다. "너희 하나님이 출발 때부터 벌써 가나안땅까지 데리고 가겠다고 말씀하셨기 때문에 그 과정에 비단길을 걸어가겠다는 약속은 하지 않았다. 시험과 환란과 어려움이 많이 다가올 것은 당연한 이치다. 그러나 그 문제는 하나님의 능력으로 해결할 것이기 때문에 알고 믿고, 기다리라"고 그렇게 당부를 해도 백성들은 문제가 생기면 하나님에 대한 지식을 잊어버리고 믿음을 포기하고 사사건건이 좌절하고 절망했습니다. 아무 것도 스스로 할 수 없는 사람이기 때문입니다.

　신명기 1장 32절로 33절에 "이 일에 너희가 너희 하나님 여호와를 믿지 아니하였도다. 그는 너희 앞서 행하시며, 장막 칠 곳을 찾으시고 밤에는 불로, 낮에는 구름으로 너희의 행할 길을 지시하신 자니라." 하나님은 앞길을 훤하게 보시고 우리를 인도하십니다. 민수기 14장 27절로 29절에 "나를 원망하는 이악한 회중을 내가 어느 때까지 참으랴 이스라엘 자손이 나를 향하여 원망하는바 그 원망하는 말을 내가 들었노라. 그들에게 이르기를 여호와의 말씀에 나의 삶을 가리켜 맹세하노라. 너희 말이 내 귀에 들린 대로 내가 너희에게 행하리니, 너희 시체가 이 광야에 엎드러질 것이라. 너희 이십세 이상으로 계수함을 받은 자 곧 나를 원망한 자의 전부가"고 말했습니다. 아무리 하나님께서 인도하신 이후에도 원망하고 불평하고 탄식하고 반항하니 하나님께서 그들을 광야에서 멸하겠다고 말씀하신 것입니다.

둘째, 하나님은 우리 위해 모든 것을 예비하셨다. 하나님께서 우리의 앞길에 일어날 모든 것을 예비해 두셨습니다. 우리는 믿음으로 누리면 되는 것입니다. 하나님이 우리를 위해 예비해 놓으신 모든 것은 우리가 눈으로 보지 못하고 귀로 듣지 못하고 마음으로도 생각지 못했다고 말한 것입니다. 하나님의 약속은 변치 않습니다. 하나님의 능력은 믿어야 됩니다. 안심하고 따라가야 되는 것입니다. 예수님은 십자가에서 여섯 시간 고난당하신 후에 내가 다 이루었다 외치시고 운명하였습니다. 예수님이 무엇을 다 이루었습니까? 십자가에서 주님이 내가 다 이루었다고 외치실 때 반드시 이룬 것이 있을 것 아닙니까? 무엇을 다 이루었습니까? 그걸 알아야 될 것 아닙니까? 그냥 십자가만 쳐다보고 찬송만 부를 것이 아니라 십자가에서 무엇을 다 이루신지 알아야 될 것 아닙니까? 예수님은 십자가에서 죄 사함과 우리에게 의로움과 영광을 허락하는 것을 이미 다 이루어 놓으셨습니다. 십자에서 주님이 우리의 태어나서 죽을 때 까지 모든 죄를 다 용서하시고 죄의 옷을 벗기시고 하나님의 의의 옷을 입히시고 영광을 허락하신 이 역사를 다 이루어 놓았다.

고린도후서 5장 21절에 "하나님이 죄를 알지도 못하신 자로 우리를 대신하여 죄를 삼으신 것은 우리로 하여금 저의 안에서 하나님의 의가 되게 하려 하심이니라"고 말씀을 하고 있는 것입니다. 에베소서 2장 8절로 9절에 "너희가 그 은혜를 인하여 믿음으로 말미암아 구원을 얻었나니 이것이 너희에게서 난 것이 아니요, 하나님의 선물이라 행위에서 난 것이 아니니 이는 누구든지 자랑치 못하게 함이니라."고 말했었습니다. 이미 다 이루어 놓았으니 어떻게 할까요? 이미 다 이루어 놓은 것 가지고 왜 안 해 주십니까? 어디 있습니까? 고함치지 말고 이루어 놓은 것 우리가 믿음으로 받아만 들이면 되는 것입니다. 거룩함과 성령 충만을 주님이 다 이루어 놓으셨습니다.

디도서 3장 6절로 7절에 "성령을 우리 구주 예수 그리스도로 말미암아 우리에게 풍성히 부어 주사 우리로 저의 은혜를 힘입어 의롭다 하심을 얻어 영생의 소망을 따라 후사가 되게 하려 하심이라"고 말씀하셨습니다. 이미 십자가에서 우리에게 거룩함과 성령 충만을 이루어 놓으셨으므로 믿음으로 거룩함을 구하고 믿음으로 성령 충만을 구하면 우리에게 이미 이루어 놓은 데로 허락해 주시는 것입니다. 이루어 놓으신 것입니다. 치료도 다 이루어 놓았습니다.

베드로전서 2장 24절에 "친히 나무에 달려 그 몸으로 우리 죄를 담당하셨으니 이는 우리로 죄에 대하여 죽고 의에 대하여 살게 하려 하심이라 저가 채찍에 맞음으로 너희는 나음을 얻었나니"라고 말씀한 것입니다. 이미 나음을 입었는데 우리가 왜 그것을 취하지 못할 것입니까? 주님께서는 저주에서 해방을 다 이루어 놓았습니다. 갈라디아서 3장 13절로 14절에 "그리스도께서 우리를 위하여 저주를 받은바 되사 율법의 저주에서 우리를 속량하셨으니 기록된바 나무에 달린 자마다 저주 아래 있는 자라 하였음이라 이는 그리스도 예수 안에서 아브라함의 복이 이방인에게 미치게 하고 또 우리로 하여금 믿음으로 말미암아 성령의 약속을 받게 하려 함이니라" 성경은 말씀하고 있는 것입니다. 모두 다 이루어 놓았어요. 고린도후서 8장 9절에 "우리 주 예수 그리스도의 은혜를 너희가 알거니와 부요하신 자로서 너희를 위하여 가난하게 되심은 그의 가난함을 인하여 너희로 부요케 하려 하심이니라" 다 이루어 놓았습니다.

디엘 무디 목사님이 말씀하기를 "나는 종종 하나님의 풍성한 식탁에서 하나님의 자녀들이 격에 맞지 않게 하찮은 것만 구하는 것을 보았다"고 말했습니다. 하나님이 식탁에 풍성하게 예비해 놓았는데 식탁에 앉은 자녀들이 그 풍성한 것은 누리지 아니하고 하찮은 것만 달라고 구하고 있다고 탄식한 것입니다. 부활과 천국도 이미 다 이루어 놓았습니다. 요한복음 14장 1절로 3절에 "너희는 마음에 근심하지 말라 하나님을 믿으니 또 나를 믿으라. 내 아버지 집에 거할 곳이 많도다. 그렇지 않으면 너희에게 일렀으리라 내가 너희를 위하여 처소를 예비하러 가노니 가서 너희를 위하여 처소를 예비하면 내가 다시 와서 너희를 내게로 영접하여 나 있는 곳에 너희도 있게 하리라"고 말씀하셨습니다. 예비 된 것 아닙니까?

고린도후서 5장 1절에도 "만일 땅에 있는 우리의 장막 집이 무너지면 하나님께서 지으신 집 곧 손으로 지은 것이 아니요 하늘에 있는 영원한 집이 우리에게 있는 줄 아나니"라고 하셨습니다. 그렇기 때문에 죽음이 다가와도 두려워하지 않는 것은 하나님께서 이미 우리 앞서서 우리에게 영원히 있을 곳을 예비해 놓고 계신다는 것입니다.

셋째, 문제는 우리의 이해와 믿음에 있다. 우리들이 너무나 하나님의 말씀을 모릅니다. 이스라엘 백성들처럼 알지 못하고 믿지 못하면 당황하고 절망하게 되고 원망하고 불평하게 되어서 나중에 심판을 받게 되는 것입니다. 시편 81편 10절로 11절에 "나는 너를 애굽땅에서 인도하여 낸 여호와 네 하나님이니 네 입을 넓게 열라 내가 채우리라 하였으나 내 백성이 내 소리를 듣지 아니하며 이스라엘이 나를 원치 아니하였도다."고 했습니다. 채우려고 해도 입을 안 여는데 어떻게 합니까?

고린도전서 10장 10절로 11절에 "저희 중에 어떤 이들이 원망하다가 멸망시키는 자에게 멸망하였나니 너희는 저희와 같이 원망하지 말라 저희에게 당한 이런 일이 거울이 되고 또한 말세를 만난 우리의 경계로 기록하였느니라." 그렇기 때문에 우리는 진리를 알지니 진리를 너희를 자유롭게 하리라는 말씀대로 하나님의 뜻을 알아야 됩니다. 이미 하나님의 뜻을 알면 그 다음 과정은 하나님이 책임지시는 것입니다. 하나님께서 우리를 보고 너를 부산까지 데리고 가겠다고 그렇게 말씀하셨으면 부산까지 가는데 필요한 모든 것은 하나님이 책임져 주시는 것입니다. 왜 천안에 가서 배고플 때 뭘 먹을까? 대전에 가서 어떻게 할까? 걱정할 필요가 어디 있습니까? 주님이 부산까지 데리고 가겠다면 그 다음에 일어나는 과정은 책임져 주시는 것입니다. 우리는 기도하여 하나님께 받아서 누리면 되는 것입니다.

고린도전서 2장 9절로 10절에 "기록된바 하나님이 자기를 사랑하는 자들을 위하여 예비하신 모든 것은 눈으로 보지 못하고 귀로도 듣지 못하고 사람의 마음으로도 생각지 못하였다 함과 같으니라. 오직 하나님이 성령으로 이것을 우리에게 보이셨으니 성령은 모든 것 곧 하나님의 깊은 것이라도 통달하시느니라." 천지만물과 에덴을 하나님은 예비하여 놓으시고 아담을 지으셨습니다. 구주 예수 그리스도를 예비하셔서 우리 구원을 다 주님께서 준비해 놓고 우리를 믿으라하셨습니다. 신천 신지, 새 예루살렘을 예비하시고 난 다음에 주님께서 영원한 천국에 들어오라고 말씀하지 않았어요? 하나님은 예비하시는 하나님이 되신 것입니다. 그러므로 이 진리를 알아야 됩니다. 믿음이 있어야 합니다. 예수 그리스도로 말미암아 모든 저주와 죽음이 사라지고 그를 믿는 자에게는 영광과 자유가 주어졌습니다. 그러나 이 진리를 모른 체 아직도 속박의 삶을 살고 있는 자들이 많이 있습니다.

그러므로 진리를 알아야 됩니다. 갈라디아서 5장 1절에 "그리스도께서 우리로 자유롭게 하려고 자유를 주셨으니 그러므로 굳세게 서서 다시는 종의 멍에를 메지 말라"고 했습니다. 우리는 항상 약속의 땅을 바라보아야 됩니다. 하나님이 약속한 것을 늘 바라봐야 됩니다. 현실을 바라보고 불평하지 마십시오. 이스라엘 백성이 광야를 자꾸 바라봤는데, 사막을 바라보고 고통을 바라보았는데 그래서 불평하는데 젖과 꿀이 흐르는 땅을 바라보고 목표를 바라보고 어려움이 다가와도 하나님이 기적적으로 또 우리를 건너게 할 것이라고 믿고 감사를 해야 될 것이지 잘못 바라보면 안 됩니다. 우리도 약속의 땅을 바라봐야 됩니다.

믿음은 말씀을 믿는 것이지 환경을 믿거나 감각을 믿는 것은 아닙니다. 히브리서 11장 1절로 2절에 "믿음은 바라는 것들의 실상이요 보지 못하는 것들의 증거니 선진들이 이로써 증거를 얻었느니라."고 했으니 보지 못해도 없어도 내가 말씀을 믿으면 하나님이 기적을 베풀어 주시는 것입니다. 우리 신앙생활은 기도하고 난 다음에 부정적으로 생각하고 말하고 행동해서는 안 됩니다. 기도하고 믿었으면 눈에는 아무증거 안보여도 담대하게 시인을 해야 되는 것입니다. 없는 것을 있는 것같이 부르시는 하나님이시기 때문에 우리도 없는 것을 있는 것 같이 시인할 줄 알아야 되는 것입니다.

우리의 일생은 수많은 장애물과 위험과 광야를 지나면서 살아야만 합니다. 그러므로 하나님의 약속을 모르고 믿지 않는 자는 끝없는 불안이요, 고통입니다. 호세아 선지자는 내 백성이 지식이 없어서 망한다고 탄식했습니다. 예수님은 사람들의 믿음 없음을 탄식하셨습니다. 그러나 우리는 어떻습니까? 우리 한 사람 한 사람을 주님께서 택하셔서 하나님 자녀로 부르셔서 영원한 천국까지 염려하지 말고 데리고 가겠다고 하셨으니 그 과정에 일어나는 여러 가지 문제는 주님이 예비해 주시는 것입니다. 이건 알고 믿어야 돼요. 기도해야 합니다. 하나님은 좋은 하나님이신 것입니다. 우리의 머리털까지 다 헤아리고 계시는 하나님이기 때문에 우리가 그 나라와 그 의를 먼저 구하고 하나님을 믿고 나가면 우리를 택하신 하나님이 영원한 천국까지 예비해 놓았다고 하셨으니 들어가는 과정에 일어나는 모든 일은 주님이 돌보아 주시는 것입니다. 그렇기 때문에 히브리서 4장 1절로 3절에 이렇게 기록해 놓았습니다. "그러므로 우리는 두려워할지니 그의 안식에 들어갈 약속이 남아 있을지라도 너희 중에 혹 미치지 못할 자가 있을까 함이라 저희와 같이 우리도 복음 전함을 받은 자이나 그러나 그 들은바 말씀이 저희에게 유익되지 못한 것은 듣는 자가 믿음을 화합치 아니함이라 이미 믿는 우리들은 저 안식에 들어가는 도다 그 말씀하신 바와 같으니 내가 노하여 맹세한 바와 같이 저희가 내 안식에 들어오지 못하리라 하셨다 하였으나 세상을 창조할 때부터 그 일이 이루었느니라." 세상을 창조할 때부터 이미 하나님이 우리 위해서 다 예비해 놓으신 것입니다. 알고 믿으면 우리는 편안한 안식에 들어가는 것입니다. "이것을 너희에게 이름은 너희로 내 안에서 평안을 누리게 하려함이라 세상에서는 너희가 환난을 당하나 담대해라 내가 세상을 이기었노라 하시니라" 고 주님께서 말씀하신 것입니다.

18장 하나님의 사람 의인을 죽이려고 할 때

(민 14:10-12) "온 회중이 그들을 돌로 치려 하는데 그 때에 여호와의 영광이 회막에서 이스라엘 모든 자손에게 나타나시니라. 여호와께서 모세에게 이르시되 이 백성이 어느 때까지 나를 멸시하겠느냐 내가 그들 중에 많은 이적을 행하였으나 어느 때까지 나를 믿지 않겠느냐? 내가 전염병으로 그들을 쳐서 멸하고 네게 그들보다 크고 강한 나라를 이루게 하리라"

하나님께서는 하나님을 사랑하고 말씀에 순종하며 살아계심을 증명하는 자녀들을 죽도록 내버려두지 않습니다. 살아계심을 증명하는 사람을 해치려는 순간에 하나님께서 나타나셔서 살아계심을 증명하십니다. 모세가 이스라엘 백성을 인도하여 바로 젖과 꿀이 흐르는 가나안 땅에 들어갈 직전에 가데스바네아에서 대민족적인 위기에 처하게 되었습니다. 이스라엘이라는 나라가 흥하느냐 망하느냐 존재하느냐 멸망하느냐의 위기에 처했습니다. 그것은 왜냐하면 모세가 12명의 정탐꾼을 통해서 40일 동안 가나안 땅을 정탐을 하고 돌아오게 했는데 모든 백성들이 학처럼 목을 빼고 그들의 소식을 기다리고 있었습니다. 그런데 12명의 정탐꾼이 와서 그들이 정탐한 가나안 땅을 보고하는 자리에서 10명이 그 땅을 아주 비참하게 비난에서 보고했습니다. "그 땅은 주민을 삼키는 땅이고 박토고 농사도 되지 않는 땅이다. 그리고 그 땅의 거민들은 전부 장대한 장사더라 우리가 스스로 비교해 보아도 메뚜기같이 보인다. 그들이 만든 성은 얼마나 크고 강한지 우리 도저히 그 성을 점령할 수 없다. 우리가 쳐들어가면 우리 모두 다 칼에 죽고 우리의 처자는 포로로 잡힐 것이다."

그 보고 때문에 광야를 지나 이제 막 젖과 꿀이 흐르는 땅으로 들어가려는 그 찰나에 있는 백성들이 모두 다 기진맥진 낙심하고 말았습니다. 모든 백성들의 마음이 물을 쏟아놓은 것 같았습니다. "그들은 밤새도록 땅을 치고 통곡을 하고 울고 아침에는 모세와 아론을 원망하여 가로되 너희가 애굽에서 우리를 죽도록 내버려 두던지 광야에 죽도록 하지 않고 왜 이곳에서 칼에 망하게 하느냐. 우리 장관을 세워서 애굽으로 돌아가자." 이스라엘에 일대 위기가 조성되었습니다.

그때 같이 갔던 두 사람의 정탐꾼인 여호수아와 갈렙이 일어나서 "아니라, 우리가 탐지한 땅은 정말로 젖과 꿀이 흐르는 땅이다. 그리고 그 백성은 두려워 할 것 없다. 왜냐하면 그들의 보좌는 이미 그들을 떠났다. 그들은 우리의 밥이다. 우리가 들어가서 그 땅을 점령하자." 그러자 분노가 극에 달하여 정신이 온전하지 못한 온 회중이 그들을 돌로 치려 하는데, 그때에 여호와의 영광이 하늘에서 찬란하게 나타났습니다. 모든 사람들이 분노하고 고함치다가 순식간에 영광스러운 여호와의 영광이 구름 속에 나타나매 구름을 쳐다보고 있을 때에 구름 속에서 여호와께서 말씀하셨습니다. "10정탐꾼은 앞으로 나오라." 앞으로 나오니 그 자리에서 하나님이 쳐서 죽여 버렸습니다. 그리고 "너희들 전부 10정탐꾼의 말을 듣고 부정적인 마음을 가지고 원망하고 탄식하고 장관을 세워 애굽으로 돌아가자는 너희들은 모두 광야로 회진하라. 40일 동안 정탐한 하루를 1년으로 쳐서 40년 동안 너희들은 광야에서 방황하라. 그리고 여호수아와 갈렙은 온전히 나를 따랐으므로 너희는 살아서 젖과 꿀이 흐르는 땅으로 갈 것이라"고 말씀하셨습니다. 그 이스라엘 백성은 광야에서 40년 방황하다가 제1세대는 다 죽고 그 2세대를 여호수아와 갈렙이 인도하여 젖과 꿀이 흐르는 가나안 땅에 들어간 기사가 성경에 기록되어 있습니다.

첫째, 믿는 자에게는 환난은 밥이 되는 것입니다. 왜냐하면 눈에 보이는 현상과 실상은 다르기 때문입니다. 현재는 눈에 보이는 데는 성은 높고 백성은 장대하고 그리고 스스로 비교해 보아도 그들은 메뚜기 같고 그 땅은 황무하고 광야 같다. 그렇게 보고했는데 오늘날 우리가 사는 현실은 눈에 보이는 것과 실재 사실은 틀립니다. 성경말씀도 관념적인 것과 실제적이고 체험적인 것은 다릅니다.

성경에는 하나님을 믿으라고 말했습니다. 왜 믿어야 합니까? 하나님은 영이시지만 살아계신 실상입니다. 이 세상에 나오는 모든 것은 허상입니다. 하나님만이 우주와 만물을 지으시고 인간의 생사화복을 주장하시며 역사를 주장하시는 실상인 것입니다. 그러므로 눈에는 안 보이지만 실제로 실상인 하나님을 믿으라는 것입니다. 사람들은 말하기를 나는 믿음이 없습니다. 믿음이 약합니다. 하는데 그것은 거짓말입니다. 믿음이 없는 사람보고 믿으라고 할 턱이 있습니까? 팔이 없는 사람보고 팔을 들으라고 합니까? 다리가 없는 사람보고 걸어가라고 말합니까? 그럴 리가 없습니다.

하나님께서 우리보고 하나님을 믿으라고 말할 때는 우리 모두 다 믿을 수 있는 힘과 근거가 있기 때문인 것입니다.

성경은 말하기를 "예수께서 대답하여 저희에게 이르시되 하나님을 믿으라. 내가 진실로 너희에게 이르노니 누구든지 이 산더러 들리어 바다에 던 지우라 하며 그 말하는 것이 이룰 줄 믿고 마음에 의심치 아니하면 그대로 되리라." 여기에 산이 바다로 옮겨가는 기적이 일어날 수 있다는 것입니다. 고로 산 같은 환난만 바라보지 말고 하나님을 바라보고 하나님의 약속을 믿으면 환난은 우리에게 위협이 되지 않고 밥이 되는 것입니다. 환난이 아무리 우리에게 위협으로 다가온다고 할지라도 그 환난보다 더 위대하신 하나님을 바라보고 하나님을 믿으면 눈에 보이는 환난은 믿음을 통해서 다 제압되고, 오히려 그 환난은 우리의 삶 속에 밥이 된다는 것입니다. 밥은 우리에게 없어서는 안 될 양식이요, 힘이 됩니다. 환난과 고난은 우리의 양식이요, 오히려 우리에게 신앙의 힘이 되는 것입니다. 이러므로 우리가 하나님을 바라보고 현실에 의해서 두려워하거나 떨면 안 됩니다. 살아계신 하나님을 믿어야 합니다.

그리고 하나님을 의지해야 됩니다. 그리고 하나님을 바라보고 난 다음에 내 현실을 바라보면 현실은 그렇게 어려운 것이 아닙니다. 대낮에 나가서 햇빛을 한번 쳐다보고 난 다음에 그 다음 환경을 바라보십시오. 환경이 캄캄해서 잘 보이지 않습니다. 우리가 하나님을 바라보고 난 다음에 우리에게 다가오는 현실을 바라보면 현실이 그렇게 우리에게 위협이 되지 않습니다. 하나님이 우리와 같이 계시면 현실은 우리에게 밥이 되는 것입니다.

둘째, 꿈이 있는 자에게 환난은 밥이 되는 것입니다. 꿈은 내일에 대한 희망입니다. 여호수아와 갈렙은 가나안에 대한 꿈이 있는 자들입니다. 하나님을 믿는 자에게는 언제나 내일에 대한 희망이 있습니다. 로마서 8장 31절로 39절에 보면 "그런즉 이 일에 대하여 우리가 무슨 말 하리요, 만일 하나님이 우리를 위하시면 누가 우리를 대적하리요. 자기 아들을 아끼지 아니 하시고, 우리 모든 사람을 위하여 내어 주신 이가 어찌 그 아들과 함께 모든 것을 우리에게 은사로 주지 아니 하시겠느뇨. 누가 능히 하나님의 택하신 자들을 송사하리요. 의롭다 하신 이는 하나님이시니 누가 정죄하리요. 죽으실 뿐 아니라, 다시 살아나신 이는 그리스도 예수시니 그는 하나님 우편에 계신 자요 우리를 위하여 간구하시는 자시니라. 누가 우리를 그리스도의 사랑에서 끊으리요. 환난이나 곤고나 핍박이나 기근이나 적신이나 위험이나 칼이랴 기록된바 우리가 종일 주를 위하여 죽임을 당케 되며 도살할 양같이 여김을 받았나이다. 함과 같으니라. 그러나 이 모든 일에 우리를 사랑하시는 이로 말미암아 우리가 넉넉히 이기느니라. 내가 확신하노니 사망이나 생명이나 천사들이나 권세자들이나 현재 일이나 장래 일이나 능력이나 높음이나 깊음이나 다른 아무 피조물이라도 우리를 주 그리스도 예수 안에 있는 하나님의 사랑에서 끊을 수 없으리라"

이와 같이 어마어마한 사랑으로 하나님 아버지께서 예수 그리스도를 통해서 우리를 붙잡고 사랑하고 계십니다. 천지와 만물을 지으시고 우주의 대 주재자가 되시는 하나님께서 그리스도 안에서 우리를 이처럼 사랑하고 계시므로 그 하나님을 믿는 우리들은 꿈을 저버릴 수가 없습니다. 하나님이 우리의 손을 잡고 가는데 우리의 앞날이 캄캄해지고 절벽이 될 수는 없는 것입니다. 꿈이 없는 사람에게는 환난은 동굴이요, 무덤입니다. 동굴에 들어가면 나갈 길이 없습니다. 그곳에서 파멸당하고 마는 것입니다. 무덤에 들어가면 다시 나오지 못합니다. 그러나 꿈이 있는 사람에게는 환난은 터널이요, 희망으로 가는 과정입니다. 터널은 아무리 어두워도 저 건너편에 나아가는 입구가 있습니다. 그러므로 어둡고 캄캄해도 우리는 이것을 지나가는 과정에 불과하다는 마음에 희망을 가지고 있습니다. 우리에게 다가오는 여러 가지 시험이 오더라도 하나님이 계시면 그것은 하나의 터널이지 동굴은 아닌 것입니다.

고린도전서 10장 13절에 "사람이 감당할 시험 밖에는 너희에게 당한 것이 없나니 오직 하나님은 미쁘사 너희가 감당치 못할 시험 당함을 허락지 아니하시고 시험 당할 즈음에 또한 피할 길을 내사 너희로 능히 감당하게 하시느니라"고 말씀하셨습니다. 그러므로 우리가 환난과 고통의 터널을 지날 때에 그 환난과 고통은 우리에게 하나님을 더 간절히 찾도록 도와주는 것입니다. 편안할 때 우리가 하나님을 찾지 않습니다. 등 따뜻하고 배부를 때 하나님을 부르짖지 않습니다. 우리가 환난의 터널을 지나게 되면 캄캄한 곳에서 하나님을 찾게 되는 것입니다. 이러므로 여러가지 시험과 환난을 당하면 그것이 하나님을 간절히 찾으라는 하나님의 지시인 것을 알아야 합니다.

또한 환난은 자아가 깨어지고 더욱 믿고 순종하게 만듭니다. 내 고집대로 내 생각대로 내 계획대로 행하던 삶을 하나님은 환난을 통하여 깨뜨리시고 잘못된 길에서 하나님 앞으로 돌아오게 만드는 것입니다. 하나님은 우리들의 인생을 위해서 다 예정한 길이 있습니다. 그 길을 걸어갈 때에 하나님은 축복해 주시지만 그 길을 벗어날 때는 하나님과 씨름을 해야 하는 것입니다. 하나님께서는 그 길로 도로 돌아오게 하기 위해서 채찍을 때리고 시련을 주는 것입니다.

또 환난은 신앙이 자라고 힘 있게 하는 것입니다. 시련과 환난을 경험한 사람만이 힘이 있고 강합니다. 물건을 들었다 놓았다 들었다 놓았다 하면 팔에 힘이 생겨나는 것입니다. 근육에 시련을 가하면 힘이 있게 되는 것입니다. 우리의 신앙은 환난을 통해서 자라고 힘 있게 되는 것입니다. 환난은 더욱 큰 소망을 가져오는 씨앗입니다. 환난을 통하면 반드시 저 건너편에 갈 수가 있습니다. 환난은 터널이기 때문에 그 터널을 통하지 아니하면 이곳에 머무를 수밖에 없습니다. 그러나 환난의 터널을 지나면 이곳에서 저 건너편으로 건너갈 수가 있는 것입니다. 더 넓고 더 광활하고 더 희망차고 더 복된 세계로 건너갈 수가 있기 때문인 것입니다.

베드로전서 1장 7절에 "너희 믿음의 시련이 불로 연단하여도 없어질 금보다 더 귀하여 예수 그리스도의 나타나실 때에 칭찬과 영광과 존귀를 얻게 하려 함이라"고 말한 것입니다. 그러므로 환난은 꿈의 상 위에 차려진 밥입니다. 우리가 꿈을 가지고 있으면 꿈이란 상 위에 차려진 밥이 바로 환난인 것입니다. 꿈이 있는 사람에게는 환난은 우리에게 밥이 되지 우리에게 독이 되지 않습니다. 이렇기 때문에 꿈이 있는 자에게는 환난은 아무 것도 아닙니다. 우리가 즐기고 먹을 수 있는 밥이 되는 것입니다.

셋째, 기도하는 자에게는 환난은 밥이 되는 것입니다. 왜냐하면 환난이 다가오면 환난을 통해서 더욱 기도하게 되기 때문에 하나님과의 깊은 교통이 이루어지는 것입니다. 환난을 당하고 난 다음 기도 안 하는 사람은 아무도 없습니다. 아무리 평소에 기도하지 않는 사람이라도 환난과 시련을 당하면 하늘을 쳐다보고 하나님께 도움을 청하게 되는 것입니다. 그러므로 환난이 다가오면 기도하게 되어 하나님과 교통이 이루어지는 것입니다.

사무엘하 22장 7절에 "내가 환난 중에서 여호와께 아뢰며 나의 하나님께 아뢰었더니 저가 그 전에서 내 소리를 들으심이여 나의 부르짖음이 그 귀에 들렸도다"고 말한 것입니다. 환난 때에 내가 너와 같이 하여 너를 건지고 영화롭게 하겠다고 주님께서 말씀하셨습니다. 환난은 더욱 우리에게 성령 충만하게 만들어 주는 것입니다. 평소에는 성령 충만하지 않는 사람이라도 시험과 환난을 통해서 철야기도하고 혹은 금식기도하고 기도원에 가서 기도하고 환난을 통해서 나올 때는 얼굴에서 광채가 나고 성령이 충만하게 되는 것입니다. 환난을 통해서 비로소 성령 충만의 체험을 하는 사람이 너무나 많습니다.

또한 환난 때에 회개 기도를 통하여 세속과 귀신들을 다 쫓아냅니다. 환난을 당하기 전에는 세속을 따라서 살고 죄악을 따라 살고 방탕하고 살았지만 환난을 당하자 회개하고 통회하고 자복함으로 세속이 떠나가고 귀신들이 떠나가고 하나님 앞에 정하게 되고 거룩한 삶을 살게 되는 일들이 너무나 많습니다.

사무엘하 22장 29절로 30절에 보면 "여호와여 주는 나의 등불이며 여호와께서 나의 흑암을 밝히시리이다. 내가 주를 의뢰하고 적군에 달리며 내 하나님을 의지하고 성벽을 뛰어 넘나이다" 우리 하나님께서 같이 하시면 우리 하나님은 우리에게 등불이 되어 어두운 길에서 방황하는 데서 바른길로 찾아 들어오게 되는 것입니다. 이렇기 때문에 환난은 우리로 하여금 회개하고 자복하며 변화를 받고 바른 길로 들어서게 하며 귀신들을 다 내어쫓고 세속을 물리치고 하나님 편에 서서 살게 만들어 주는 것입니다. 그리고 기도는 하나님의 손을 움직여 환난을 다스리게 합니다. 우리가 환난 때에 하나님께 부르짖어 기도합니다. 여러 가지 시험과 환난이 다가올 때에 부르짖으면 하나님의 손을 움직여 우리의 운명과 환경을 다스리게 하는 것입니다.

예레미야 29장 11절로 13절에 "나 여호와가 말하노라 너희를 향한 나의 생각은 내가 아나니 재앙이 아니라 곧 평안이요 너희 장래에 소망을 주려 하는 생각이라. 너희는 내게 부르짖으며 와서 내게 기도하면 내가 너희를 들을 것이요. 너희가 전심으로 나를 찾고 찾으면 나를 만나리라"고 말한 것입니다. 부르짖으면 듣고 하나님을 간절히 찾으면 하나님을 만날 것입니다. 하나님은 우리에게 평안을 주시지 환난을 주시지 아니하고 절망을 주시지 않고 장래에 희망을 주기를 원하신다고 말씀하신 것입니다. 그러므로 기도는 하나님의 손을 움직여 환난을 다스리게 하는 것입니다. 결국 환난은 우리의 밥이 되는 것입니다.

시편119편 71절로 72절에 "고난당한 것이 내게 유익이라. 이로 인하여 내가 주의 율례를 배우게 되었나이다. 주의 입의 법이 내게는 천천 금은 보다 승하나이다." 환난을 당할 때에 비로소 우리들은 주의 법을 지키게 되고 하나님을 사랑하게 되고 하나님의 뜻을 좇아 살게 되는 것입니다. 이렇기 때문에 환난을 당할 때 기도하는 자에게는 그 환난이 변하여 우리에게 밥이 되는 것입니다.

그리고 또 감사 찬양하는 자에게는 환난은 밥이 되는 것입니다. 시편 50편 23절에 "감사로 제사를 드리는 자가 나를 영화롭게 하나니 그 행위를 옳게 하는 자에게 내가 하나님의 구원을 보이리라"고 말씀하셨습니다. 우리가 이 세상에 살면서 원망 불평 탄식을 하려면 끝없이 할 수 있습니다. 그러나 우리가 그 가운데서 하나님께 감사와 찬양을 드리면 우리가 또 하나님의 영광스러운 능력을 체험할 수 있습니다. 감사로 제사를 드리는 자가 하나님의 도움을 받을 수가 있습니다. 이스라엘 백성이 여리고 성을 엿새 동안 돌고 이레째에 일곱 바퀴 돌고 난 다음 그들이 모두 다 감사와 찬양으로 고함을 치니까 하나님이 역사하사 여리고 성이 무너지고 말았던 것입니다.

하나님께서 하라는 대로 순종하면 되는 것입니다. 그 다음은 하나님께서 하실 일입니다. 해보지도 않고 "된다. 안 된다."를 결정하고 두려워하지 말아야 합니다. 살아계신 하나님은 하나님께서 동행하신다고 믿고 순종하는 자를 통하여 세상에 살아계심을 나타내십니다. 우리가 해야 할 일은 하나님의 레마를 듣는 일입니다. 그리고 순종하는 일입니다. 기적은 하나님께서 일으키십니다. 순종하는 사람을 통하여 세상 사람들에게 살아계신 하나님이라고 증명하십니다. 그러므로 결과까지 생각하지 말고 하나님의 말씀에 순종하는 것입니다.

성경은 말하기를 있는 자에게는 더 주고 없는 자에게는 있는 것까지 빼앗아 버리겠다고 말한 것입니다. 있는 자란 믿음을 말합니다. 없다고 말하면 있는 것조차 다 사라져 버리고 마는 것입니다. 믿음이 없기 때문에 하나님의 기적을 체험하지 못합니다. 우리가 있는 것을 생각하고 하나님께 감사하고 찬양하면 하나님이 나타나십니다.

시편 22편 3절에 "이스라엘의 찬송 중에 거하시는 주여 주는 거룩하시니이다" 우리가 찬양을 부르면 그 가운데 하나님이 임하시는 것입니다. 하나님이 임하시면 하나님 앞에 환난은 사라지고 모든 일에 승리가 다가오는 것입니다. 그렇기 때문에 성경에는 범사에 감사하라고 말한 것입니다. 시편 30편 4절로 5절에 "주의 성도들아 여호와를 찬송하며 그 거룩한 이름에 감사할지어다. 그 노염은 잠간이요 그 은총은 평생이로다. 저녁에는 울음이 기숙할지라도 아침에는 기쁨이 오리로다. 주께서 나의 슬픔을 변하여 춤이 되게 하시며 나의 베옷을 벗기고 기쁨으로 띠 띠우셨나이다." 이러므로 여호와 하나님을 감사하고 찬양할 때에 하나님은 우리의 삶 속에 나타나서 우리의 모든 시험과 환난을 우리의 밥으로 변화시켜 버리고 마는 것입니다.

젖과 꿀이 흐르는 가나안 땅에 들어가지 못한 사람이나 들어간 사람은 모두 다 그들의 삶의 태도에 달려 있습니다. 환난을 보고 무서워하거나 부정적인 마음을 갖고 원망하고 뒤로 물러가면 이 사람은 반드시 광야에서 죽게 되는 것입니다. 그러나 하나님만 바라보고 약속을 믿는 자에게는 환난은 밥이 되는 것이고 꿈과 희망이 있는 자에게는 환난은 밥이 되는 것입니다. 성령님을 의지하며 기도하는 자에게는 환난은 밥이 되는 것이며 하나님께 감사 찬양하는 자에게는 환난은 변하여 밥이 되는 것입니다.

여호수아와 갈렙은 말했습니다. "저들을 두려워하지 말라. 저들은 우리의 밥이라. 들어가서 취하자." 그렇기 때문에 환난과 고난은 여호수아와 갈렙을 멸하지 못했습니다. 그들의 밥이 되고 그들은 오히려 그 환난과 고난을 통해서 강해지고 더 능력이 있어지고 더 위대한 인물들이 되어 이스라엘을 가나안 땅으로 이끌어 들어간 것입니다. 이 세상에 사는 사람 중에 크고 작은 시련이 안 다가오는 사람은 없습니다. 그 시험과 환난을 잘 관리하느냐 관리 못하느냐에 따라 흥망이 달려 있는 것입니다.

여러 가지 시험은 우리에게 반드시 다가오는 것입니다. 우리는 시험을 당할 때에 이스라엘 백성처럼 원망하고 불평하고 탄식하여 스스로의 삶을 광야로 만들지 말고 환난과 고난보다 더 위대하신 하나님을 바라보고 하나님을 의지하고 환난은 우리가 잠시 그를 통과하는 터널이라고 생각하고 그 터널을 통하면 더 크고 더 위대한 삶을 사는 저 건너편으로 간다는 것을 알아야 합니다. 환난과 시련을 당할 때에 우리는 열심히 기도하여 그것을 소화시켜 버려야 하는 것입니다. 오히려 환난과 시험 중에 있는 것을 생각하고 하나님을 감사하고 찬양하며 예배드림으로 하나님의 권능이 나타나서 우리를 도와주도록 해야만 할 것입니다.

예수님께서 십자가에 못 박힌 것은 영적인 선민을 위해서 젖과 꿀이 흐르는 새로운 가나안 땅을 만들어 주기 위해서 십자가에 못 박힌 것입니다. 우리의 가나안 땅은 바로 십자가 밑에 있습니다. 예수님께서 아담 이후로 광야에 쫓겨 나가서 고생하는 인류를 위해서 십자가에서 그 모든 광야의 저주를 감당하시고 주님께서 가나안 땅을 이룩해 주신 것입니다.

민수기 13장 30절에 "갈렙이 모세 앞에서 백성을 조용하게 하고 이르되 우리가 곧 올라가서 그 땅을 취하자 능히 이기리라 하나"라고 말한 것처럼, 우리도 이 살아계신 하나님께서 동행하면서 기적을 행한다는 거인의 사상만 가진다면 기도를 통해서 십자가 밑에 나아가서 우리에게 준 가나안 땅을 점령할 수가 있습니다.

민수기 14장 8절에 "여호와께서 우리를 기뻐하시면 우리를 그 땅으로 인도하여 들이시고 그 땅을 우리에게 주시리라. 이는 과연 젖과 꿀이 흐르는 땅이니라"고 말했는데 과연 십자가 밑에 젖과 꿀이 흐르는 땅이 있습니다. 그 속에 용서의 젖과 꿀이 흐르고 사랑과 성령의 젖과 꿀이 흐르고 기쁨과 치료의 젖과 꿀이 흐르고 아브라함의 축복의 번영함의 젖과 꿀 같이 흐르고 영생과 축복의 젖과 꿀이 흐르고 있는 것입니다. 오늘날 세상 사람들은 그 가나안 땅을 바라보지 못하고 있습니다. 고개를 들어 십자가를 바라보면 몸 찢고 피 흘려 이루어 놓은 가나안 땅에 젖과 꿀이 흐르고 있는 것입니다. 그러나 그 가나안 땅에 메뚜기 사상을 가진 사람은 들어가지 못합니다. 거인의 사상을 가진 사람은 들어갈 수가 있는 것입니다. "메뚜기 사상을 가지고 나는 못한다. 나는 안 된다, 나는 할 수 없다, 나는 무능력자라"고 생각하고 스스로 물러가는 사람은 가나안 땅에 들어가지 못합니다. 그러나 하나님을 아는 사람, 그리스도 안에서 내가 거룩한 신령한 사람이 된 것을 아는 사람은 믿음으로 말미암아 침노에 들어갑니다.

민수기 14장 9절에 말씀을 기억하십시오. "다만 여호와를 거역하지는 말라 또 그 땅 백성을 두려워하지 말라 그들은 우리의 먹이라 그들의 보호자는 그들에게서 떠났고 여호와는 우리와 함께 하시느니라 그들을 두려워하지 말라 하나" 하나님은 살아계신 하나님을 증명하는 크리스천을 죽도록 내버려 두지 않습니다. "온 회중이 그들을 돌로 치려 하는데 그 때에 여호와의 영광이 회막에서 이스라엘 모든 자손에게 나타나시니라. 여호와께서 모세에게 이르시되 이 백성이 어느 때까지 나를 멸시하겠느냐 내가 그들 중에 많은 이적을 행하였으나 어느 때까지 나를 믿지 않겠느냐(민 14:10-11)" 돌로 여호수아와 갈렙을 치려는 순간 하나님께서 나타나십니다. 반대로 돌로 치려는 자들을 죽게 합니다. "곧 그 땅에 대하여 악평한 자들은 여호와 앞에서 재앙으로 죽었고(민 14:37)" 여호수아와 갈렙만이 가나안땅에 들어갑니다. "여분네의 아들 갈렙과 눈의 아들 여호수아 외에는 내가 맹세하여 너희에게 살게 하리라 한 땅에 결단코 들어가지 못하리라(민 14:30)" 하나님은 살아계십니다. 하나님께 하신다하면 하십니다. 사람의 생각을 가지고 된다. 안 된다. 하지말기를 바랍니다. 하나님께서 하신다고하시면 순종하시기를바랍니다. 그러면 날마다 기적을 체험합니다.

19장 이방인과 나라를 굴복시키실 때

(왕하 6:14-17)"왕이 이에 말과 병거와 많은 군사를 보내매 그들이 밤에 가서 그 성읍을 에워쌌더라. 하나님의 사람의 사환이 일찍이 일어나서 나가보니 군사와 말과 병거가 성읍을 에워쌌는지라 그의 사환이 엘리사에게 말하되 아아, 내 주여 우리가 어찌하리이까 하니, 대답하되 두려워하지 말라 우리와 함께 한 자가 그들과 함께 한 자보다 많으니라 하고, 기도하여 이르되 여호와여 원하건대 그의 눈을 열어서 보게 하옵소서 하니 여호와께서 그 사환의 눈을 여시매 저가 보니 불말과 불병거가 산에 가득하여 엘리사를 둘렀더라."

하나님께서는 살아계심의 증명을 통하여 이방나라 사람들이 하나님의 나라를 감히 넘보지 못하도록 하십니다. 눈이라고 다 눈은 아닙니다. 보는 눈도 있고 보지 못하는 눈도 있으며, 정확히 볼 수 없는 약한 눈도 있습니다. 크게 두 종류로 보면, 육신적인 눈이 있고, 영의 눈이 있습니다. 세상 사람들은 육신의 눈을 가지고 살아갑니다. 육신의 눈으로만 모든 세계를 보고, 판단하고 삽니다. 그러나 예수 믿는 성도는 육신의 눈으로 사는 자가 아니라 영의 눈을 가지고 살아가는 자입니다.

사도바울은 고린도전서에서 세 종류의 사람을 거론합니다. 육에 속한 사람(고전2:14)과 육신에 속한 사람(고전3:1), 그리고 영에 속한 사람(고전2:15)입니다. 이 가운데 육에 속한 사람은 아예 성령의 일을 모르는 사람입니다. 한마디로 이방인입니다. 그러나 육신에 속한 사람은 그리스도 안에 있으되 어린아이같이 연약한 믿음의 소유자입니다. 마치 믿음이 약하여 흔들리기 쉬운 중간자와 같습니다. 그러나 신령에 속한 사람은 오직 하늘에 속한 사람이요, 성령에 속한 사람입니다.

오늘 본문에서는 이 세 가지의 눈이 다 나옵니다. 본문에 나오는 세 가지의 눈을 관찰해 보십시다. 먼저 엘리사 사환은 영안을 가졌지만 열어지지 않은 눈을 가진 자입니다. 그러나 엘리사는 영안이 활짝 열린 사람입니다. 그런데 아람나라 군대는 오직 육신의 눈만 가진 사람들입니다.

아람나라는 이스라엘의 주변국으로서 항상 이스라엘을 괴롭히던 나라였습니다. 아람나라는 오늘날 시리아를 말합니다. 역사적으로 아람나라는 이스라엘의 철천지원수 같은 노릇을 해왔습니다. 기회만 되면 이스라엘을 괴롭히던 나라입니다. 호시탐탐 기회를 노리던 아람 왕에게 정말 알 수 없는 고민거리가 하나 생겼습니다. 자기가 궁중에서 신복들과 함께 의논하여 이스라엘을 공격하려고 하면 이스라엘군대가 귀신같이 알고 방비를 하는 것입니다.

정말 기가 막힐 노릇이었습니다. 그래서 아람왕의 고민이 이만저만이 아니었습니다. 왕의 마음이 번뇌했던 것입니다. 하루는 아람 왕이 신복들을 불러놓고 말합니다. 아무래도 우리 중에 스파이가 있어 우리끼리 했던 이야기를 저쪽 이스라엘 사람들에게 흘린다는 것입니다. 우리 중에 누군가가 이스라엘 왕과 내통하고 있다는 것입니다.

그때 신복 중에 한 사람이 이런 이야기를 합니다. "왕이시여, 그게 아닙니다. 오직 이스라엘에 신통방통한 선지자가 한 사람 있습니다. 이름은 엘리사라고 합니다. 그런데 그 선지자는 왕이 침실에서 하는 이야기까지 다 알고 자기 이스라엘 왕에게 다 고합니다."

아람왕은 당장 가서 엘리사가 어디 있나 알아보고 체포하라고 명령합니다. 그때 누군가 말합니다. 엘리사가 지금 도단성에 있다고 말입니다. 아람왕은 말과 병거와 많은 군사들을 도단 성으로 즉시 파견했습니다. 그리고 저녁에 도단 성을 에워 쌌습니다. 마치 독안에 든 쥐와 같이 엘리사를 체포할 일만 남았습니다.

그런데 엘리사의 사환이 아침 일찍이 일어나서 나가보니 아람 나라의 군사들과 말과 병거가 도단성을 에워싸고 있는 것입니다. 겁에 질린 사환은 엘리사에게 급하게 뛰어 들어가서 보고합니다. "내 주여, 큰일 났습니다. 이제 우리는 죽게 되었습니다. 우리는 지금 독안에 든 쥐와 같습니다. 지금 아람왕의 군사와 말과 병거가 우리를 첩첩이 에워싸고 있습니다."

하지만 보고를 받은 엘리사는 너무나 침착하게 자기 사환에게 두려워하지 말라고 합니다. 이미 모든 것을 다 알고 있던 엘리사로서는 겁낼 것이 하나도 없었습니다. 오히려 우리와 함께한 자가 저와 함께 한 자들보다 많다는 이상한 말을 합니다. 영안이 열리지 않으면 절대 이해할 수 없는 말입니다.

그리고 엘리사는 기도합니다. 자기 사환의 눈을 열어서 하나님의 군대와 군사를 보여 달라는 것입니다. 그랬더니 사환의 눈이 즉시로 열립니다. 그리고 산으로 가득한 하나님의 군대의 불 말과 불

병거를 보게 됩니다. 그런데 그 불 말과 불 병거가 엘리사를 둘러싸고 있는 것입니다. 하나님이 사환의 영안을 열어주신 것입니다. 그리고 아람 사람들이 엘리사에게 다가오자 엘리사가 또 다시 기도합니다. 아람 사람들의 눈을 어둡게 만들어 달라는 것입니다. 하나님은 기도 즉시 아람 군대의 눈을 일시적으로 장님으로 만들어 버리십니다.

하나님은 자기 종 엘리사의 기도를 들어주시어 눈을 열게도 하시고, 닫게도 하십니다. 왜냐면 하나님과 엘리사는 지속적으로 영안을 열어 보는 관계였기 때문입니다. 때문에 영안은 하나님과의 지속적인 관계를 통해서만 열립니다. 영안이 열리면 현실세계 그 이상을 보게 됩니다. 영안은 하나님의 사람이 가진 눈입니다. 영안은 기도로 여는 눈입니다. 영안이 열리면 현실을 초월한 세계를 보게 됩니다.

시편119편18절에서 기자는 "자기 눈을 열어 주의 법의 기이한 것을 보게 하소서."라고 기도했습니다. 시편121편 기자는 "내가 산을 향하여 눈을 들리라. 나의 도움이 어디서 올꼬? 나의 도움이 천지를 지으신 여호와에게서 로다."고 외쳤습니다. 그렇습니다. 우리의 영안을 열어 주실 분은 오직 여호와 하나님밖에는 없다는 말씀입니다. 오직 우리 하나님만 우리의 영안을 열어 보게 하십니다.

첫째, 영의 눈이 열려야 하나님의 살아계심을 증명한다. 영안은 아무에게나 열리지 않습니다. 교회를 다니는 모든 사람들에게 무조건 영안이 열리는 것은 아닙니다. 아니 교회직분을 가진 모든 자에게 영안이 열리는 것도 아닙니다. 때문에 시간이 지나면 언젠가 영안이 열리리라는 막연한 기대감을 갖지 마십시오. 영안은 성령으로 하는 기도를 통해서 하나님과의 관계가 개선되어야 열립니다. 영적인 사람에게 영안이 열립니다. 성령으로 기도하는 자에게 영안이 열립니다. 기도하지 않으면 영안은 절대 열리지 않습니다. 우리는 여기서 분명한 두 가지 사실을 잊지 말아야 합니다. 한 가지는 기도하는 모든 자에게 영안이 열리는 것이 아니라는 사실이요, 또 한 가지는 기도 없이 영안이 열리지 않는다는 사실입니다.

본문에 나오는 엘리사의 사환도 당대에 가장 출중한 하나님의 종 엘리사를 시중 든 자였지만 영안이 열리지 않았습니다. 그런 그에게 영안을 열어 주신 분은 하나님이십니다. 영안은 아무리 신령한 사람이라도 사람이 열어주는 것이 아닙니다. 영안은 오직 하나님만 열어 주십니다. 그런데 하나님이 여시지만, 우리의 기도를 통해서 열어주십니다. 성령의 인도를 받는 기도는 우리의 영안을 여는 열쇠입니다.

엘리사는 하나님께 기도했습니다. 자기 사환의 눈을 열어 하나님의 군대를 보여 달라는 기도였습니다. 그러자 사환의 영안이 활짝 열렸습니다. 그때까지 영안이 열리지 않았기에 눈앞에 펼쳐진 현실만 바라보고 두려워서 낙담했지만, 이제 영안이 열리자 감히 상상할 수 없는 세계가 그 앞에 펼쳐졌습니다.

하나님의 군대 불 말과 불 병거가 온 산에 가득하여 엘리사를 두르고 있는 것입니다. 사환은 두 번 놀랐습니다. 한번은 육신의 눈만 가지고 놀랐고, 또 한 번은 영안이 열려서 놀란 것입니다. 그런데 놀라는 느낌이 전혀 다릅니다. 육신의 눈만 가질 때는 세상적인 두려움과 공포심으로 놀랐고, 영안이 열리자 하나님의 권세와 능력으로 인하여 놀란 것입니다. 사실 영의 눈이 열리지 않으면 세상은 두려울 수밖에 없습니다.

때문에 영안은 성령으로 기도하는 자에게 열리는 것입니다. 오직 기도하는 자에게 영안이 열립니다. 기도하는 자는 하늘의 신령한 세계를 바라보기 때문입니다. 다만 여기서 중요한 것은 당신의 기도가 어떤 기도인가의 문제입니다. 이른바 기도의 진정성입니다. 영안이 열리는 성령의 기도는 최고의 영성을 가진 기도입니다. 영성의 기도는 하나님을 감동시키는 기도이며, 하나님의 보좌를 움직이는 기도입니다. 기도의 깊이와 높이와 길이와 넓이가 충만한 기도입니다. 영안이 열리는 성령의 기도는 적당한 기도가 아닙니다. 전문적인 기도 꾼의 기도입니다.

둘째, 신령한 세계를 보아야 살아계신 하나님을 증명한다. 영안이 열리지 않으면 믿음의 세계를 인정할지라도 현실세계만 보게 됩니다. 영안이 열리지 않기 때문에 자꾸 현실세계만 바라보고 두려워하고 좌절하며 낙담합니다. 바란광야 가데스 바네아에서 이스라엘은 가나안에 12명의 정탐꾼을 보냈습니다. 그런데 그들이 40일 동안 두루두루 탐지하고 돌아와서 자기 백성들 앞에서 보고를 하였습니다. 그들의 보고를 기억하십니까?

열 명의 정탐꾼들은 살아계신 하나님에 대한 직접적인 체험이 없어서 영적인 눈이 열리지 않았기에 육신의 눈으로만 보고 판단했습니다. 사실 그들이 보고한 것이 거짓은 아닙니다. 다만 그들은 육신의 눈으로만 바라보고 판단한 것입니다. 어찌 보면 가나안 땅에 거하는 원주민들에 대하여 바르게 보고 판단했는지도 모릅니다. 가나안 원주민들은 아낙자손들로서 덩치가 이만저만이 아니었습니다. 자기들과는 비교도 안 될 정도의 거구들이었습니다. 그들과 비교해보니 자기들은 정말 메뚜기같이 연약하고 볼품없고 초라해 보였던 것도 사실입니다.

사람은 누구나 생각의 자유를 가지고 있습니다. 얼마나 기가 막혔으면 그런 보고를 하겠습니까? 사실 그들의 보고가 약간의 과장은 섞였을지 몰라도 거짓은 아니었습니다. 자기들의 눈으로 볼 때 그런 생각이 들었던 것이 사실이었기 때문입니다. 우리는 무조건 그들의 부정적인 보고에 대하여 책망할 것이 아니라, 어느 누구라도 살아계신 하나님을 직접 체험하지 않아서 영안이 열리지 않으면 그런 생각을 할 수밖에 없다는 사실을 알아야 합니다. 하지만 영안이 열렸던 두 명의 정탐꾼 여호수아와 갈렙을 기억하십시오. 그들은 살아계신 하나님을 직접 체험하면서 열린 영안을 가지고 가나안땅을 정탐했습니다. 영안으로 그 땅을 두루두루 탐지했던 것입니다. 영안은 하나님의 시각입니다.

누구든지 영안이 열리지 않으면 세상적인 눈으로 판단하고 결정하게 됩니다. 육신으로 보는 눈은 거짓된 것을 보게 됩니다. 육의 눈은 신령한 세계를 절대 볼 수 없기 때문입니다. 그래서 육신의 눈은 사람을 속이고 범죄케 합니다. 어떤 시각장애인 목사님은 만일에 자기가 다시 태어날지라도 눈을 뜨고 싶은 생각이 전혀 없다고 고백합니다. 육신의 눈은 사람을 범죄케 만들지만 영안은 우리로 하여금 신령한 세계를 보게 하기 때문입니다.

엘리사는 영안을 열어 하나님의 신령한 세계를 보았지만, 엘리사의 사환은 영안이 열리지 않았기에 현실세계만 보고 두려워했던 것입니다. 오늘날 수많은 성도들이 영안이 열리지 않은 채로 살아갑니다. 전혀 어둠을 느끼지 못한 채로 말입니다. 영적 어둠이 자기 가정과 주변을 괴롭히는데 전혀 어둠을 느끼지 못합니다. 정말 영적인 어둠의 세력이 자기 가족과 식구들을 괴롭히고 있는데도 전혀 알아차리지 못합니다. 정말 답답한 일은 자기 자신이 어둠 속에서 살면서도 어떠한 불편함도 느끼지 못하고 산다는 것입니다. 어둠의 실체도 전혀 느끼지 못하고 어둠의 존재감마저 느끼지 못한 채 살아간다는 것입니다.

어떤 집사님의 남편이 무당과 바람이 나서 동거를 하는데 무당이 부인과 이혼하고 자신과 결혼만하면 집도 사주고 차도 사주고 모든 것을 다 해주겠다고 한답니다. 그런데 이 남편이 무당에게서 빠져나오지 못하는 이유가 정말 어처구니없습니다. 만약 그 사람이 본부인에게로 돌아가면 저주를 받을 것이라는 무당의 말 때문이라는 것입니다. 더러운 무당이 남편에게 겁을 주고 가정을 파괴하는 것입니다. 살아계신 하나님을 체험하지 못하여 영안이 없으면 어찌 이런 일을 분별할 수 있겠습니까? 절대 영안이 열리지 않으면 악한 영의 궤계를 보지 못하는 것입니다.

아람 군대도 마찬가지입니다. 눈은 있지만 갈 곳도 찾지 못하고 엉뚱한 데로 가는 쓸모없는 눈입니다. 그들은 눈 뜬 장님처럼 엘리사가 끄는 대로 이리저리 끌려 다닙니다. 결국 그들은 사마리아 가운데로 잡혀가고 맙니다. 이스라엘 왕이 있는 사마리아까지 끌려 갔습니다. 죽음 일보직전까지 간 것입니다. 눈은 뜨고 있었지만 할 수 있는 일은 아무것도 없었습니다.

때문에 성도들이 특별히 힘쓸 것은 바로 영안이 열려 영적 통찰력을 갖고 사는 것입니다. 그래야 삶의 모든 부분에서 행하시는 하나님의 섭리를 보게 됩니다. 그분의 역사를 경험하게 됩니다. 미국의 우주인인 에드윈 올드린이 헝가리의 한 대학에서 다음과 같은 연설을 했습니다. "나는 달에 첫 발을 디디고 나도 모르게 '할렐루야'를 외쳤습니다." 그리고 "하나님이 정말 가까이 느껴지는 것을 느꼈다."고 말했습니다.

그러자 한 학생이 질문하기를 "소련의 우주인 가가린은 우주에 가서도 하나님을 볼 수 없었다고 하는데 어떻게 당신은 하나님을 볼 수 있었습니까?"라고 질문했습니다. 그러자 올드린은 "오직 마음이 청결한 자만이 하나님을 볼 수 있습니다. 하나님은 영의 눈으로만 볼 수 있기 때문입니다"라고 말했다고 합니다. 그렇습니다. 살아계신 하나님을 체험하여 영안이 열려야 하나님의 신령한 세계를 볼 수 있습니다.

성경에는 영안이 열려 신령한 세계를 경험한 인물들이 허다합니다. 야곱은 자기 형에서를 피해 하란으로 도망하던 중 베델에서 하늘과 땅을 연결하는 은혜의 사닥다리를 오르락내리락하는 천군천사를 보게 됩니다. 모세는 떨기나무 불꽃 가운데서 여호와의 사자를 만나 이스라엘민족을 출애굽 시키는 영도자로 부름을 받게 됩니다. 고난 중에 욥은 세상적인 육신의 눈을 닫고 영안을 열고 고난을 통과합니다. 사도 바울은 삼층 천의 비밀한 세계를 경험합니다. 모든 주의 종들은 영안이 열려 신령한 세계를 경험한 것입니다. 이들의 공통점은 모두가 기도하는 사람들이었습니다.

셋째, 신령한 세계를 보게 되면 하나님의 방법으로 세상을 살아간다. 우리가 살아계신 하나님을 체험하여 영의 눈에 열리면 삶의 방법이 달라집니다. 세상이 아무리 힘들어도 영안이 열리면 세상이 두렵지 않습니다. 영안이 열리면 범사에 자신감이 생깁니다. 믿음의 담력과 삶의 여유가 생깁니다. 능력자의 여유입니다. 누가 뭐라고 해도 두려울 것이 없습니다. 육신의 눈을 가진 자는 항상 땅만 쳐다보고 삽니다. 땅을 쳐다보면 실망할 것 밖에는 없습니다. 모르지요. 동전 하나는 줍겠지요.

미국의 어떤 소년이 길에서 5달러짜리 지폐 한 장을 주웠습니다. 그는 그것을 줍고 나서 얼마나 기분이 좋았는지 혹시 또 이런 일이 있을까하여 길을 나서면 무조건 땅만 쳐다보고 다녔답니다. 매일 그러다 보니 그것이 습관이 되었습니다. 그가 일생을 통해 땅에서 주은 것을 정리해보니 단추가 29,519개, 머리핀이 54,172개, 동전 수천 개와 몇 장의 지폐를 주웠답니다. 물론 그 외에 수많은 자질구레한 것들을 주웠습니다.

많은 것을 주웠으니 기분 좋은 인생을 살게 되었을까요? 아닙니다. 그는 그런 것들을 줍느라고 세상에서 꼭 보아야 하고, 누려야 할 것들을 모두 잃어버린 것입니다. 푸른 하늘과 반짝이는 별들, 아름다운 꽃들과 다양한 종류의 나무들, 정말 소중한 것들을 볼 수 없었습니다. 그는 결국 그의 인생을 넝마주의 인생으로 끝내버렸습니다. 사람은 무엇을 쳐다보고 사느냐에 따라 그 인생이 결정됩니다. 땅만 보고 사는 사람은 땅의 것으로 삽니다. 그러나 하늘을 쳐다보고 사는 사람은 하나님이 주시는 것으로 살게 됩니다. 하늘의 하나님을 바라보고 사는 사람은 보다 차원 높은 인생의 길을 걷게 될 것입니다. 신앙이란 결국 땅만 보던 삶에서 하늘을 보며 사는 삶으로 방향이 바뀌는 것을 의미합니다. 반드시 살아계신 하나님을 체험해야 가능한 것입니다.

때문에 영안이 열린 자는 항상 위를 쳐다보고 삽니다. 동서남북 사방이 막혀도 전혀 겁내지 않습니다. 두려워하지 않습니다. 영안이 열린 사람은 동서남북이 막히면 위를 쳐다봅니다. 위를 쳐다본다는 것은 하늘의 도움을 바라본다는 말입니다. 즉, 하나님의 도우심을 기대한다는 말입니다. 세상의 땅을 쳐다보며 낙심하지 말고, 나의 영원한 기업이 되시고, 도움이 되시는 하나님의 도움을 바라보시기 바랍니다. 그러므로 영안이 열린 사람은 세상을 사는 방법이 전혀 다릅니다. 한결 여유가 있고, 승자의 미소가 있으며, 넉넉함이 있습니다.

결국 아람군대는 무기한번 사용해 보지 못하고 이스라엘군대의 포로가 되었습니다. 그것도 이스라엘의 수도 사마리아까지 끌려가서 죽임당하기 일보 직전에 처했습니다. 그때 이스라엘 왕이 엘리사에게 아람군대를 그냥 모조리 쳐 죽일까요? 라며 묻습니다.

정말 눈에 가시 같은 아람군인들을 쳐 죽여도 시원치 않았던 셈입니다. 얼마나 좋으면 두 번씩이나 "내가 치리이까?" 라는 질문을 하겠습니까? 그것도 엘리사에게 "내 아버지여" 라는 극존칭을 써가면서 말입니다. 한마디로 이스라엘 왕이 무척 흥분된 상태임을 직감할 수 있습니다. 원수들이 목전에 있기 때문입니다. 그것도 자기의 수고나 희생이 없이 말입니다. 이스라엘 왕은 살아계신 하나님을 체험하지 못했기 때문입니다.

하지만 엘리사의 대답을 들어보십시오. 왕하6:22절입니다. 엘리사는 조금도 망설이지 않고 치지 말라고 명령합니다. 이것이 하나님의 뜻입니다. 엘리사는 하나님의 음성을 듣고 이스라엘 왕에게 말하는 것입니다. 비록 칼과 활로 사로잡았을지라도 치지 말라는 것입니다. 칼과 활로 잡았다는 것은 자기들의 수고와 헌신과 희생이 따랐음을 말합니다. 오히려 떡과 물을 그들 앞에 두어 먹고 마시게 하라는 주문입니다. 한술 더 떠서 그냥 자기 주인에게로 돌려보내라는 것입니다. 정말 이해할 수 없는 명령입니다. 이것이 바로 영안이 열린 승리자의 여유입니다.

이스라엘 왕과 엘리사(하나님)의 의도는 전적으로 달랐던 것입니다. 이스라엘왕은 지금 아람군대를 자기 민족의 단순한 대적으로만 본 것입니다. 이유는 이스라엘 왕이 영안이 열리지 않았기 때문입니다. 하지만 영안이 열린 엘리사의 생각은 전혀 달랐습니다. 엘리사는 이것을 단순히 민족적인 감정의 싸움으로 보지 않았습니다. 영적인 전쟁으로 본 것입니다. 세상나라를 상징하는 아람군대에게 살아계신 하나님의 영광을 보여주는 하나님의 섭리로 본 것입니다. 이스라엘 땅에 살아계신 하나님의 선지자가 있다는 것을 똑똑히 보여주고자 함입니다. 때문에 당장 아람군대를 죽이기보다는 그들에게 하나님의 살아계심을 똑똑히 보여주고 복음에 대해 핑계하지 못하게 하는 목적이 더 우선했던 것입니다.

그래서 그들을 선대해 준 것입니다. 어찌 보면 이 긴자의 여유와 관대함이기도 합니다. 이 긴자의 사랑입니다. 인간적으로 보면 원수를 살려주는 것은 전혀 이해가 안 됩니다. 왜냐하면 그들이 다시 보복을 해 올수 있기 때문입니다. 그러나 엘리사는 자신감이 있었던 것입니다. 모든 것이 하나님의 손안에 달려있음을 똑똑히 보았고, 확실한 믿음이 있었기 때문입니다. 이것은 영안이 열린 자만 누릴 수 있는 특권입니다. 이처럼 영안이 열리면 세상이나 삶에 대해 두려움이 사라집니다. 삶의 여유가 생깁니다. 모든 일에 자신감이 생깁니다. 영안이 열리면 하나님의 마음을 알기 때문입니다. 그리고 하나님의 권능을 믿기 때문입니다. 그분의 힘을 의지하기 때문입니다. 모든 것에 하나님의 전적인 도움을 힘입기 때문에 승자의 여유가 생긴 것입니다. 그래서 더 이상 삶이 옹졸하지 않습니다. 쫄쫄이처럼 행동하지 않습니다.

그러므로 성도는 반드시 영안이 열려야 합니다. 영안이 열리지 아니하면 세상 사람과 다를 바가 전혀 없습니다. 영안이 열려야 하늘의 신령한 세계를 보고 누리며 살 수 있습니다. 영안이 열려야 세상에서 하나님의 자녀로서 담대하게 살아갈 수 있습니다. 자신감을 갖고 당당하게 살 수 있습니다. 기도하십시다. 기도는 우리의 잠자는 영안을 열어주는 가장 분명한 통로입니다. 할렐루야!

20장 하나님의 군사로 부르시고 훈련하실 때

(왕상17:21-24)"그 아이 위에 몸을 세 번 펴서 엎드리고 여호와께 부르짖어 이르되 내 하나님 여호와여 원하건대 이 아이의 혼으로 그의 몸에 돌아오게 하옵소서 하니, 여호와께서 엘리야의 소리를 들으시므로 그 아이의 혼이 몸으로 돌아오고 살아난지라. 엘리야가 그 아이를 안고 다락에서 방으로 내려가서 그의 어머니에게 주며 이르되 보라 네 아들이 살아났느니라. 여인이 엘리야에게 이르되 내가 이제야 당신은 하나님의 사람이시요 당신의 입에 있는 여호와의 말씀이 진실한 줄 아노라 하니라."

하나님은 살아계신 하나님을 증명하는 사역에 사용할 크리스천을 직접 성령으로 인도하면서 훈련하십니다. 직접 살아계신 하나님을 체험하게 하십니다. 성경에 나오는 믿음의 선진들은 모두 하나같이 직접 살아계신 하나님을 체험하게 하셨습니다. 아브라함도 살아계신 하나님을 체험했습니다. 이삭도 살아계신 하나님을 체험했습니다. 이스라엘도 살아계신 하나님을 체험했습니다. 요셉도 살아계신 하나님을 체험했습니다. 모세도 살아계신 하나님을 체험했습니다. 여호수아와 갈렙 역시 마찬가지입니다. 다윗도 살아계신 하나님을 체험했습니다. 오늘 본문에 나오는 엘리야 역시 살아계신 하나님을 체험했습니다. 다니엘과 세 친구역시 살아계신 하나님을 체험했습니다. 모두 하나같이 살아계신 하나님을 체험하여 어떠한 일이 일어나더라도 당황하지 않고 하나님께서 부여한 사명을 감당했습니다.

하나님께서는 살아계신 하나님을 체험하게 한 후에 하나님께서 부여한 일을 하도록 하십니다. 하나님께서 영이시면서 살아계시는 분이기 때문입니다. 필자는 현 시대에 성령의 인도를 받는 크리스천들도 역시 성령의 인도를 받으면서 살아계신 하나님을 체험하게 하십니다. 일부 목회자들이 자기에게 와서 훈련을 받으라고 합니다. 그리고 자기 제자라고 합니다. 그런데 영적으로 따지면 잘 못된 오해한 말입니다. 분명하게 성경은 "너희는 주께 받은바 기름 부음이 너희 안에 거하나니 아무도 너희를 가르칠 필요가 없고 오직 그의 기름 부음이 모든 것을 너희에게 가르치며 또 참되고 거짓이 없으니 너희를 가르치신 그대로 주 안에 거하라(요일 2:27)" 성령의 인도를 받으면서 성령께서 하나님의 군사로 훈련하시는 것입니다. 예수를 믿고 성령으로 거듭난 하나님의 자녀는 성령께서 직접 인도하시면서 훈련하십니다. 물론 사람을 통하여 훈련하십니다. 사람을 만나는 것도 성령께서 만나도록 인도하십니다. 사람을 통해서 훈련하는 것이지, 사람이 직접 훈련하지는 않는 것입니다. 이 오묘한 진리가 이해가 되어야 하나님과 관계가 열리고 성령의 인도를 받으면서 살아계신 하나님을 체험하게 됩니다. 그래서 세상에 나가 하나님의 살아계심을 증명하는 일꾼이 되는 것입니다. 자신도 살아계신 하나님을 체험하지 못하여 관념적인 신앙을 가지고 살아계신 하나님을 증명한다는 것은 언어도단(言語道斷)입니다. 하나님은 분명하게 영이십니다. 그래서 보이지 않습니다. 그러나 분명하게 인격이시며 살아계신 분입니다. 살아계신 하나님의 일꾼이 살아계신 하나님을 체험하지 못했다면 말이 안 되는 것입니다. 그래서 하나님은 살아계신 하나님을 체험하도록 성령의 인도를 받게 하시는 것입니다. 필자는 지금 시대에도 하나님은 살아계신 하나님을 증명하면서 사용할 일꾼들은 분명하게 살아계신 하나님을 체험하게 하신다고 믿고 있습니다. 우리가 오늘 엘리야의 여정을 보면서 살아계신 하나님께서 엘리야를 어떻게 훈련하셨는지 바르게 깨닫기를 바랍니다.

첫째, 엘리야를 통해 심판을 경고하시는 하나님. 아합은 이스라엘의 하나님인 여호와 하나님을 선택하지 않고 바알과 아세라를 선택했습니다. 아합은 오므리의 아들이었습니다. 시돈의 아세라 신 제사장 겸 왕인 엣바알의 딸을 아내로 맞이하였습니다. 사마리아에 바알 신전을 만들고 사람들이 바알을 섬기게 하였습니다. 하나님은 엘리야를 통해서 심판을 예고하십니다. 엘리야는 하나님을 "내가 섬기는 이스라엘 하나님 여호와"(왕상17:1)라고 고백합니다. 엘리야의 이름은 '나의 하나님은 여호와이시다'입니다. 엘리야는 여호와 하나님을 이스라엘의 하나님, 나의 하나님으로 고백합니다. 마땅히 이스라엘 백성이 섬겨야 할 하나님, 그러나 많은 백성으로부터 섬김을 받지 못하고 계셨습니다. 그 하나님께서 비가 없을 것을 엘리야를 통해서 선언하게 하십니다. 비를 누가 내리는지 알게 하시겠다는 것입니다. 바알과 아세라를 섬기지만 비가 오지 않습니다. 비가 오지 않음으로 바알과 아세라가 참

신이 아니라 하나님만이 참 신임을 드러내시는 것입니다.

둘째, 까마귀를 통해서 엘리야를 먹이시는 하나님. 하나님의 말씀이 엘리야에게 임합니다. 요단 앞 그릿 시냇가로 가서 숨으라고 명하십니다. 하나님은 아합이 엘리야를 죽이려고 할 것을 아시고 그를 숨게 하셨습니다. 엘리야의 영적인 권능이 낮은 상태이므로 아합을 만면 죽을 수 있기 때문입니다. 그릿 시냇가는 건천입니다. 비가 오면 흐르지만 비가 오지 않으면 마르는 시냇가입니다. 말라가는 시냇가의 물을 마시라고 하십니다. 그리고 먹을 것을 율법에 부정한 새인 까마귀를 통해서 공급하십니다. 아직 엘리야가 육체적인 수준이기 때문에 까마귀를 통하여 공급하시는 것입니다.

그릿 시냇가는 엘리야를 훈련하는 곳이며 하나님의 성품을 나타내는 곳입니다. 하나님의 방법은 사람의 생각을 초월합니다. 하나님의 방법은 내 방법과 다르다는 것을 알 때 하나님을 바로 만날 수 있습니다. 말라가는 그릿 시냇가를 보면서도 엘리야는 그곳을 떠날 수 없습니다. 하나님의 말씀을 기다려야 합니다. 하나님은 그 곳에서 까마귀를 통해서 떡과 고기를 공급해 주셨습니다. 참된 공급자이심을 보이십니다. 까마귀는 부정한 새입니다. 하지만 가치 없고 부정한 새를 통해서도 하나님은 공급하십니다.

셋째, 사르밧 과부를 통해서 먹이시는 하나님. 사람에게 전도하여 사람이 주는 것으로 살게 하십니다. 시돈 땅 사르밧에도 가뭄으로 기근이 임했습니다. 열왕기상 17장 8~9절입니다. "여호와의 말씀이 엘리야에게 임하여 이르시되 너는 일어나 시돈에 속한 사르밧으로 가서 거기 머물라 내가 그 곳 과부에게 명령하여 네게 음식을 주게 하였느니라." 시냇물이 마르자 여호와의 말씀이 엘리야에게 임합니다. 너는 일어나 시돈에 속한 사르밧으로 가서 거기 머물라고 합니다. 시돈은 아합 왕의 아내 이세벨의 아버지가 왕으로 다스리는 나라입니다. 이세벨의 아버지는 바알이 함께 한다는 엣바알입니다. 이러한 바알숭배의 본산지로 엘리야를 가게 합니다. 그런데 그 곳의 한 과부에게 여호와께서 명령하여 네게 음식을 주도록 하였다고 하십니다. 가난한 과부에게 하나님께서 미리 명령해 두신 것입니다.

열왕기상 17장 10~12절입니다. "그가 일어나 사르밧으로 가서 성문에 이를 때에 한 과부가 그 곳에서 나뭇가지를 줍는지라 이에 불러 이르되 청하건대 그릇에 물을 조금 가져다가 내가 마시게 하라. 그가 가지러 갈 때에 엘리야가 그를 불러 이르되 청하건대 네 손의 떡 한 조각을 내게로 가져오라. 그가 이르되 당신의 하나님 여호와께서 살아 계심을 두고 맹세하노니 나는 떡이 없고 다만 통에 가루 한 움큼과 병에 기름 조금 뿐이라 내가 나뭇가지 둘을 주워다가 나와 내 아들을 위하여 음식을 만들어 먹고 그 후에는 죽으리라"

엘리야사 사르밧으로 가서 성문에 이를 때에 한 과부가 나뭇가지를 줍는 것을 봅니다. 여호와의 지시기 있었기에 그 여자에게 물을 가지고와서 자기에게 마시게 하라고 합니다. 이제 마지막 양식을 먹고 굶어죽을 수밖에 없는 지경에 있는 여인에게 물을 가져오라고 합니다. 그러자 이 여인이 물을 가지로 갈 때에 엘리야가 그 과부에게 네 손의 떡 한 조각을 가져오라고 합니다. 엘리야가 목도 마르고 배도 고팠을 것입니다. 그런데 과부에게 하는 말을 보면 명령하는 형식입니다. 눈치를 보거나 사정을 보고 부탁하는 것이 아닙니다.

그러자 과부는 당신의 하나님 여호와께서 살아계심을 두고 맹세한다고 합니다. 여호와께서 이 과부에게 명령하셨기에 이 여인이 엘리야를 여호와 하나님의 선지자로 알았습니다. 그러나 그 여호와 하나님이 어떤 하나님이신지 잘 모릅니다. 그래서 가뭄 속에 떡과 기름의 기적만이 아니라 죽은 아들을 살리는 하나님이십니다. 말씀은 통의 가루 한 움큼과 병의 기름 조금 있는 그 여인의 마지막 양식을 주의 종이라는 사람이 거침없이 달라고 합니다. 우리는 이런 말씀을 통하여 주의 종에게 먼저 대접하는 것이 복을 받는다는 말을 합니다. 그러나 이미 여호와께서 그 여인에게 감동하여 마음을 열게 하셨다는 말씀으로 봐야 합니다. 여호와의 명령이 임하였기에 이렇게 됩니다.

열왕기상 17장 13~14절입니다. "엘리야가 그에게 이르되 두려워하지 말고 가서 네 말대로 하려니와 먼저 그것으로 나를 위하여 작은 떡 한 개를 만들어 내게로 가져오고 그 후에 너와 네 아들을 위하여 만들라. 이스라엘의 하나님 여호와의 말씀이 나 여호와가 비를 지면에 내리는 날까지 그 통의 가루가 떨어지지 아니하고 그 병의 기름이 없어지지 아니하리라 하셨느니라"

엘리야가 이 과부에게 명령하듯이 말하는 이유는 여호와의 말씀이 임하였기 때문입니다. 그리고 이 여인도 여호와의 명령을 받았지만 그러나 아직 두려운 것입니다. 그래서 엘리야가 두려워말고 가서 떡을 만들어 먼저 자기에게 가져오고 그 후에 너와 네 아들을 위하여 만들라고 합니다. 한 움큼의 밀가루로 떡을 만들면 떡 한 조각밖에 나오지 않을 것입니다. 그런데 무엇으로 자기와 아들이 먹을 수 있겠습니까? 이스라엘의 하나님 여호와의 말씀이 임하였기 때문입니다. 사람이 떡으로 사는 것이 아니라 하나님의 말씀으로 사는 것을 지금 이방 여인에게 알려주고 있습니다. 그러면서 여호와께서 비를 지면에 내리는 날까지 그 통의 가루가 떨어지지 아니하고 그 병의 기름이 없어지지 아니할 것이라고 합니다.

열왕기상 17장 15~16절입니다. "그가 가서 엘리야의 말대로 하였더니 그와 엘리야와 그의 식구가 여러 날 먹었으나, 여호와께서 엘리야를 통하여 하신 말씀 같이 통의 가루가 떨어지지 아니하고 병의 기름이 없어지지 아니하니라." 그 과부가 엘리야의 말대로 하였습니다. 이 과부가 엘리야의 말대로 한 것은 여호와의 명령이 임하였기 때문입니다. 여호와의 말씀에 이 여인이 순종한 것입니다. 그렇게 하자 엘리야 선지자의 말대로 비가 오기까지 그 통의 가루와 그 병의 기름이 다하지 않았습니다. 그런데 이 과부의 집에 엘리야 선지자가 가서 함께 식사를 하고 그곳에서 지내는 것입니다. 이런 말씀을 통하여 무엇을 하나님은 계시하시려고 하십니까?

주의 종을 잘 섬기면 아무리 기근의 때라도 하나님께서 기적적으로 보호하여 주신다는 그런 말씀일까요? 오늘도 일부 주의 종이라는 분들이 이 말씀을 이런 식으로 봅니다. 그런데 자신이 주의 자녀라고 하면서도 주의 종이라는 자들의 말에 과연 그러 한가 하여 상고하지도 않고 맹신을 합니다. 그러므로 이런 본문을 가지고 주의 종을 잘 섬기면 복을 받는다는 식으로 해석하고 적용을 하면 그런 자들을 잘 대접합니다. 그런 자들을 잘 대접하는 사람들의 마음은 어떤 마음일까요? 정말 말씀이 좋아서 그럴까요? 자신이 복을 받으려고 그렇게 할까요? 이런 것도 잘 상고를 해 보시기 바랍니다. 그런데 이 말씀을 바르게 해석하고 적용하신 예수 그리스도를 사람들이 어떻게 하려고 했습니까?

이는 누가복음 4장 16-30절을 보면 이해가 될 것입니다. 예수님께서 안식일에 회당에 들어가서 회당장이 내어 주는 성경을 읽으시고 그 성경의 말씀이 오늘 너희에게 응하였다고 하십니다. 그 말씀은 이사야서의 메시아에 대한 예언입니다. 그러자 사람들이 예수님을 믿지 않습니다. 그 이유는 예수님이 자신들의 고향사람이기 때문입니다. 예수님께서 이들이 믿지 않는 것을 보시고 엘리야시대 때에 이스라엘에 수많은 과부가 있었지만 한 사람에게도 보냄을 받지 않았고, 오직 시돈 땅의 사렙다 과부에게 보냄을 받았다는 말씀을 하십니다. 사렙다는 사르밧의 헬라어 음역입니다. 그러자 예수님을 사람들이 돌로 쳐서 죽이려고 합니다. 성경의 말씀이 응하였다는 말씀과 엘리야 시대 때의 이방인 과부와 엘리사 시대 때의 이방인 나아만이 고침을 받은 이야기를 예수님께서 하실 때에 왜 이들이 예수님을 죽이려고 합니까?

아합 왕 시대 때에 하나님의 백성이라는 이스라엘 백성들이 바알과 아세라를 섬기고 있습니다. 이러한 이스라엘 백성들에게는 기근을 내리시고 시돈 땅의 사르밧 과부에게는 하나님께서 엘리야를 보내십니다. 사르밧 과부가 엘리야를 공궤한 사실이 대단한 것이 아니라, 하나님의 선지자가 이방 여인 사르밧 과부에게 찾아간 것이 놀라운 은혜입니다. 그런데 이 말씀은 상대적으로 이스라엘은 버림을 받았다는 말씀입니다. 이것이 바로 예수님을 죽이려고 하는 이유가 됩니다. 하나님이 우리의 하나님이 아니라, 유대인들이 개와 돼지처럼 취급하는 이방인들에게 구원이 주어졌다는 것에 분노를 하는 것입니다. 그러므로 성경의 말씀을 통하여 자신의 죄인 됨을 알지 못한다면 지금 예수님을 죽이려는 유대인과 같은 꼴이 나오는 것입니다.

마태복음 15:21~28절을 보면 이해가 됩니다. 21절에서 예수님께서 거기서 나가셨다고 하시는 거기가 어디입니까? 15:1절에서 예루살렘에서 나온 바리새인들과 서기관들이 있는 곳입니다. 율법의 의로 흠이 없다는 그들, 장로들의 유전과 전통까지 지키는 그들에게서 나가셔서 두로와 시돈 지역으로 가십니다. 엘리야가 여호와의 말씀대로 간 그 사르밧, 곧 사렙다 과부를 만난 그 곳으로 가십니다. 그 곳에서 가나안 여인 곧 이방인 여인이 예수님께 나아와서 자기 딸이 흉악한 귀신이 들렸으니 고쳐 달라고 합니다. 제자들이 예수님께 그 여자가 소리 지르니 그를 보내라고 합니다. 예수님께서 이스라엘의 잃어버린 자를 찾으러 왔지 다른 곳에 보냄을 받지 않았다고 합니다. 그런데도 그 여인은 간청을 합니다. 예수님께서 자녀들의 떡을 개들에게 주는 것이 아니라고 하십니다.

그러자 그 여인이 옳소이다마는 개들도 제 주인의 상에서 떨어지는 부스러기를 먹는다고 합니다. 이때 예수님께서 여자여 네 믿음이 크다고 하셨습니다. 예수님께서 칭찬하신 이 여인의 믿음이 바로 엘리야를 통하여 보여주신 그 과부의 이야기의 결론입니다. 그 과부가 여호와의 명령을 받아 엘리야를 공궤하였지만 엘리야가 그 여인을 찾아간 것은 일방적으로 여호와 하나님께서 그 여인을 선택하시고, 그 말씀을 듣고 믿게 하신 것이 하나님의 은혜입니다. 이 하나님의 은혜가 임한 자는 예수님이 어떤 분이지 알고 믿게 됩니다. 주님 앞에서 자신이 개와 같은 자임을 알고 주인의 상에서 떨어지는 떡 부스러기라도 먹겠다는 믿음이 큰 믿음임을 엘리야 시대 때는 사르밧 과부를 통하여 보여주시고, 예수님 때에 그 과부의 동네에서 믿음이 큰 여인이 나왔습니다. 그러므로 이런 믿음이란 전적으로 하나님의 은혜의 선물입니다.

넷째, 과부의 아들을 살리는 엘리야. 사르밧 과부는 그의 아들이 죽었을 때 절망했습니다. 그 여자는 얼마 남지 않은 가루통의 가루와 기름 조금으로 떡을 만들어 믿음으로 엘리야에게 주어서 가루통에 가루가 떨어지지 않고 기름병에 기름이 떨어지지 않는 기적을 불러온 믿음의 여인이었습니다. 그 과부는 믿음이 있는 사람이었지만, 자기 생각의 한계를 넘어서지는 못했습니다. 사람들은 아들이 죽으면 보통 '이제 절망이다! 끝이다!' 하고 생각합니다. 죽은 아들이 다시 살 것이라는 믿음을 전혀 갖지 못하기 때문에 당연히 그렇게 생각할 수밖에 없는 것입니다.

사르밧 과부는 원망했습니다. 엘리야에게 나와서 말하기를 "당신이 나로 더불어 무슨 상관이 있기로 내 죄를 생각나게 하고, 또 내 아들을 죽게 하려고 내게 오셨나이까?" 하고 원망하며 정말 슬퍼했습니다. 그러나 똑같이 아이가 죽은 형편 앞에서 엘리야의 마음은 전혀 달랐습니다. 엘리야도 사르밧 과부와 똑같은 사람이지만, 그 과부보다 하나님 편에 훨씬 더 가까이 있었기 때문에 엘리야는 지금까지 자기가 보고 경험한 생각의 세계 속에 거하지 않고 하나님께서 어떻게 일하실지 소망을 가지고, 그 아이를 안고 하나님의 임재가 있는 자기가 거처하는 다락에 올라가 침상에 누이고, 아이 위에 엎드려 여호와께 부르짖었습니다.

"나의 하나님 여호와여! 원컨대 이 아이의 혼으로 그 몸에 돌아오게 하옵소서!" 엘리야가 그렇게 기도한 것은 하나님께서 그 아이를 다시 살게 하여 주실 것을 믿는 믿음에서 일어난 것이었습니다. 물론 사르밧 과부도 기도할 줄 알았을 것입니다. 그러나 그 여자 생각에는 '어떻게 죽은 아이가 다시 살아나? 이건 안 돼!' 하는 마음이 있기 때문에 아이를 살려 달라고 하나님께 기도하지 못하고 원망과 슬픔이 터져 나온 것입니다. 반대로 엘리야는, 그 아이가 죽어서 슬픈 상황에 있지만 하나님께서 그 아이를 다시 살리실 수 있다는 믿음이 있기 때문에 하나님께 기도하고 구한 것입니다.

사르밧 과부는 하나님께서 가루통의 기적을 일으키실 것은 믿었지만, 믿음과 생각이 거기까지는 갔지만, 자기 생각의 한계를 넘지 못했기 때문에 죽은 아들을 하나님께서 다시 살리실 것이라는 믿음은 일어나지 않았습니다. 그래서 죽은 아들을 보았을 때 원망하고 슬퍼할 수밖에 없었습니다. 엘리야는 달랐습니다. 자기 생각으로는 죽은 아이가 다시 살아날 것처럼 보이지 않았지만, '이건 내 생각이고, 하나님께서 나와 같이 계시니까 이 아이를 살리실 거야. 하나님이 이 아이를 죽게 하실 이유가 뭐야? 살리실 거야!' 하고 믿었습니다. 엘리야는 자기 생각의 한계를 넘어선 것입니다. 자기가 알고 있는 지식의 한계, 자기가 알고 있는 경험의 한계, 자기가 갖고 있는 생각의 한계를 넘었기 때문에 엘리야 속에 계신 하나님께서 그 아이를 살리신 것입니다. 하나님은 살아계신 하나님을 체험하고 증명하게 하십니다. 엘리야와 같은 하나님은 죽은자도 살린다는 한계를 초월하는 믿음이 있을 때 체험하는 것입니다.

우리는 살아계신 하나님을 체험하고 증명하는 신앙생활을 하기 위해서 내가 지금까지 알고 있던 관념이나 지혜나 경험, 지식이나 합리 등, 그 모든 것을 버려야 합니다. 왜 그런가? 하나님은 살아계시고 천지 만물을 초자연적으로 움직이는 살아계시는 분이기 때문에 내가 가지고 있는 생각 밖의 일을 하실 수 있고, 내가 도저히 미치지 못하는 일을 능히 하실 수 있는데, 관념이나 지식 같은 것들을 가지고는 하나님을 믿는 믿음의 세계에 도달할 수 없기 때문입니다. 하나님은 전능하신 분입니다. 능치 못하심이 없는 하나님이라면, 그분은 능히 내 지식이나 한계를 넘어서 일하실 수 있고, 우리 생각이 도저히 미치지 못할 일을 능히 이루십니다. 우리가 그 하나님을 믿을 때, 하나님은 우리 믿음을 따라 역사하십니다.

엘리야는 하나님을 경험했기 때문에 자기 생각의 한계를 넘어서서 하나님을 믿었습니다. 엘리야는 사르밧 과부의 아들이 능히 살줄을, 하나님이 능히 살리실 줄을 믿었습니다. 우리도 내 생각의 한계를 넘어서서 믿음을 키워갈 때 하나님께서 능력으로 일하시는 것을 경험할 수 있습니다. "여호와께서 엘리야의 소리를 들으시므로 그 아이의 혼이 몸으로 돌아오고 살아난지라. 엘리야가 그 아이를 안고 다락에서 방으로 내려가서 그의 어머니에게 주며 이르되 보라 네 아들이 살아났느니라. 여인이 엘리야에게 이르되 내가 이제야 당신은 하나님의 사람이시요 당신의 입에 있는 여호와의 말씀이 진실한 줄 아노라 하니라(왕상17:22-24)." 사르밧 과부가 "당신은 하나님의 사람이시요 당신의 입에 있는 여호와의 말씀이 진실한 줄 아노라" 이제 하나님은 엘리야를 갈멜산 영적대결로 인도하십니다.

다섯째, 갈멜산 영적대결. 엘리야가 사르밧 과부에게 "당신은 하나님의 사람이시오"라는 칭호를 듣자 하나님은 엘리야에게 아합 왕에게 가서 영적대결을 요청하라고 하십니다. 엘리야는 아합에게 바알과 아세라 선지자들과의 '일전, 대결'을 요구합니다. '제단에 불을 보내셔서 응답하는 신이 참 하나님'이라고 하는 제안입니다. 이스라엘에게 환난이 닥친 이유는 심판을 선포한 엘리야에게 있는 것이 아니라, 하나님 앞에 죄와 반역을 행하는 아합과 이스라엘 백성에게 있다는 것입니다. 양단간에 결판을 내야지하는 마음입니다. 오늘 열왕기상 18장 21절입니다. "엘리야가 모든 백성에게 가까이 나아가 이르되 너희가 어느 때까지 두 사이에서 머뭇머뭇 하려느냐 여호와가 만일 하나님이면 그를 좇고 바알이 만일 하나님이면 그를 좇을지니라 하니 백성이 한 말도 대답지 아니하는지라" 여기 21절에서 아주 중요한 단어, 그러니까 '갈멜산의 싸움'에서 'Key Word'가 되는 하나가 나오는데, '한 말도 대답지 못하였다'고 하는 말입니다. 하나님과 바알 '양쪽에 다리를 걸치고' 있던 백성들은 엘리야의 말에 한 마디도 '대답하지 못하였다'고 증거 합니다.

바알과 아세라를 섬기는 제사장 850명은 아침부터 낮까지(26절) 그들의 종교 관행대로 '기도'했습니다. 나중에는 '춤'(26절)까지 추면서 그들의 의식을 진행합니다. 심지어 28절을 보면, '자신의 몸을 칼을 찔러 '자해'까지 하고 마지막으로 '무아지경'(29절)에까지 이릅니다.' 그러나 아무런 일도 일어나지 않았습니다. 바알과 아세라는 '응답할 수 없는 신'이었던 것입니다.

엘리야의 기도 차례가 되어 기도하여 하나님께서 엘리야의 기도에 응답하시니 "이에 여호와의 불이 내려서 번제물과 나무와 돌과 흙을 태우고 또 도랑의 물을 핥은지라(왕상 18:38)" 이스라엘 사람들이 "모든 백성이 보고 엎드려 말하되 여호와 그는 하나님이시로다 여호와 그는 하나님이시로다 하니(왕상 18:39)" 하나님의 살아계심을 체험하고 하나님께 경배를 올립니다. 엘리야의 기도 '응답의 조건'입니다. 허물어진 예배의 단, 헌신의 단을 바로 세우십시오. 그리고 기도의 자리를 계속 지켜 나아가십시오. 자꾸 여기 저기 기웃거리지 마십시오. 자꾸 이 사람 저 사람 찾아다니며 하소연하지 마십시오. 하나님만 바라보십시오. 하나님만 의지 하십시오. 주님이 하십니다. 주님이 이루십니다. 이 일을 위해서 '엘리야'를 보내시고, 갈멜산에 불을 내리시고, 3년 6개월 동안 가뭄이 들게 하시고, 가물었던 온 땅에 비를 내리셔서, 하나님이 이 모든 것을 다스리시는 분이라는 사실을 가르치십니다.

엘리야는 영적대결의 후유증으로 한 로뎀 나무 아래에 앉아서 자기가 죽기를 원합니다. 그러니 하나님께서 천사를 보내어 숯불에 구운 떡과 한 병 물이 가져다가 줍니다. 먹고 마시고 다시 누웠더니, 이에 일어나 먹고 마시고 그 음식물의 힘을 의지하여 사십 주 사십 야를 가서 하나님의 산 호렙에 이르렀습니다(왕상 19:5-8). 호렙산에서 하나님의 음성을 듣습니다. "여호와께서 그에게 이르시되 너는 네 길을 돌이켜 광야를 통하여 다메섹에 가서 이르거든 하사엘에게 기름을 부어 아람의 왕이 되게 하고, 너는 또 님시의 아들 예후에게 기름을 부어 이스라엘의 왕이 되게 하고 또 아벨므홀라 사밧의 아들 엘리사에게 기름을 부어 너를 대신하여 선지자가 되게 하라. 하사엘의 칼을 피하는 자를 예후가 죽일 것이요, 예후의 칼을 피하는 자를 엘리사가 죽이리라. 그러나 내가 이스라엘 가운데에 칠천 명을 남기리니 다 바알에게 무릎을 꿇지 아니하고 다 바알에게 입 맞추지 아니한 자니라(왕상 19:15-18). 이렇게 엘리야를 하나님의 살아계심을 체험하게 하시려고 훈련하시고 사용하십니다.

5부 필자가 살아계심을 인정하게 하셨다.

21장 성령께서 보증적인 역사로 증명하셨다.

(왕상 18:44-46) "일곱 번째 이르러서는 그가 말하되 바다에서 사람의 손 만한 작은 구름이 일어나나이다 이르되 올라가 아합에게 말하기를 비에 막히지 아니하도록 마차를 갖추고 내려가소서 하라 하니라. 조금 후에 구름과 바람이 일어나서 하늘이 캄캄해지며 큰 비가 내리는지라 아합이 마차를 타고 이스르엘로 가니, 여호와의 능력이 엘리야에게 임하매 그가 허리를 동이고 이스르엘로 들어가는 곳까지 아합 앞에서 달려갔더라."

하나님은 영이십니다. 영이시지만 인격이 있으시면서 살아계십니다. 하나님께서는 보이지 않기 때문에 환경에 증표를 보이시면 인도하십니다. 하나님의 음성을 순종하면 보이는 역사가 나타납니다. 보이는 역사가 나타나는 것은 하나님께서 동행하신다는 증표입니다. 하나님은 진리의 말씀을 정확하게 이해하도록 말씀대로 역사하여 체험하게 하십니다. 하나님은 말씀대로 순종할 때 기적을 행하십니다. 미혹당하지 않도록 환경에 증표를 보여주시면서 따라오게 하십니다. 하나님께서 들려주시는 레마에 순종할 때 기적적인 역사가 일어난다는 것은 하나님께서 함께 하고 계신다는 보증입니다. 필자가 체험한 바로는 세상을 살아오면서 기적을 체험하고 일으키는 것은 하나님께서 함께하신다는 보증이라는 것입니다. 하나님께서 함께 하신다는 증거는 기사와 이적이라고 할 수가 있습니다. 하나님은 이스라엘 민족을 인도하실 때 기사와 이적을 통해서 인도하셨습니다. 기사와 이적을 눈으로 보면서 하나님의 인도를 받았다는 것입니다. 하나님은 성도를 기사와 이적을 눈으로 보면서 축복의 땅으로 들어가게 하십니다. 하나님은 살아계시기 때문에 말씀하신 것을 그대로 이루시는 하나님이십니다. 그래서 하나님은 성도들에게 기사와 이적을 보게 하면서 축복의 땅으로 인도하십니다.

첫째, 성령의 보증적인 역사를 따르라. 보증의 역사란 이런 것입니다. 하나님께서 함께하신다는 증거 보증입니다. 기도에 응답하셨다는 보증입니다. 예를 들어 설명하면 엘리야가 갈멜산에서 이세벨의 상에서 먹던 선지자 450인과 아세라 상에서 먹던 선지자 400과 영적대결을 할 때 하나님께서 불이 제단에 내리도록 하시어 승리하게 하셨습니다. 엘리야가 제단에 성령 불이 임하고는 귀신의 제자들을 다 잡아 죽이고 그 다음에 비오기를 구했습니다. 비가 온다는 것은 축복을 말하는 것입니다. 하나님께서 기뻐하신다는 증거입니다. 하나님은 살아계시기 때문에 말로만 응답하시는 분이 아니고, 실제 환경에 역사를 일으키셔서 기적같이 문제를 해결하십니다. 그렇기 때문에 기도해서 응답을 받았으면 응답하신대로 순종하여 기적이 일어나야 살아계신 하나님께서 함께하신다는 증명이 되는 것입니다. 지금 이스라엘 나라에 가뭄이 3년 반 동안 왔습니다. 이를 해결하기 위하여 영적싸움을 했으니 이제 비가 내려야 땅에 열매를 맺지 않겠습니까? 하나님께서 응답하신 보증이 증명되지 않습니까?

우리의 삶에 열매 맺는 복 받는 삶을 살기 위해서는 축복의 단비를 구해야 하는데 이 축복의 단비는 그냥 구한다고 오는 것이 아닙니다. 제단을 수축하고 성령 불을 받고, 그리고 귀신을 쫓아내고 축복을 구해야 하는 것입니다. 비오기를 구해야 합니다. 축복을 받기를 기도해야 됩니다. 우리는 간절히 기도해야 합니다. 엘리야가 기도할 때 얼마나 간절했던지 머리가 두 다리 사이에 들어갔습니다. 기도를 간절히 하면 배가 오므라집니다. 머리를 두 다리에 넣고 간절히 기도하되, 그 사환에게 산꼭대기에 올라가서 증거가 있는지 일곱 번이나 올라가라고 했습니다. 증거가 나타날 때까지 기도하는 것입니다.

한두 번 기도하고 그만두면 안 됩니다. 구름이 떠오를 때까지 기도해야 합니다. 구름이 뭡니까? 하나님께서 보증하신 마음의 확신의 구름인 것입니다. 마음이 불안과 초조 공포로 꽉 들어차 있을 때에 기도하면 마음에 확신의 구름이 떠오르기 시작한 것입니다. 확신이 들어옵니다. 그리고 환경에 증표가 나타나는 것입니다. 그때까지 기도해야 합니다. 야고보서 1장 6절에 "오직 믿음으로 구하고 조금도 의심하지 말라 의심하는 자는 마치 바람에 밀려 요동하는 바다 물결 같으니" 의심이 사라지고 믿음이 마음 속에 구름장처럼 떠올라야 합니다.

마가복음 21장 22절에 "너희가 기도할 때에 무엇이든지 믿고 구하는 것은 다 받으리라 하시니라" 믿음의 확신이 들어올 때까지 기도해야 됩니다. 환경에 떠오르는 증거의 구름이 있습니다. 우리가 믿음으로 기도를 할 때에 환경에 응답이 오는 증거가 보이는 것입니다. 잠언 3장 6절에 "너는 범사에 그를 인정하라 그리하면 네 길을 지도하시리라" 기도를 간절히 해야 하나님의 기적 같은 손길이 나타나는 것입니다. 사람이 찾아온다든지, 환경이 변화 된다든지, 증표가 나타난다든지, 역사가 일어나기 시작하는 것입니다. 그럴 때까지 기도해야 합니다. 그러고 난 다음, 마음에 확신의 구름장이 떠오르고 환경에 증거나 나타나거들랑 입으로 강하고 담대하게 시인하십시오. 엘리야가 뭐라고 말했습니까? 빨리 가서 왕에게 병거를 정비하고 출발하도록 하시어 큰 비의 소리가 들린다고 말했습니다. 아직 비가 내리지 않는데도 없는 것을 있는 것과 같이 시인했습니다.

지금 은혜에 베풀 때에 구원의 날에 하나님의 성령의 단비, 축복의 단비가 쏟아지게 하기 위해서는 우리는 엘리야가 하는 것처럼, 무너진 제단을 수축하고 성령의 불을 구해서 받아야 하는 것입니다. 그러고는 우리 주위에 모든 귀신들을 다 쫓아내야 하는 것입니다. 예수 이름으로 마귀와 귀신을 쫓아내고 그리고 축복의 단비를 간절히 간구할 때에 하나님께서는 메마른 하늘에서 축복의 단비를 부어 주십니다. 3년 6개월 동안 메말라도 하늘에서 단비를 부어주십니다. 그리고 땅에 열매를 맺습니다. 우리의 삶이 영혼이 잘 됨 같이 범사에 잘되며 강건하고 생명을 얻되 넘치게 얻는 열매를 맺게 되는 것입니다. 우리는 하나님의 음성을 듣는 것도 중요하지만 들은 대로 순종하여 하나님의 기적의 역사가 일어나야 합니다.

둘째, 환경에 보증의 역사가 나타나면 하나님께서 동행하시는 증거이다. 그렇기 때문에 환경에 보증의 역사가 일어나면 순종해야 합니다. 성령의 사람은 하나님의 음성, 보증의 역사라면 자신에게 아무리 큰 손해가 와도 아멘으로 순종해야 합니다. 순종해야 보증의 역사가 일어나기 때문입니다. 그 이유는 하나님의 일이기 때문입니다. 그렇게 되어야 하나님과 관계가 열리는 것입니다.

2000년도 11월로 기억이 납니다. 필자가 하도 힘이 들어 새벽에 사모 외에 아무도 오지 않은 새벽기도 시간에 하나님에게 기도를 드렸습니다. 하나님 어떻게 해야 합니까? 어떻게 해야 합니까? 하고 물어보니까, 소리가 들리는 음성으로 앞으로는 영성이다. 21세기에는 영성이다. 영성! 영성! 영성! 그래서 영성이라 영성은 내가 신대원 다닐 때 조직신학 교수님이 이단이라고 했습니다. 그때 가정 사역을 하시는 교수님이 치유에 관한 책을 나누어 주셨는데 다 돌려주라고 해서 돌려 준 것이 생각이 났습니다.

그래서 그때 교수님의 말씀이 필자의 머리에 남아 자아가 된 것입니다. 그러나 필자는 내가 직접 알아보겠다하고 인터넷을 들어가 영성이라고 쳤더니 한 영성원이 나왔습니다. 그래서 자료들을 하루 종일 읽어 보니 내 수준으로는 이단성을 발견할 수가 없었습니다. 그래서 그곳에 전화를 했습니다. 여성분이 전화를 받는데 아주 친절하게 안내하여 주었습니다. 매주 목요일 날 여전도 회관에서 집회가 있다는 것입니다. 그래서 사모를 대동하고 같습니다. 필자는 어디를 기면 꼭 사모를 대동합니다. 왜냐하면 당시 우리 사모가 필자보다 신앙 수준이 높았기 때문에 분별해 보라고 데리고 갑니다. 또 제가 혼자 어디 같다가 오면 설명해주기가 아주 복잡해지기 때문이기도 합니다.

그래서 목요일 날 가서 강의를 들었습니다. 그랬더니 우리 사모의 반응이 아주 좋았습니다. 자기가 듣고 싶은 말씀이었는데 여기서 듣는 다고 아주 좋아했습니다. 집회가 끝나고 상담하실 분들은 상담하러 오시라고 하면서 앞에 있는 건물 이층으로 오라고 했습니다. 그래서 가슴도 답답하고 어찌할 바를 잘 모를 때라 순서를 기다리다가 목사님의 상담을 들어보니까 저보고 마음이 아주 답답하다고 하셨습니다. 맞습니다. 어떻게 해야 합니까? 여기 있는 테이프를 빌려다가 계속 보면서 영성의 눈을 뜨라고 하셨습니다. 그래서 사모에게 테 잎을 빌려 가지고 해서 한 보따리를 들고 와서 그것을 보고 들었습니다. 처음에는 무슨 말인지를 모르다가 차츰 들리고 익숙 되어 갔습니다.

목요일 날 계속 다니다가 그곳에서 11월 마지막 주에 3박 4일 집회가 있다고 해서 그곳에 가서 3박 4일 집회를 참석했습니다. 참석해서 목사님 강의를 들으니까, 필자가 지금까지 마귀 귀신 노릇을 한 것이 보이기 시작했습니다. 그래서 회개도 많이 했습니다. 그때 저는 신유은사가 강하게 나타날 때라 거기오신 목사님들의 질병안수도 해드렸습니다. 허리가 아파서 몇 달 고생을 하시다가 오신 목사님이 저의 예수 이름으로 기도한 기도에 깨끗하게 치유가 되었습니다. 소문이 나자 이 목사님 저 목사님이 기도를 해달라고 해서 기도를 해드렸습니다. 그리고 수요일 날이 되었습니다. 이날은 상담과 예언기도를 받는 날입니다. 목사님은 상담하시면서 은사를 알려주시고, 목사님 장녀인 젊은 사모님은 예언을 해주었습니다.

먼저 목사님에게 들어갔더니 저보고 방언기도를 해보라고 하시더니 제 어깨에 손을 얹으시더니 이렇게 말씀을 하시는 것입니다. 목사님 목사님은 말만 선포하면 이루어지는 권능을 받았습니다. 그런데 성령께서 지금 슬퍼하십니다. 예! 성령께서 성령의 감동에 순종하지 않는다고 한번만 더 감동에 순종하지 않으면 떠나신다고 하십니다. 성령의 감동에 순종하세요. 몇 번 불순종을 하셨습니다. 성령께만 순종하면 성령께서 역사를 일으키며 아주 크게 사용하신답니다. 그리고는 되었다고 나가라고 해서 나왔습니다.

내가 성령의 감동에 순종을 하지 않았다니 이게 무슨 소리야 하고 곰곰이 생각을 해보니까, 생각이 났습니다. 우리 성도 몇 명 되지 않은데 저보고 부흥회를 안도하라는 것을 두 번 거역을 했습니다. 왜냐고요 부흥회 한다고 해봤자 한 두 명 올 것이 확실한 일인데, 그래도 내가 누구인데 두 명 놓고 부흥회를 한단 말인가 하고 하지 않았습니다. 필자가 부교역자 시절에도 예배를 잘 인도 했습니다. 성도들이 막 울고 하면서 은혜들을 받았다고 했습니다. 그래서 성령의 감동에 불순종한 사실을 인정하고 앞으로 철저하게 순종하겠습니다. 하고 회개를 했습니다.

이제 젊은 사모님에게 들어갈 순서가 되어 사모님에게 갔습니다. 사모님 역시 저보고 방언기도를 해보라고 하더니 함께 기도하며 방언을 하다가 되었습니다. 하시더니 목사님 정말 열심히 하십니다. 예! 아주 열심히 합니다. 목사 되고 처음 열심히 한다는 말을 들으니까 기분이 좋았습니다. 그러더니 하는 말이 목사님은 고기를 잡으러 다니는 것이 아니고 뒤에서 고기를 쫓고 다니십니다. 예! 그것이 무슨 이야기 입니까? 한 참 한심하다는 눈초리로 제 얼굴을 보더니만, 이렇게 말하는 것이었습니다. 지금 생각하니 그때 필자는 목사는 되었지만 정말로 영적인 무지한이 따로 없었습니다. 그 무지한 목사를 하나님이 영성을 알게 하시여 십수 년 동안 연단하시면서 훈련하시어 지금의 수준으로 올려놓으신 하나님께 영광을 돌립니다.

사모님이 하시는 말이 누가복음 5장에 보면 예수님이 베드로를 부르신 장면이 있지요, 그때 베드로가 저녁내 동안 고기를 잡았지만 고기를 잡았습니까? 예 한 마리도 못 잡았지요, 목사님도 마찬가지입니다. 목사님의 인간적인 수단과 방법을 동원하여 열심히 고기를 잡으러 다녔지만 거의 허탕을 치셨습니다. 이제 베드로 같이 기도하여 주님의 음성을 듣고 고기를 앞에서 막아서 잡아보세요. 그래서 아 하나님의 음성을 들어야 되고, 성령의 인도에 순종해야 하는구나 하고, 그때부터 무조건 기도하다가 감동이 오면 병원에도 가서 전도하고 아파트도 가서 전도하였습니다. 그 집회에 참석한 후 성령의 인도의 중요성을 알고 성령의 인도를 받는 사람이 되려고 노력하였습니다.

차츰 영성에 눈을 뜨기 시작했습니다. 그곳에서 영성에 대하여 조금 눈을 뜨니 책들도 사서 읽게 되었습니다. 그리고 신유에 대하여 관심도 많이 가지게 되었습니다. 이즈음에 새벽기도를 하는데 성도들이 한명도 오지를 않았습니다. 그래서 하나님 성도들 좀 보내주세요 하고 항변을 하다가 깜박 졸았습니다. 그런데 꿈속에서 교회를 보니까 성도들이 많이 와서 예배를 드리려고 기다리고 있지를 않습니까, 그래서 놀라가지고 예배를 드리려고 성경을 찾으니까 강대상 위에 성경이 한 권도 없었습니다. 당시 강대상에는 성경이 세권이 있었는데 한 권도 보이지를 않았습니다. 다급해져서 이곳저곳을 다 찾아봤으니 종이쪽지만 나오고 성경이 없었습니다. 꿈을 깨고 난 다음에 저는 정신이 번쩍 들었습니다. 하나님이 성도들을 보내려고 해도 자네가 말씀이 없으니 어떻게 보내주겠느냐는 하나님의 응답입니다. 그래서 그때부터 성경을 읽기를 시작했고 말씀세미나도 참석하고 세미나 교재도 만들고 하여 말씀을 찾아 준비하기 시작하였습니다. 지금 생각하면 그때 그렇게 저의 상태를 적날하게 보여주지 않았더라면 나는 착각을 하고 목회를 했을 것입니다. 그래도 능력전도를 하니 성도수가 20명이 되어서 목사안수를 받았습니다. 성령께서 감동하신 대로 순종하여 하나님께서 역사하시기 시작을 한 것입니다. 성령의 인도를 따라가다가 보니 여기까지 온 것입니다. 성령께서 알려주신 대로 오로지 한 우물만 파면서 성령의 인도를 받은 결과입니다. 성령의 인도를 받다가 보면 환경이 어려울 때가 있습니다. 내가 잘못 따라온 것 아닌가 하고 말입니다. 그때도 담대하게 순종하면서 성령의 인도를 따라야 합니다.

그래서 성령의 인도에 대한 두려움을 잘 극복하여야 한다는 것입니다. 본인의 경험에 의하면 영적인 사역을 하기 위하여 새로운 은사가 하나씩 하나씩 개발될 때마다 큰 두려움이 왔다는 것입니다. 혹시나 이렇게 하다가 잘못된 소리를 들은 것이 아닐까? 사람들이 무어라 하지 않을까? 그러나 두려움이 온다고 포기하면 절대로 성령의 인도를 받을 수가 없고 필요한 성령의 은사는 개발될 수가 없습니다.

본인은 그래서 인터넷에 들어가 이단에 대한 자료를 뽑아 왜 이단이 되었는가도 연구했습니다. 잘못된 것이 무엇인지 바로 알고 성경대로 하면 문제는 없는 것입니다. 성경을 벗어나서 하니까 문제가 되는 것입니다. 그리고 하나님이 함께 한다는 믿음으로 담대하게 성령의 보증적인 역사를 따라가면 되는 것입니다.

하나님이 나의 아버지이신데 하나님을 기쁘시게 하려고 하는데 하나님이 책임져 주시겠지 라는 담대함을 가지고 밀고 나가면 됩니다. 언제나 하나님의 생각과 하시는 일은 맞는다는 것입니다. 그리고 내 생각은 틀리다는 믿음을 가지라는 것입니다. 반드시 말씀 안에서 성령의 은사가 개발되어야 합니다. 그리고 임상으로 체험해야 합니다. 그래야 정확한 성령의 은사를 개발할 수가 있고 성령님의 보증적인 역사를 따라갈 수가 있습니다.

그러면 이러한 두려움은 어떻게 극복해야하니까? 나는 더 이상 잃을 것이 없는 사람이다. 그러므로 생명도 걸 수가 있다는 담대함입니다. 많이 가진 자는 이 마음을 가지는 것이 불가능할 것입니다. 죽고자 하면 살게 됩니다. 창피를 각오해야 합니다. 수치

당하는 것을 각오해야 합니다. 다른 사람으로부터 핍박받을 것도 각오해야 합니다. 그래야 성령의 인도를 따라갈 수가 있습니다.

우리는 살아계신 하나님을 체험하고 증명하는 신앙생활을 하기 위해서 내가 지금까지 알고 있던 관념이나 지혜나 경험, 그 모든 것을 버려야 합니다. 왜 그런가? 하나님은 살아계시고 천지 만물을 초자연적으로 움직이는 살아계시는 분이기 때문에 내가 가지고 있는 생각 밖의 일을 하실 수 있고, 내가 도저히 미치지 못하는 일을 능히 하실 수 있는데, 관념이나 합리나 지식 같은 것들을 가지고는 하나님을 믿는 믿음의 세계에 도달할 수 없기 때문입니다. 하나님은 전능하신 분입니다. 능치 못하심이 없는 하나님이라면, 그분은 능히 내 지식이나 한계를 넘어서 일하실 수 있고, 우리 생각이 도저히 미치지 못할 일을 능히 이루십니다. 우리가 그 하나님을 믿을 때, 하나님은 우리 믿음을 따라 역사하십니다.

그리고 수고와 물질을 잃어버릴 것을 각오해야 합니다. 언젠가는 다 없어질 것입니다. 아까워하지 말아야 합니다. 하나님은 아십니다. 하나님이 보충하여 주십니다.

셋째, 성령의 보증적인 역사란 무엇인가? 하나님의 뜻과 같으니 보이는 역사가 나타나는 것입니다. 하나님은 성도에게 자신의 음성을 확신시키기 위하여 반드시 보증 적인 역사를 하심으로 믿음을 도우셨습니다. "저희가 서로 말하되 길에서 우리에게 말씀하시고 우리에게 성경을 풀어 주실 때에 우리 속에서 마음이 뜨겁지 아니하더냐 하고(눅 24:32)" 풀어줄 때에 가슴이 뜨겁지 안

터냐는 바로 주님은 우리에게 그의 음성을 확신시키기 위하여 보증적인 역사를 하신다는 것입니다. 예를 들면 우리가 들은 음성에 대해 말할 때, 또는 들을 때, 아멘이 나오고 저절로 고개가 끄떡여지는 것을 들 수 있습니다. 그 말을 할 때나 들을 때 찌릿 찌릿 하거나 가슴이 뜨거워집니다. 감동이 옵니다. 눈물이 나기도 합니다. 음성을 듣는 순간 불안함이 사라집니다. 진리가 깨달아집니다. 그래서 그랬구나하고 감동이 옵니다. 내 안에서도 생각으로 같이 음성이 들립니다. 음성 대로 순종하니 보이는 역사가 일어납니다. 보이는 증표가 보입니다. 환경에 기적이 나타납니다. 꼬이던 문제가 성령의 감동에 순종했더니 해결이 됩니다. 질병으로 고생하면서 기도했더니 어느곳을 가라고 감동하여 갔더니 질병이 호전되기 시작합니다. 우울증으로 고생하는데 어떤 분이 충만한 교회에 집회에 가보라고 해서 집회에 참석했더니 하루 만에 우울증이 호전이 되는 것이 느껴집니다. 그렇다면 성령의 인도가 맞는 것입니다. 몇 주더 다니면 완전하게 치유가 됩니다. 당장 치유가 되지 않는다고 해도 인내해야 합니다. 하나님은 인내를 시험하시기 때문입니다. 좌우지간 크리스천은 성령의 보증적인 역사를 구하고 보고 따라가야 합니다. 성령의 감동에 순종했더니 환경에 증표가 나타나는 것은 살아계신 하나님께서 함께 하신다는 증거입니다. 우리 크리스천들이 기적을 체험하려면 하나님께서 함께 하시는 것을 볼 수 있어야 합니다. 하나님으로부터 자신에게 오는 징표를 구하는 것입니다. 하나님이 진정으로 자신에게 말씀하셨다면 자신의 환경에 증표가 나타나야합니다.

우리가 기도하면서 편안해 지면 응답이야 이렇게 가르치는데 사실 그것은 맞지 않습니다. 왜냐하면 편안했는데도 응답이 안 오는 경우가 많고 성경적으로 도 그것은 맞지 않습니다.

"아무 것도 염려하지 말고 오직 모든 일에 기도와 간구로, 너희 구할 것을 감사함으로 하나님께 아뢰라. 리하면 모든 지각에 뛰어난 하나님의 평강이 그리스도 예수 안에서 너희 마음과 생각을 지키시리라(빌4:6-7)." "평강은 지킨다."라고 표현되어 있지 그것이 응답이라는 말씀이 아닙니다. 그러므로 평강도 보증적인 역사이지 그것이 음성은 아닙니다. 그러므로 평강이 오면 응답이 올 수도 있고 안 올 수도 있습니다. 보증의 역사를 따라야 합니다.

넷째, 하나님의 음성에 대한 보증적인 역사를 확신하라. 분별력을 길러야 합니다. 사역의 중요도에 따라 보증적인 역사가 길게 나타납니다. 필자와 같이 성령사역을 하니 지속적으로 보이는 역사가 일어 난다는 말입니다. 성령의 보증적인 역사가 오면 무슨 일이 있더라도 일을 저질러야합니다. 혹시라도 하다가 손해를 보더라도 시행해야 합니다. 필자가 성령의 능력이 나타나기 시작하여 치유집회를 하라는 성령의 감동을 받고 사역을 시작을 했습니다. 월요일과 화요일 2일간 8주를 연속으로 했습니다. 성령사역을 하면서 분위기를 보니 오신 분들마다 성령의 은사들이 나타나고 성령세례가 임하는 것입니다. 모두들 호응이 좋았습니다. 그래서 기도를 했습니다. 성령님께서 국민일보 광고를 내고 전국적인 사역을 하라는 것입니다. 사모가 돈 없으니 하지 말자고 하는 대도 불구하고 성령의 감동에 순종하여 국민일보 광고를 아주 작게 냈습니다. 그 광고를 보고 48명이 참석을 했습니다. 월-화-수-목 4일간 하루에 3번씩 집회를 했습니다. 성령께서 보증하셔서 병자가 치유되고 은사가 나타나고 아주 유익한 기간이 되었습니다. 사모도 살아계신 하나님께서 함께 하심을 체험하는 동기가 되었습니다.

그런데 날이면 날마다 잘되는 것이 아닙니다. 사역이나 세미나를 진행하다가 잘 안 되는 경우가 오더라도 하나님의 보증의 역사를 믿고 밀고 나가라는 것입니다. 안 된다고 포기하면 절대로 앞으로 나가지 못하고 사역의 길이 막힙니다. 누가 무어라고 해도 앞만 보고 가셔야 합니다. 성령께서 사역자의 믿음을 시험하시는 경우가 있습니다. 필자의 경우 2003년 초에 사역을 하는데 사람들이 오지를 않았습니다. 성령께서 감동하시는 국민일보 광고를 낼 수 있는 물질이 없어서 포기하려다가 성령의 기적적인 역사로 광고가 나가게 되었습니다. 그 광고를 보고 56명이 모였습니다. 성령의 강력한 역사가 계속 일어나서 물질이 풀리기 시작을 했습니다. 오신 분들이 큰 돈을 헌금해 주셔서 8월경에 교회 뒤에서 살던 삶을 정리하고 34평 아파트를 얻어서 이사를 했습니다. 지속적인 역사가 일어나서 2004년에 서울로 이전하게 된 것입니다. 만약에 그때 포기하거나 중단했으면 필자의 사역이 막혔을 것입니다.

그러므로 사역과 삶에 있어서 혼란이 올 때 보증적인 역사를 구해야 합니다. 연단의 연속은 과거 성령께서 많은 보증적인 역사를 주셨는데 그것을 무시하였으며, 그리고 힘들어서 성령의 보증적인 역사를 구하지 않았음을 알아야합니다. 이 보증적인 역사가 환경에 일어나면 하나님과의 관계가 좋아지고 열리는 것입니다. 이때는 남의 예언을 들을 필요가 없습니다. "그리하여 온 유대와 갈릴리와 사마리아 교회가 평안하여 든든히 서 가고 주를 경외함과 성령의 위로로 진행하여 수가 더 많아지니라(행9:31)" "베드로가 이 말 할 때에 성령이 말씀 듣는 모든 사람에게 내려오시니 베드로와 함께 온 할례 받은 신자들이 이방인들에게도 성령 부어 주심을 인하여 놀라니(행10:44)" 환경에 나타나는 보증적인 역사를 하나님의 음성 듣는 것보다 더 관심을 가져야 합니다. "성령이 내게 명하사 아무 의심 말고 함께 가라 하시매 이 여섯 형제도 나와 함께 가서 그 사람의 집에 들어가니(행11:12)"

보증 적인 역사가 기름부음을 수반합니다. 저의 경우 일반적으로 하나님은 70% 이상을 보증 적인 역사로 사역을 이끌어 가셨습니다. 다시 말하면 하나님은 음성으로만이 아니라 보증적인 역사로 대화를 하십니다. "내가 주께 대하여 귀로 듣기만 하였사오나 이제는 눈으로 주를 뵈옵나이다(욥 42:5)" 보증적인 역사가 나타나면 그 일을 행해야 합니다. 즉 사역하라는 의미입니다. 그것이 하나님의 음성입니다. 시점(Point)이 중요합니다. 준비를 이유로 시간을 끌지 말라는 것입니다. 보증적인 역사가 오면 일을 시작하고 포기하지 말아야 합니다. 이것이 하나님의 감동을 쫓아서 사역을 행하는 방법입니다. 이때 체면이나 사람이나 환경을 보면 안 됩니다. 또 억지로 버티거나 준비를 이유로 시간을 끌지 말아야 합니다. 하나님의 뜻을 확인 했다면 하나님께서 하신다고 믿고 시행하고 중단하거나 포기하지 말라는 것입니다.

22장 친히 목회하심을 통해 증명하셨다.

(행 2:41-42)"또 여러 말로 확증하며 권하여 이르되 너
희가 이 패역한 세대에서 구원을 받으라 하니, 그 말을 받
은 사람들은 세례를 받으매 이 날에 신도의 수가 삼천이
나 더하더라"

목회는 하나님의 살아계심을 증명하는 일이라고 생각합니다.
목회는 하나님께서 친히 성령으로 하시는 것입니다. 그렇기 때
문에 목회자가 되려면 기복적으로 하나님의 살아계심을 체험해
야 한다고 생각합니다. 목회자가 하나님의 살아계심을 체험하지
못했으면서 성도들에게 살아계신 하나님을 증명할 수가 없을 것
입니다. 목회를 너무나 쉽게 생각하는 경향이 있는 분들이 계십
니다. 필자가 목회를 하면서 체험한 바로는 개척교회는 하나님의
살아계심을 증명할 수 없으면 살아남을 수가 없습니다. 목회는
성령께서 직접 하시기 때문입니다. 목회는 하나님께서 원하시는
목회를 해야 교회가 성장하는 것입니다. 필자는 교회를 개척하여
개인적인 열심으로 목회를 했으나 교회가 성장되지 못했습니다.
가지고 있던 물질 다 허비하고 알거지가 되었습니다.

그러다가 깨닫고 성령으로 기도하다가 성령께서 알려주시는
영적인 목회를 하니까, 재정이 풀리고 성도들이 하나둘 늘어갔습
니다. 전적으로 성령으로 목회를 하다가 보니까 서울까지 올라와

목회를 하게 된 것입니다. 필자가 하나님께서 친히 목회하신다고 체험한 사례를 정리 합니다.

첫째, 열심으로는 교회가 성장하지 못했다. 필자는 처음부터 목회를 한 목사가 아닙니다. 군대에서 23년간 장교로 근무를 하다가 중간에 하나님의 뜻을 알고 군문을 나와 신학을 하여 목회하는 목사입니다. 그래서 사십대 후반부터 목회를 시작한 목사입니다. 나이가 나이인 만큼 부교역자를 사임하고 교회를 개척하였습니다. 교회를 개척 당시 개척멤버가 있었던 것도 아닙니다. 그냥 우리 아이들 둘하고 사모하고 필자하고 겁도 없이 4층 상가에 40평을 임대하여 교회를 시작을 했습니다. 필자가 그곳에 교회장소로 선택한 것은 바로 옆에 920세대가 입주하는 아파트가 완공되었습니다. 그 때 입주가 시작이 되었습니다. 그래서 인간 생각을 가지고 개척을 한 것입니다. 입주하는 성도들을 데려다가 교회를 부흥 시키겠다는 쉬운 생각을 가지고 말입니다.

입주가 시작이 되어 사모하고 그렇게 열심히 전도를 했습니다. 전도가 아니고 다른 곳에서 교회를 다니다가 이사하니 멀어서 그곳으로 못가는 성도를 잡으려는 꼼수를 가지고 했습니다. 그러나 한 사람도 오지를 않았습니다. 다 기존 구성되어 있는 교회로 다 갔습니다. 물론 필자의 영적인 수준이 부족했던 이유도 있습니다. 알아야 될 것은 요즈음 성도들은 고생하는 것을 싫어합니다. 그래서 개척교회가 힘이 드는 것입니다. 육 개월이 지나도 한 사람이 오지를 않았습니다. 거의 매일 아파트에서 살다가 시피해도 한 사람도 인도 되지를 않았습니다. 그래서 이제 이렇게 해서는 안 되겠다고 생각을 했습니다. 그래서 봉침을 가지고 전도를 하기로 작정을 했습니다. 봉침은 필자가 신학대학원 다닐 시기에 극동방송을 들으니까, 봉침으로 전도를 한다고 해서 배우게 된 것입니다. 그래서 봉침을 들고 이것 저곳으로 돌아 다녔습니다. 특히 노인 많은 노인정을 주로 갔습니다. 노인 분들이 질병이 많기 때문에 가서 봉침을 놓아 주면서 예수를 믿으라고 했습니다.

좌우지간 주일날 오도록 하려고 별 수단과 방법을 다 동원하였습니다. 그래서 꾀를 냈습니다. 주일날 아침에 우리교회에 오셔서 예배드리고 점심 드시고 봉침을 맞고 가시라고 했습니다. 그래서 불신자들을 모셔다가 설교를 열심히 했습니다. 예배를 마치고 삭사 대접을 했습니다. 그리고 봉침을 환부에 놓아드렸습니다. 이 노인 분들이 봉침을 맞으면 환부의 통증이 사라지니 처음 몇 주는 잘 오셨습니다. 그런데 문제가 생겼습니다. 봉침을 맞고 나니까 가려워서 못살겠다는 것입니다. 그리고는 그만 오지를 않는 것입니다. 정말 답답했습니다. 교회를 성장 시킬 방법이 없는 것입니다. 그래서 기도를 했습니다. 계속 사모하고 함께 기도를 했습니다. 그러자 우리 사모에게 이런 감동이 왔습니다. 능력을 받아라. 능력을 받아서 목회를 하라는 것입니다. 우리 사모가 저에게 능력을 받으라는 것입니다. 그래서 그때부터 국민일보를 보았습니다. 국민일보에 광고란을 유심히 살폈습니다.

어느 날 신유은사 집회를 한다는 광고가 나왔습니다. 그런데 회비가 20만원이나 되었습니다. 다행이도 개척교회는 반으로 할인을 해준다고 하여, 십이 만원을 사모에게 받아가지고 잠바를 걸치고 봉고차를 몰고 인천으로 갔습니다. 다행히 길을 잘 찾아서 해 메이지 않고 교회까지 갔습니다. 봉고차를 적당한 곳에 세워놓고 잠바를 걸치고 성경가방을 들고 교회 앞으로 갔습니다. 그런데 교회 앞에 책상을 놓고 접수를 받고 있었습니다.

교회 출입문을 보는 순간 저에게 두려움이 찾아 왔습니다. 그래서 들어가지 못하고 돌아 나왔습니다. 그냥 집으로 돌아갈까! 생각을 하다가 사모에게 무시를 당할 것이 두려워 다시 갔습니다. 또 두려웠습니다. 그냥 나왔습니다. 그냥 돌아 갈까하며 교회 안에 들어가지 못하고 세 번이나 왔다 같다 하다가 교회에 들어가 말씀을 듣고 은혜를 받는 데 여러 좋지 못한 영적인 괴로움을 당했습니다. 괴로움이란 아랫배가 심하게 아프고 머리가 어지러운 현상을 체험하였습니다. 막 방귀가 나오고 난리가 난 것입니다. 나에게 있던 영적인 세력들입니다. 많은 분들이 이런 영적인 체험을 하려고 처음 장소에 가면 두려움과 무엇인지 모르는 싫은 생각이 들게 됩니다. 이는 악한 영이 그러는 것이니 의지를 가지고 참석하면 적응이 되고 영적으로 한 단계 업그레이드가 됩니다. 그래서 그 교회에 들어가 은혜를 4일 동안 받았습니다.

회비 낸 것이 아까워서 참고 견디었습니다. 그런데 어느 나이가 지긋하게 드신 분이 필자에게 악수를 청하더니 저는 장로안수를 받고 봉사를 하다가 은혜 받고 목사가 되었습니다. 목사님도 늦게 목사가 된 것 같습니다. 하고 말을 청해서 그렇다고 대답을 하였습니다. 그러면서 하는 말이 축사도 하십니까? 그렇게 묻는 것입니다.

그래서 축사 이게 무슨 소리야 결혼식 할 때 하는 말을 축사라고 하는가? 하다가 예 축사합니다. 그렇게 대답을 해놓고 꽹장히 축사가 무엇인지 궁금했습니다. 그래서 마치고 와서 금요일 날 안산 기독교 서점에 가서 장로님보고 축사에 관련된 서적을 찾아 달라고 했더니, 이것이 최근에 나온 책입니다. 하고 주는데 보니까 외국 목사님이 쓰신 것이었습니다. 제목을 보니까 귀신을 이렇게 축사하라. 이렇게 쓰여 있는 것입니다. 그래서 속으로 혼자 아 귀신을 쫓아내는 것이 축사이구나 하고 알게 되었습니다. 필자가 이렇게 교회를 개척 당시에 영적인 무지한이었습니다. 그러나 세월이 흘러 고난과 환란을 통과 하니 영적인 눈이 열리기 시작했습니다. 특히 목회자는 영적인 세계와 영의 눈이 열려야 합니다.

둘째, 성령의 인도를 받는 목회를 하기 시작했다. 필자는 아무리 교회 개척이 어렵다고 해도 포기하지 아니하고, 교회 성장을 위하여 노력하니 하나하나 길이 열리기 시작했습니다. 정말 개척 교회 성장은 힘이 들었습니다. 아파트를 수도 없이 돌아다니면서 전도를 해도 전도가 되지를 않았습니다. 병원전도를 3년 동안 다녔습니다. 월요일부터 시작해서 금요일까지 아침 9시부터 시작하여 오후 4시 반까지 안산 시화에 있는 병원이란 병원은 다 돌아다녔습니다. 하루에 환자를 230명을 안수하여 준일도 있습니다. 안수기도를 하면 병들이 즉각적으로 나았습니다. 많은 기적을 체험했습니다. 그래서 재미가 있어 지치는 줄을 모르고 다녔습니다. 그래도 교회 성도의 숫자는 늘어나지 않았습니다.

그렇게 병원전도 다니면서 저 나름대로는 얻은 것이 많습니다. 내가 열심히 한다고 교회가 성장되는 것이 아니다, 라는 것입니다. 목회는 하나님께서 하셔야 한다는 깨달음입니다. 살아계신 하나님을 세상에 증명해야 된다는 것입니다. 그리고 환자들을 많이 만나서 대화하고 치유기도를 하다가 보니까 자연스럽게 임상적인 경험이 쌓이고 치유의 전문가가 되어 가더라는 것입니다. 그래도 교회는 부흥이 되지를 않았습니다. 이렇게 열심히 전도하고 기도해도 교회는 부흥되지 않았습니다. 필자가 하도 교회가 되지 않으니 항상 이런 마음을 가지고 있었습니다. 하나님 교회는 날아가도 좋으니 제발 하나있는 아파트는 날아가지 않게 해주세요. 교회가 되지 않으면 거기에 나가서 자식들하고 살아야 되지 않겠습니다. 그런데 세월이 흐르다가 보니 반대로 교회는 남고 아파트가 날아가기 시작했습니다. 교회를 운영하다가 보니 슬슬 카드로 돈을 빼다가 쓴 것이 많아진 것입니다. 영락없이 교회 안에서 이대로 살다가 죽는 것 같았습니다. 정말 사는 것이 말이 아니었습니다. 다 큰 딸들을 그 황무지도 같고 유흥가라 향락이 판을 치는 곳에서 산다는 것이 정말 어려웠습니다.

그 때는 이미 퇴직금으로 받은 물질도 다 날아가고 도저히 필자의 힘으로는 그곳에서 빠져나오지 못할 지경에 처해 있었습니다. 그래서 날마다 하나님에게 사정하며 기도했습니다. 하나님 저 좀 사용하여 주시고, 사택을 어서 빨리 이곳에서 이사 가게 해주셔서 주택가나 아파트에서 살아가게 해주세요. 정말 남자 체면이 말이 아닙니다. 하고 기도하던 어느 날 그 때가 아마 2001년 7월정도 되는 것 같습니다. 한 밤에 꿈을 꾸는데 천사들이 도열을 하며 박수를 받으면서 우리식구가 나가는 것이었습니다. 그곳을 설명하면 승강기를 내려서 양쪽으로 통로가 나있는데 우리는 차가 다니는 곳이 아닌 사람이 통행하는 쪽을 이용하였습니다.

그런데 그곳 양쪽에 작은 제 허리정도 되는 키의 천사들이 통로 좌 우 편에 도열하여 박수를 치는데 제가 제일 앞에서고, 그 다음은 사모가 서고, 그 뒤에 큰딸 은혜가 서고, 그 다음에 작은딸 은영이가 천사들의 박수를 받으면서 나오는 것이었습니다. 그 꿈을 꾸고 저는 한 몇 칠 있으면 교회를 나와서 밖으로 이사를 갈 것으로 생각했는데, 그 세월이 이년이나 걸렸습니다. 그러나 필자는 아무리 현상이 어렵고 막막해도 꼭 승리하여 나간다는 확신을 가지고 기도하며 지냈습니다.

병원전도를 열심히 하고 다니던 어느 날 신경성 위장병으로 고생하던 남 집사를 기도하게 되었습니다. 그런데 성령의 역사가 강하게 나타나니 악한 귀신이 발작을 일으켜 악을 쓰고 토하고 하였습니다. 악쓰는 소리에 놀라 간호사가 달려왔습니다. 병실

문을 잠가 버렸습니다. 마무리를 하고 병실을 나와 다른 병실로 가는데 이상하게 필자의 속이 쓰리고 배가 아팠습니다. 내가 아침 먹은 것이 걸렸나 보다 생각하고 전도를 마치고 교회에 들어갔더니 사모가 하는 말이 눈곱이 밥풀만한 것이 달렸다고 떼어내라고 했습니다. 그때 나는 직감적으로 나에게 영육의 질병이 왔구나! 잘못되어 가고 있구나, 걱정이 되기 시작하였습니다. 계속적으로 속이 아프고 소화도 잘 안되어 고생을 하였습니다.

그러던 즈음에 어떤 자매가 영적인 질병에 걸려서 고통을 당하고 살아가는 자매가 있었습니다. 그런데 이상하게도 축사를 하고 나면 정상으로 돌아왔습니다. 그러나 2-3일이 지나면 다시 원위치로 돌아가 고통을 당하기 시작 하였습니다. 그래서 어느 목사님에게 전화로 물어봤더니 내적 상처를 치유해야 완전히 치유되니 내적치유를 먼저 하라고 하였습니다. 그때 나는 내적치유를 잘 모르는 시기라서 내적치유에 관심을 갖게 되고 내적치유 받으며, 그 자매를 내적치유와 병행해서 축사하고 치유하여 생활하는데 지장 없을 정도 회복이 되게 하였습니다.

이 자매의 상태와 필자의 질병상태를 알고, 그냥 축사나 기도할 것이 아니라고 생각되었습니다. 그래서 서점에 가서 내적치유에 대한 책을 사서 보니까, 영적치유를 하던지 정신적인 문제를 치유하던지, 질병을 치유하려면 내면이 먼저 내적치유가 이루어져야한다는 것이었습니다. 또 그 책을 사모가 읽더니 상처가 드러나 마음이 동요되기 시작했습니다. 그래서 서울에서 내적치유

사역을 하는 내적치유기관에 일 년 동안 사모와 같이 다니면서 치유를 받았습니다. 많은 영적 체험과 치유를 경험했습니다. 그곳에 오래 다니면서 치유를 받으니 필자에게 능력도 강하게 나타났습니다. 많은 사람들이 필자에게 치유를 받으려고 몰려들었습니다. 그러다가 기도 사역자로 임명을 받고 기도 사역자를 한 육 개월 정도 하였습니다.

내적치유를 받다가 하루는 오른 손에서 불이 강하게 나오는 경험을 하였습니다. 이상하여 목사님들에게 물어봤더니 손에 불을 받은 것이라고 하였습니다. 그래서 왜 불이 오른 손에만 오는가 성령님 다른 곳에도 불이 오게 하여 주옵소서, 그렇게 기도하니 이제 왼손도 뜨거워지기 시작하였습니다. 그리고 난 다음에 다른 사람에게 기도할 때 성령의 임재가 강하여 안수하면 넘어지기도 하였습니다. 강력한 성령의 역사가 일어 났습니다. 그리고 성령께서 내가 명령하는 대로 역사를 해주셨습니다. 어깨를 만져주세요, 그러면 어깨를 만져주시고, 목을 풀어주세요, 그러면 목을 돌려주시고, 허리를 만져주세요, 그러면 허리를 돌려주시고, 골반을 만져 주세요, 그러면 골반을 돌려 주셨습니다.

그런데 필자가 내적치유를 일 년을 받아도 해결되지 않는 분야가 있었습니다. 아주 이것 때문에 굉장한 고생을 하였습니다. 위의 통증입니다. 전도하러 다녀도 꾹꾹 찌르고 설교준비를 하다가도 아프고 고생을 많이 하였습니다. 이것을 고치려고 6개월을 잠을 자지 않으면서 기도하였습니다. 정말로 고생을 많이 했습니다. 어느 날 하나님이 상처를 하나하나 모두 보여주시고 깨끗하게 치유하여 주셨습니다. 내적인 치유는 자신과의 싸움입니다. 의지를 가지고 기도를 하여 성령의 역사로 뿌리를 찾아 뽑아내야 합니다. 그 즈음에 필자가 기도원에 은혜 받으러 갔다가 저녁시간이 되어 식당으로 식사를 하러가다가 과거 군에서 같이 근무하던 선배를 만났습니다. 그래서 얼굴을 보니 병색이 심하고 악한 영에 눌려 있었습니다. 식사를 하고 찾아가겠다고 하고 헤어져서 저녁을 먹고 이방 저방 다녀서 그분을 만났습니다. 한 쪽을 모시고 나와 어떻게 여기를 왔느냐고 했더니 자신도 목사가 되었다고 합니다. 그래서 목사님 건강이 좋지 않은 것 같습니다. 했더니, 아니야, 나 건강해! 그래서 목사님 속이지 말고 대답하세요.

저는 하나님이 특별한 은사를 주셔서 사람 얼굴만 보면 그 사람의 영적인 상태를 다 압니다. 사실대로 말하세요. 그러면 쉽게 고치는 수도 있습니다. 그랬더니, 이렇게 말하는 것입니다. 사모는 위암으로 몇 년 전에 죽고 자신도 위암이 걸려서 수술하고 회복하는 중이라고 했습니다. 그래서 내가 기도하여 드릴 터이니 내일 점심 드시고 쉬는 시간에 나에게 오시라고 했더니 나를 찾아왔습니다. 기도굴이 있으니 그곳에서 기도해 달라고 다른 목사님 두 분하고 같이 왔습니다. 그래서 기도 굴에 들어가 성령의 임재를 요청하고 기도하니 강한 성령의 역사로 목사님이 지상에서 약 50센티씩 뛰었습니다. 성령의 역사가 상당히 강하게 나타났습니다. 그러면서 악한 귀신들이 떠나갔습니다.

그 목사님이 치유를 받고 나더니 필자에게 자신이 30명 정도를 모시고 갈 테이니 치유하여 달라고 하였습니다. 그래서 그분들을 모시고 치유를 하기 시작하였습니다. 성령의 역사가 대단하였습니다. 모든 질병과 상처들을 치유 받았습니다. 그랬더니 목사님도 사모님도 모두 호응과 평가가 좋았습니다. 그래서 필자가 자신감을 얻어서, 아! 이왕이면 국민일보에 광고를 내서 사역하자 하고, 조그마하게 국민일보 광고를 냈더니 성령께서 역사하시고 보증하여 주셔서 48명이 찾아왔습니다. 사역을 하는데 역사가 참으로 대단하였습니다. 많은 질병들이 치유되었습니다. 자신감이 생겼습니다. 그때가 2002년 7월 둘째 주였습니다. 그래서 지금까지 한주도 쉬지 않고 치유사역을 월요일부터 목요일까지 했습니다. 필자는 개척교회는 하나님의 살아계심이 증명되어야 자립하고 성장할 수가 있다고 생각합니다. 건물이 하나님의 살아계심을 증명하나요. 사람이 하나님의 살아계심을 증명하는 것입니다. 개척목회자와 하나님과 관계가 열려야 합니다. 하나님의 살아계심이 날마다 증명되니 자립하고 성장하기 시작을 했습니다.

셋째, 성령의 역사로 교회가 서울로 이전하다. 이렇게 성령으로 능력전도를 하여 교회가 성장하고 재정으로 자립을 하여 아파트 32평을 얻어서 나왔습니다. 필자는 항상 하나님이 함께하신다는 자신감을 가지고 있습니다. 우리 교회에 오시는 분들마다 이구동성으로 하는 말이 이곳은 교회 위치로는 맞지 않습니다. 그

럽니다. 그러나 필자의 생각은 달랐습니다. 교회는 성령이 하시는 것이다. 성령이 역사하면 어디라고 부흥이 되지 않으냐. 일을 하나님이 하시는 것이다. 내가하려고 하면 안 된다. 하면서 그저 성령의 감동을 받으며 목회를 했습니다. 그렇게 하나님이 함께 하심을 체험하니 담대함이 생겼습니다. 그래서 필자는 항상 긍정입니다. 식당도 맛있다고 소문이 나면 어디든지 손님들이 모인다. 교회도 마찬가지이다. 하나님이 나에게 들려주신 음성을 듣고 음성에 순종하면 하나님이 앞길을 열어 주신다. 그런 믿음을 가지고 있었습니다. 정말 세상에 믿을 사람이 아무도 없었습니다. 군에 있을 때는 도와 달라고 전화도 잘하고 찾아도 잘 오던 사람들이 아무도 찾아오지를 않았습니다. 도와 달라고 할까봐 그러는 것입니다.

그러나 하나님은 절대로 떠나지 않으시고 저와 함께 하셨습니다. 필자가 괴로워 힘들어 할 때 찬양으로 위로하여 주시고, 앞길을 물을 때 음성으로 들려주시고, 어려워 고통당할 때 꿈으로 앞일을 보여주시며, 희망을 가지고 기도하게 하셨습니다. 그리고 환자의 환부에 손을 올려 기도할 때 치유하여 주시고, 또 어떻게 기도하라고 알려주시기도 했습니다. 인간들은 다 멀리해도 하나님은 항상 저를 멀리하지 않으시고 저와 함께 하셨습니다. 할렐루야! 주님이 승리하게 하셨습니다.

2003년 7월경으로 생각이 됩니다. 기도하는데 성령의 감동이 왔습니다. 서울로 교회를 옮겨간다는 감동이었습니다. 어느 부근입니까? 서울도 넓어서 여러 곳이 많은데 그러니 사당역 부근이라고 감동을 주셨습니다. 그래서 그때 당시로는 돈도 없고 아무런 대책이 없는 상황이라 무작정 기도만 하였습니다. 2003년도에 치유사역이 활성화되어 서울에서 많은 분들이 다녀갔습니다. 많은 분들의 불치병과 상처가 치유되었습니다. 교회를 나와 다닐 곳이 없는 성도들의 다수가 등록하지 않고 시화 우리교회에 와서 주일 예배를 드렸습니다. 재력도 있는 사람들이었습니다. 지금 생각하면 하나님이 서울로 이전하게 하려고 사람을 보내신 것이었습니다. 교회는 성령의 역사가 일어나야 재정도 풀리고 성장도 된다는 것을 체험했습니다.

결국 그 성도들의 역사로 서울에 이전하게 되었습니다. 하나님의 역사는 아무도 모릅니다. 2월 말경이 되니까, 어느 아는 사람이 1억을 헌금하여 교회장소를 임대하게 하겠다고 한다고 서울에서 다니는 어느 성도가 말하는 것이었습니다. 그래서 필자가 기도하였습니다. 정말 주시는 것입니까? 한 참 기도했더니. 걱정하지 말라. 내가 그 사람에게 돈을 받아서 장소를 얻는 다는 사람을 통하여 일을 추진하리라. 그래서 아멘! 그러면서 입을 굳게 다물고 우리 사모에게도 말하지 않고 기다렸습니다.

장소를 우여곡절을 통해서 3.31로 계약하고 그쪽 교회가 나가기를 기도하는 데 하나님이 자꾸 빨리 가라고 감동을 주시는 것이었습니다. 우리가 서울로 교회가 이사를 오기로 결정하고 2004년 3월 31일 날 이사를 계획하고 준비하고 있었습니다. 그런데 기도할 때마다 빨리 가라, 빨리 가라, 고 감동을 주었습니다. 그래서 필자가 구 교회가 나가기를 기다리고 머뭇거리자 이제는 주일날 성도들도 줄어들고 집회에 사람들이 오지를 않았습니다. 그래서 구 교회가 나가지 않더라도 그냥 빨리 이사를 한다하고 3월 18일에 이사를 왔습니다. 만약 그때 이사를 하지 않았다면 임대료 문제가 생겨 이사도 못하고, 시화에서 목회도 못하고, 멍 떠있을 뻔 했습니다. 이와 같이 성령의 감동을 받으려면 무엇보다 성령의 깊은 임재 가운데 들어가 문제를 놓고 몰입을 해야 합니다.

우리는 아무리 어려워도 문제에 얽매이지 말고 주를 찾고 기다리시기를 바랍니다. 절대로 인간방법 동원하지 말고 기도하며 하나님의 역사를 기다리기를 바랍니다. 하나님은 저를 한 걸을 한 걸음 인도하며 하나님의 사람으로 만들어 갔습니다. 하나님은 성령의 감동과 꿈, 그리고 보증의 역사를 통하여 저를 인도하여 목회 하는데 문제가 생기지 않도록 인도하고 계십니다. 목회는 하나님의 일입니다. 하나님이 주인이십니다. 그분의 음성을 듣고 교통하며 따라가기만 하면 하나님이 하십니다. 성도도 하나님의 자녀입니다. 하나님의 뜻을 알고 하나님이 안내하는 길을 따라가노라면 인생은 성공합니다. 그러나 마귀가 가는 길에 어떻게 해서든지 해방을 놓습니다. 그래서 우리는 성령의 충만함으로 기도해야 합니다.

일부 목회자들이 하나님께서 지시하신 일을 하다가 잘 되지 않으면 그만 두거나 다른 일을 하는 경우가 있습니다. 그런데 알아야 할 것은 하나님께서는 불경기를 만나게 하고 믿음을 시험하십니다. 어려움 속에서 순종을 시험하십니다. 불경기는 어제오늘의 이야기가 아닙니다. 아브라함도 불경기를 겪었습니다. 이삭도 불경기를 겪었습니다. 야곱도 불경기를 겪었습니다. 요셉도 불경기를 겪었습니다. 다윗도 불경기를 겪었습니다. 그렇기 때문에 어렵다고 포기하거나 전환하지 말고 하나님께서 지시하신 일을 하는 것이 중요합니다. 필자의 체험으로는 어려워도 인내하면서 순종하니까, 조금 지나서 배로 잘되게 하셨습니다. 무엇보다도 보증의 역사를 보고 따라가는 자세가 중요합니다.

필자의 교회도 서울로 이전한 다음 몇 개월이 자나서 심각한 어려움에 직면했었습니다. 서울로 올라올 때 27명이 올라왔는데 무슨 이유인지 몰라도 교회를 떠났습니다. 2명이 남았습니다. 그러나 필자는 하나님께서 서울로 이전하셨으니, 하나님께서 목회를 하신다는 믿음으로 성령사역을 지속적으로 했습니다. 당시 빚도 많이 늘어난 상태였습니다. 필자는 목사가 세상에 나가서 노동할 수도 없지 않느냐, 하나님께서 하라는 사역을 하면 하나님께서 책임져주신다는 믿음으로 사역을 지속했습니다. 그러자 등록하는 성도들도 점점 늘어났습니다. 물질도 치유 받고 은혜 받은 성도들이 헌금하여 빚도 청산했습니다. 지속적으로 수적 늘어나서 지금 교회로 이전한 것입니다. 성도들은 사랑의 대상이지 믿음의 대상은 아닙니다. 목회는 성도 바라보고 낙심하지 말고, 하나님만 바라보고 해야 됩니다. 오로지 하나님께서 하라는 사역을 하면서 보증의 역사를 따라가면 되는 것입니다.

　그래서 서울로 이전하여 지금 10년이 지났습니다. 지금 교회가 자리를 잡아가고 있습니다. 재정적으로나 환경적으로 부족함이 없이 교회가 성장하고 있습니다. 이것이 다 필자가 성령의 인도를 받아 능력전도를 한 결과입니다. 필자가 한 것이 아닙니다. 다 하나님이 필자를 통하여 하신 것입니다. 그래서 필자는 아무리 전도가 어려워도 성령의 인도를 받으면서 능력전도 하면 교회는 성장한다는 것입니다. 절대 성령이 역사하는 교회는 성장하게 되어 있습니다. 그러나 그냥 되는 것이 아닙니다. 여러 시행착오를 겪으면서 체험해야 가능한 일입니다. 성령의 인도를 받기 위하여 기도해야 합니다. 기도하지 않으면 절대로 하나님의 뜻을 알 수가 없습니다. 왜냐하면 하나님은 영이십니다. 우리가 아무리 머리를 굴린다고 되는 것이 아닙니다. 영이신 하나님과 교통해야 되는 것입니다. 영이신 하나님과 교통하려면 내가 성령으로 충만한 상태가 되어야 하나님과 교통할 수가 있는 것입니다. 성령으로 기도하십시다. 그래서 성령의 인도를 받아야 합니다. 절대로 작은 교회는 큰 교회에서 하는 대로 하면 안 됩니다.

　성령이 역사하는 능력전도와 성령으로 능력사역을 하니 교회재정이 풀리고 교회가 성장하기 시작을 했습니다. 이 책을 읽으시는 목회자와 성도님들 희망을 갖기를 바랍니다. 하나님은 죽으시지 않았습니다. 지금도 살아서 역사하고 계십니다. 성령의 인도만 받으면 지금도 전도는 됩니다. 개척교회도 자립 성장합니다.

23장 난 불치병의 기적치유 통해 증명하셨다.

(행 8:6-8)"무리가 빌립의 말도 듣고 행하는 표적도 보고 한마음으로 그가 하는 말을 따르더라. 많은 사람에게 붙었던 더러운 귀신들이 크게 소리를 지르며 나가고 또 많은 중풍병자와 못 걷는 사람이 나으니 그 성에 큰 기쁨이 있더라"

하나님은 죽은자도 살린다는 한계를 초월하는 믿음이 있을 때 체험하는 것입니다. 우리는 살아계신 하나님을 체험하고 증명하는 신앙생활을 하기 위해서 내가 지금까지 알고 있던 관념이나 지혜나 경험과 합리, 그 모든 것을 버려야 합니다. 왜 그런가? 하나님은 살아계시고 천지 만물을 초자연적으로 움직이는 살아계시는 분이기 때문에 내가 가지고 있는 생각 밖의 일을 하실 수 있고, 내가 도저히 미치지 못하는 일을 능히 하실 수 있는데, 관념이나 지식 같은 것들을 가지고는 하나님을 믿는 믿음의 세계에 도달할 수 없기 때문입니다. 하나님은 전능하신 분입니다. 능치 못하심이 없는 하나님이라면, 그분은 능히 내 지식이나 한계를 넘어서 일하실 수 있고, 우리 생각이 도저히 미치지 못할 일을 능히 이루신다. 우리가 그 하나님을 믿을 때, 하나님은 우리 믿음을 따라 역사하십니다.

그래서 예수님은 생각과 말을 바꾸시고 기적을 행하십니다. 죽은 지 4일이 지난 나사로를 살릴 때에 마르다를 보고 "예수께서 이르시되 내 말이 네가 믿으면 하나님의 영광을 보리라 하지 아니 하였느냐 하시니(요 11:40)" 믿으라고 하십니다. 생각과 의식이 부정적이 되어서는 하나님의 살아계심을 증명할 수가 없기 때문 입니다.

난 불치병을 기적적으로 치유받기 원하는 크리스천들이 바르 게 알아야 할 것이 있습니다. 마치 예수님이 거라사인의 지방에 귀 신들린자를 안수하여 정상으로 화복시킨 것과 같이 능력 있는 목 사님이 안수하면 단번에 해결된다는 생각을 가지고 안수만 받으 러 다니면 치유 받지 못할 수도 있다는 것입니다. 능력 있는 목사 를 통하여 자신 안에 계신 하나님과 관계를 여는 것이 급선무입니 다. 자신 안에 하나님의 나라가 이루어져야 하나님의 나라의 권능 으로 문제가 해결되기 시작하는 것입니다. 영육의 문제를 해결 받 으려면 환자가 먼저 하나님과 관계를 열어야 합니다. 마음 안에 있 는 교회가 견고하게 지어져야 합니다. 하나님의 역사가 마음 안에 서 일어나야 하나님의 권능으로 문제가 해결이 되는 것입니다.

성령의 권능을 받는 것도 마찬가지입니다. 권능 있는 사람에게 안수를 받아 권능을 받는 것이 아니고, 자신 안에 임재하신 하나님 과 관계를 열어 하나님으로부터 권능이 흘러나와야 자신에게 권 능이 나타나는 것입니다. 절대로 권능 있는 목사에게 안수한번 받 아서 권능을 받으려는 생각을 버리고 자신이 말씀과 성령으로 변 하되어 자신 안에 계신 하나님과 관계를 열어야 합니다. 불치병을 기적적으로 치유 받고 치유하려면 이렇게 해야 합니다. 합리적이 고 세상적인 의식을 가지고는 불치병을 치유 받을 수도 없고, 치유

할 수도 없습니다.

　첫째로 의식이 달라져야 합니다. 병원에서 의사가 불치병이라고 하면 하나님께서도 불치병이라고 생각하면 치유 받을 수 없습니다. 하나님은 만병의 의사이십니다. 하나님은 사람을 창조하신 분입니다. 하나님의 말씀에는 불치병을 고치지 못하다고 되어있지 않습니다. 이렇게 불치병에 대한 의식이 바뀌어야 기본적으로 기적적으로 치유 받을 수 있는 자격이 되는 것입니다. 의사가 말한 이병은 의술로 치유된 기록이 없습니다. 의사의 말에 암시가 걸려 있으면 절대로 불치병이 치유되지 않습니다. 왜냐하면 자신의 병은 의사가 고치지 못하는 불치병이니까, 하나님께 나와서 고치려고 시도하지 않기 때문입니다. 그렇지만 하나님은 고치지 못하는 질병이 없다. 하나님은 나의 질병도 고치실 수가 있다고 하면서 마음을 열고 하나님께 나와야 합니다.

　필자가 몇 년 전에 이런 권사를 기적적으로 치유한 체험이 있습니다. 필자는 집회를 인도할 때 기도시간에는 모든 분들은 안수기도를 합니다. 기도하기 전에 자신의 문제를 적어놓고 기도하라고 합니다. 그래서 적어놓은 대로 안수기도하면서 선포를 하고 치유를 명령합니다. 그날따라 우울증에다가 좌골 신경통으로 다리가 꼬여서 제대로 걷지 못하는 권사를 앞으로 나오게 하여 안수 기도하여 걸어 다니는 것을 모든 분들이 보게 했습니다. 이분이 한 번 안수기도 받고는 걷지 못하다가 두 번 안수기도를 받고 걸어 다닙니다. 그러자 다른 권사님이 목사님! 저도요. 하는 것입니다. 그래서 아니 권사님! 권사님이 적어놓은 대로 다 안수기도 해드렸지 않아요. 아닙니다. 목사님 한 가지가 빠졌습니다. 저에게 불치병이 있습니다. 그래서 나오게 하여 안수 기도하여 3분 만에 불치병이 치유가 되었습니다.

그러자 권사님이 이렇게 간증을 한 것입니다. 가장 중요한 것은 충만한 교회에 와서 저의 육신의 불치병이 치유되었습니다. 5년 전부터 팔이 아프기 시작해서 귀 위까지는 올리지 못하다가 치료를 받았으나 팔꿈치 안쪽이 아프고 때로는 손에 힘이 빠져서 약간 떨림으로 커피를 타려면 손이 떨리게 됩니다. 세수할 때면 세면대에 팔을 받치고 얼굴을 갖다 대며 씻었습니다. 뒷목부분은 한쪽으로 팔꿈치를 받쳐 들고 목을 씻었습니다. 성경가방(무거운 물건)을 들고 한참 걷다가 손을 들려면 팔꿈치를 받쳐 들어야 하고 설거지를 좀 많이 하고 나면 한참씩 팔꿈치 안쪽이 아팠습니다. 병원진단 병명으로는 테니스 앨보로서 못 고치는 불치병이라고 했습니다.

그래서 포기하고 지내다가 충만한 교회에 와서 내적치유를 통해 은혜 받고 목사님이 안수하시면서 "팔은 올라갈지어다. 정상으로 회복될지어다. 팔을 잡고 있는 더러운 영들을 떠나갈지어다." 하고 대적하며 안수기도 받은 그 순간 부터 팔이 올라가고 팔에 힘이 생겼습니다. 이제 머리도 마음대로 손질하고, 세면도 하고 무거운 물건도 들 수 있도록 팔에 힘이 생겼습니다. 주님을 찬양합니다. 사랑합니다. 만약에 당신도 이런 고통을 당한다면 찾아 오셔서 기적적인 치유의 은혜를 몸으로 체험하기를 바랍니다.

이렇게 의사가 고치지 못한다는 암시를 풀어야 불치병을 기적적으로 치유 받을 수 있는 기본적인 조건이 되는 것입니다. 불치병이라는 암시가 풀리지 않으면 질병을 기적적으로 치유할 수 없다는 것입니다. 필자는 목회자들에게 불치병이다, 난치병이라는 생각을 버려야 개척교회를 할 수가 있다고 말합니다.

둘째로 반드시 성령으로 세례를 받아야 합니다. 성령으로 세례를 받아야 성령님의 권능으로 불치병을 치유 받을 수 있는 조건이 되는 것입니다. 그런데 일부 성도들은 성령세례는 알지도 못하고 병만 고치려고 합니다. 성령으로 세례 받지 않으면 불치병이 치유될 수 있는 조건이 되지 못합니다. 아예 시작을 말아야 합니다. 성령으로 세례를 받는 것은 참으로 중요합니다. 예수를 믿을 때 성령세례를 받았다는 관념적인 믿음으로는 불치병을 치유 받지 못합니다. 하나님 나라가 이루어 지지 않기 때문입니다.

셋째로 영적인 상태에 들어가야 합니다. 불치병의 기적치유가 일어나는 생명의 말씀을 듣고 성령으로 장악되어야 치유가 이루어집니다. 신유의 은사가 있는 목회자나 성도가 신유의 역사를 일으키는 것이 아닙니다. 성령께서 신유의 역사를 일으키십니다. 그러므로 성령께서 환자를 장악하도록 해야 합니다. 치유 사역자는 환자를 성령으로 장악되게 하는 비밀을 깨달아 적용할 줄 알아야 합니다. 물론 자신도 성령의 깊은 임재에 들어갈 줄 알아야 합니다. 불치병 치유는 환자가 성령으로 장악이 되면 치유가 됩니다. 성령께서 환자를 장악하게 해야 합니다. 환자 마음 안에서 성령의 역사가 일어나야 합니다. 이를 위하여 사역자는 자신 안에 계신 성령님과 인격적인 관계를 맺어야 합니다.

환자가 불신자라면 환자는 무엇보다도 예수를 믿어야 합니다.

반드시 예수를 영접시켜야 합니다. 예수를 믿어 내면으로 들어오신 하나님의 영은 인간의 능력을 초월하여 나타나는 영적 능력으로 역사하시기 때문입니다. 그래서 사람은 할 수 없으나 할 수 있는 하나님의 영력(형상)이 나타나서 성령이 충만하게 되고, 환자를 장악하니 불치의 질병이 치유가 되는 것입니다. 불치 질병의 치유가 되는 영력은 나타나는 상태와 조건을 만들어야 나타납니다.

그 조건과 상태는 여러 가지이지만 환자가 치유 받겠다는 의지를 발동시켜야 합니다. 마음을 열도록 숨을 깊게 들이쉬고 내쉬면서 예수님을 찾게 해야 합니다. 필자는 말씀을 전하고 불치병 치유 사역을 합니다. 환자들에게 처음에는 숨을 깊게 들이쉬고 내쉬라고 합니다. 조금 지나면 숨을 아랫배까지 들이쉬고, 내쉬면서 자연스럽게 주여! 를 하게 합니다. 이렇게 하는 이유는 마음의 문이 열리도록 하기 위함입니다. 마음의 문이 열려야 성령님이 장악하실수가 있기 때문입니다. 이렇게 하다가 성령의 역사가 일어나기 시작하면 시키지 않아도 주여! 주여! 주여! 를 잘합니다.

조금 지나면 성령님이 장악하시니 성령의 세례가 나타나기 시작합니다. 처음에는 하품을 하다가 조금 지나면 사람에 따라서 진동을 하거나 몸을 흔들거나 기침을 하기 시작합니다. 이제 비로소 성령의 세례가 임하고, 영의 통로가 뚫리기 시작한 것입니다. 희망이 있습니다. 이렇게 계속 마음으로 기도하게 하거나 주여! 를 하게 하거나 하여 장악이 되면 질병에게 명령합니다. 성령께서 장악을 하셨으니 질병이 치유되기 시작합니다.

불치병은 능력 있는 사역자가 고치는 것이 아닙니다. 하나님께서 믿음을 보시고 치유하시는 것입니다. 그렇기 때문에 사역자는 자신이 불치병을 고친다는 생각에서 탈피해야 합니다. 환자도 능력 있는 사역자가 고친다는 생각을 말아야 합니다. 사람을 의지 하지 말라는 것입니다.

하나님은 성도들의 불치병을 치유하여 주시기를 원하기 때문입니다. 문제는 자신이 영적인 상태에 들어가느냐 못 들어가느냐가 중요한 것입니다. 하나님의 은혜로 불치병을 기적적으로 치유 받으려면 성령으로 세례를 받고 영육을 치유하여 영적인 상태에 들어가야 합니다. 이것이 불치병의 기적적 치유에 제일 중요한 요소입니다. 하나님의 은혜로 불치병을 기적적으로 치유 받고 치유하려면 항상 영의 상태에서 하나님의 임재의식을 가져야 합니다. 임재의식이란 무의식적으로 하나님을 찾는 것을 말합니다.

성령의 깊은 임재에 들어가지 못하면 불치병의 기적치유는 기대할 수가 없습니다. 어지하든지 성령으로 자신이 장악이 되려고 의지적인 노력을 해야 합니다. 그래서 불치병을 치유 받으려면 이곳저곳을 돌아다니려고 하지 말고 성령의 역사가 있는 한 장소에서 자신이 성령으로 장악이 될 때까지 기다려야 합니다. 절대로 성령께서 장악하지 않으면 불치병을 치유는 시간이 점점 길어지는 것입니다.

넷째로 인내해야 합니다. 시간이 많이 걸릴 수가 있습니다. 아니 세상 병원에서 고치지 못하는 질병을 치유하는데 몇 번 집회 참석했다고 치유가 되겠습니까? 몇 달이 걸릴 수가 있습니다. 하나님은 질병을 치유하는 것에 목적이 있는 것이 아니고 영적인 사람으로 바꾸는 데 목적이 있으십니다. 불치병을 통하여 하나님께서 원하시는 영적인 수준이 되기를 원하시는 것입니다. 그렇기 때문에 안수한 두 번 받아 불치병을 치유 받으려는 생각은 아예 접는 것이 좋습니다. 몇 년 전에 지방에서 오른쪽 어깨가 마비되어 정상적인 생활을 하지 못하는 목사님이 치유를 받으러 오셨습니다. 한의원에 다니면서 침을 맞아도 치유되지를 않았습니다. 정형외과에 가서 물리치료를 6개월 이상 받아도 차도가 없었습니다. 그러다가 사모님이 저희 교회 소문을 듣고 올라가시라고 하여 오셔서 치유를 받기 시작을 했습니다. 원래 어깨나 통증이나 근육이 뭉친 것이나 오십견이나 막론하고 성령님이 장악을 해야 순간 치유가 됩니다. 목사님이 얼마나 강하게 묶였던지 성령님이 장악을 하시지를 못하는 것입니다. 그렇게 배에서 나오는 소리로 주여! 주여! 하면서 기도를 해도 좀처럼 성령께서 장악을 하지 못합니다. 그때 당시는 월-화-수-목 4일 동안 하루에 3번 집회를 했습니다. 1달이 지나도 장악을 하시지 못합니다. 다행스럽게 서울에서 대학을 다니는 아들이 있어서 자취하는 방에서 기거를 하시면서 다니니까, 가능했습니다. 이분이 중도에 포기할 수도 있었는데 워낙 고생을 오래하여 하나님께 매달린 것입니다. 3달이 지나니까, 성령께서 장악을 하시어 기도할 때 기침이 나오고 통증이 서서히 없어지기 시작을 했습니다. 성령께서 보증하여 주신 것입니다. 그렇게 8개월을 다니니까, 마비된 오른쪽이 완전하게 풀렸습니다. 2년을 넘게 한의원과 정형외과를 다녀도 치유되지 않던 불치의 병이 8개월 만에 완치가 되었습니다. 지금도 가끔 오셔서 집중치유를 받고 가십니다. 불치병을 치유 받으려면 인내해야 합니다. 성령님께서 장악을 하는데 시간이 걸리기 때문입니다. 불치병의 치유는 전적으로 성령께서 하시기 때문입니다. 필자는 불치병은 없다고 생각하고 믿고 말하고 있습니다. 성령님이 장악하시면 모두 순간 치유가 됩니다. 의사들의 말에 충격을 받고 치유를 포기하지 말아야 합니다. 하나님은 자신의 불치병을 통하여 아브라함과 같이 전인적인 복을 받으면서 살아가는 성도가 되게 하십니다. 지금 불치병이 있다고 낙심하거나 원망하지 마시기를 바랍니다. 하나님은 이렇게 말씀하십니다. "우리가 알거니와 하나님을 사랑하는 자 곧 그의 뜻대로 부르심을 입은 자들에게는 모든 것이 합력하여 선을 이루느니라(롬 8:28)" 지금은 괴롭지만 지나고 보면 전화위복(轉禍爲福) 된다는 것입니다. 신앙의 간증거리가 된다는 것입니다. 포기하지 마세요. 절망하지 마세요. 하나님은 불치병을 순간 기적적으로 고치십니다.

불치병을 기적적으로 치유 받은 간증입니다. 남편이 심장병을 심하게 앓고 있었던 사람이 우리 교회 치유집회에 참석했습니다. 대학병원에서 일 년 이상을 치료를 받는데도 차도가 없더라는 것입니다. 그래서 병원에서도 자꾸 돈만 받아먹어서 미안했는지 "더 이상 차도가 없으니 집에 가서 잘 요양이나 하십시오." 했다는 것입니다. 그래서 이것저곳을 다니다가 그 환자의 부인이 제가 출판한 "영안을 밝게 여는 비결과 가계가 축복받는 선포기도문."을 읽고 저희 교회 치유집회에 참석한 것입니다. 집회 이튿날 상담을 요청하여 상담을 했습니다. 성령께서 감동하시기를 남편이 문제가 아니라 부인이 문제라는 것입니다. 그래서 남편이 심장병으로 고생하기 때문에 남편을 먼저 붙들고 안수하는데 아무런 역사가 안 나타나고 답답했습니다. 그 부인은 그냥 옆에서 울면서 방언을 했습니다. 그래서 이제 그 부인을 붙들고 중보안수기도를 했습니다. 부인을 붙들고 안수를 하는데 부인의 입에서 귀신이 "나는 총각 때 이 여자를 사모하고, 사랑했던 남자인데 결혼까지 하자고 했었는데 내가 갑자기 심장병으로 죽게 됐다. 결혼은 못했지만 이 여자는 내꺼야. 그래서 내가 이 남편에게 병을 줘서 이 남편을 죽이려고 하는 거야." 하고 말을 하는 것입니다. 그래서 이 더러운 심장병 귀신아! 예수 이름으로 명하노니 떠나가라. 남편의 심장을 건강하게 해놓고 떠나가라. 하고 명령을 했습니다. 그랬더니 남편이 부르르 떨더니 뒤로 넘어져서 한동안 발작을 했습니다. 그러다가 기침을 통하여 귀신들이 떠나갔습니다. 안정이 된 다음에 부부에게 좀 더 다니면서 성령을 충만하게 하고 권능을 받아서 다시는 귀신에게 당하지 말라고 했습니다. 이 부부는 순종하고 육 개월 정도 성실하게 다녔습니다. 그리고 완벽하게 심장병을 치유 받았습니다. 얼마 전에 전화가 왔습니다. 아주 건강하게 잘 지낸다는 것입니다. 앞으로 두 달에 한 번씩 와서 치유를 받겠다는 것입니다. 이렇게 문제나 질병은 생각지도 못한 이유로 생기게 됩니다. 그러므로 사역을 할 때에 성령님의 감동을 받아가면서 사역을 해야 합니다.

우울증을 치유 받는 분의 간증입니다. 저는 우울증으로 5년이란 세월을 고생하며 지냈습니다. 우울증이 깊어지니 불면증까지 생겨서 세상사는 것이 지겨워질 정도로 고통을 당했습니다. 세상 사람들이 왜 자살을 하는 줄 이해가 갈 정도로 심한 고통을 당하면서 삶을 살았습니다. 예수를 믿고 교회는 나갔지만, 우울증과 불면증은 조금도 나아지지 않았습니다. 목사님 설교를 들으면 우리의 질병을 예수님이 채찍에 맞을 때 나았다고 말씀하시는데 저에게는 그냥 말로 들렸습니다. 하도 우울증으로 불면증으로 고통을 당하니 교회에 나가도 오직 나의 질병을 치유하여 달라는 기도밖에 나오지를 않았습니다.

그렇게 지내는데 하루는 제가 잘 알고 지내는 권사님에게서 전화가 왔습니다. 아주 능력이 있는 교회를 발견했다는 것입니다. 제가 거기에 가면 반드시 불변증과 우울증이 치유가 될 것이라는 것입니다. 아주 듣던 중에 아주 기쁜 소식이었습니다. 그 교회에서 내적치유집회를 하고 있다는 것입니다. 내일 같이 가서 은혜를 받자고 하셨습니다. 아침에 만나서 그 교회에 갔습니다. 충만한 교회입니다. 목사님 말씀을 듣고 기도를 했습니다. 목사님이 안수를 하시는데 불덩어리가 머리에 떨어지는 것과 같았습니다. 마음속에서 서러움이 올라왔습니다. 울었습니다. 울기를 한 참했습니다. 그러자 속에서 오물이 올라왔습니다. 다 토했습니다. 목사님이 기침으로 나가라고 명령해도 아랑곳하지 않고 토했습니다. 한참을 토하고 나니 속이 시원해지는 것입니다. 이제 기침이 사정없이 나왔습니다. 그러면서 몸이 불덩어리가 되었습니다. 지금 생각하면 성령세례를 받고 나서 저의 영육을 치유하기 위한 성령의 불세례가 임하는 것이었습니다. 그렇게 세 번 집회를 참석하고 집에 돌아갔습니다. 저녁을 먹고 나니 잠이 오는 것입니다. 침대에 가서 잠을 잤습니다. 일어나니 아침 여섯시였습니다. 2년 만에 깊은 잠을 잤습니다. 한주가 지났습니다. 매주 화-수-목 집회가 있어서 몇 주 더 다녔습니다. 점점 머리가 맑아지고 기분이 좋아졌습니다. 함께 다니는 권사님에게 이야기를 했더니 치유 받은 것을 하나하나 일지를 쓰라고 할 정도로 은혜를 많이 받았습니다. 그러던 어느 날입니다. 목사님에게 안수를 받고 기도하는데 막 추워지는 것입니다. 제 입에서 저절로 아이고 추워~ 아이고 추워~ 하는 것입니다. 그러면서 양손이 덜덜덜 떨리는 것입니다. 강요셉 목사님이 오셔서, 성령님 더 강하게~ 더 강하게 역사하여 주옵소서.~ 하시니까, 막 사정없이 손을 떠는 것입니다. 위로 올라갔다가 내려갔다가 하면서 덜덜덜 떠는 것입니다. 한 참을 떨다가 보니 어느 정도 안정이 되는 것 같았습니다. 강요셉 목사님이 예수 이름으로 명하노니 물속에 빠졌을 때 들어온 귀신은 떠나갈지어다. 예수 이름으로 명하노니 물속에 빠졌을 때 들어온 귀신은 떠나갈지어다. 명령을 하셨습니다. 그러자 아랫배가 칼로 자르는 것과 같이 아프면서 기침이 사정없이 나왔습니다. 강 목사님이 더 시원시원하게 기침으로 떠나가라. 명령을 하셨습니다. 기침을 한참을 했습니다. 잠잠해졌습니다. 집회가 끝나고 강 목사님이 지난날 물에 빠진 일이 있느냐는 것입니다. 물에 빠진 사람들이 성령의 임재가 되면 저와 같이 손을 떤다는 것입니다. 그래서 생각을 했습니다. 아무리 생각을 해도 생각이 나지를 않았습니다. 강 목사님에게 물속에 빠진 일이 없는 것 같다고 했습니다. 강 목사님이 분명이 물에 빠진 일이 있습니다. 집에 돌아가셔서 어른들에게 질문하여 보세요. 집에 돌아와 친정어머니에게 전화를 했습니다. 내가 물에 빠진 일이 있었느냐고 질문을 했습니다. 그러니까, 너는 물에 빠진 일이 없고, 외할머니가 우울증으로 고생을 하시다가 물에 빠져서 돌아 가셨다는 것입니다.

강 목사님에게 말씀을 드렸더니 외할머니를 우울증으로 물에 빠져 죽게 한 세대의 영이 저에게 와서 역사하여 우울증으로 불면증으로 고생하게 했다는 것입니다. 치유하지 않고 지냈더라면 영락없이 저도 물에 빠져서 죽었다는 것입니다. 그러나 성령의 역사로 정체를 폭로하고 떠나갔다는 것입니다. 저는 외할머니를 물속에 빠져 죽게 한 귀신을 축사하고 이렇게 우울증과 불면증을 치유받았습니다. 너무너무 편안합니다. 세상 살아가는 재미를 느끼면서 살아갑니다. 하나님에게 영광을 돌립니다.

성령의 역사가 일어나면 치유되지 않을 병이 없습니다. 안 된다고 속단하고 포기하지 말고 믿음을 가져야 합니다. 성령의 임재가운데 들어가려고 노력해야 합니다. 성령의 임재 가운데 들어가 지식의 말씀을 구해야 합니다. 불치병의 근본원인이 무엇인지 알아내라는 것입니다. 성령님은 모든 것을 알고 계시기 때문입니다. 하나님의 말씀에는 불치병이 없습니다. 불치병은 세상 의사들이 만들어낸 용어일 뿐입니다.

성령님께서 감동하시어 불치병을 치유 받을 장소나 사람을 만났다면 장소나 사람이 하는 말에 순종해야 합니다. 성령의 감동을 받고 필자의 교회와 저에게 찾아오는 분들이 있습니다. 그런데 일부는 필자가 하는 말에 순종을 하지 않습니다. 그러면 백이면 백 해결이 안 됩니다. 예를 든다면 이렇습니다. 모계에 무당의 내력이 있어서 자녀가 영적이고 정신적인 문제가 발생했습니다. 그러면 어머니와 함께 치유를 받아야 합니다. 그런데 어머니가 치유를 받으러 오면 한동안 성령의 역사로 힘들게 됩니다. 며칠만 견디면 되는 데 하루 오고 안 옵니다, 자녀만 보냅니다. 근본의 해결이 될 수가 없습니다. 윗물이 맑아야 아랫물도 맑다고 하지 않습니까? 또 다른 경우는 시간이 걸리고, 물질이 들어가면 계산속에 빠져서 순종을 하지 않습니다. 자기 생각대로 합니다. 아니 나아만 장군이 문둥병을 해결 받았는데 자기 생각대로 해서 해결 받았습니까? 엘리사가 하라는 대로 일곱 번 요단강에 몸을 담그니까, 문둥병이 해결이 되었습니다. 그러니까, 성령의 감동을 받고 장소나 사람을 만났다면 조언하는 말에 순종하는 것이 중요합니다. 순종하지 않으면 백이면 백 모두 해결이 되지 않습니다. 세상 적이고 인간적인 생각을 쫓아가니 성령님이 장악을 하지 못한 연고입니다. 무엇보다 순종이 중요합니다.

일부 목회자와 직분 자들이 영육의 현실 문제를 자기고 고생하는 성도들에게 이렇게 말합니다. 하나님을 의지하고 맡기라고 합니다. 하나님을 의지하고 맡기라는 말을 바르게 이해해야 합니다. 하나님을 의지하라는 말은 하나님의 말씀대로 순종하라는 것입니다. 말씀대로 순종하고 해결 되는 것은 하나님께 맡기라는 것입니다. 아니 여리고 성이 하나님을 의지하고 맡긴다고 가만히 앉아서 무너지기만을 기다렸다면 무너졌겠습니까? 하나님의 말씀대로 순종하니까, 순종하는 믿음을 보시고 하나님께서 여리고 성을 무너지게 한 것입니다.

24장 해방 사역(축귀)을 통해 증명하셨다.

(막 16:17)"믿는 자들에게는 이런 표적이 따르리니 곧
그들이 내 이름으로 귀신을 쫓아내며 새 방언을 말하며"

예수를 믿고 성령으로 거듭난 크리스천은 세상에서 살아계신
하나님을 증명해야 합니다. 먼저 살아계신 하나님을 체험해야 다
른 사람에게 증명할 수 있을 것입니다. 예수님은 세상에 하나님의
나라(천국)을 건설하려고 사람의 몸을 입고 오셨습니다. 예수님
의 사명을 이제 우리가 감당해야 합니다. 예수님께서 공생애에 돌
아다니시면서 귀신을 축사했습니다. 귀신이 떠나가야 천국이 되
기 때문입니다. 귀신축사는 모든 성도가 해야 하는 성업입니다. 예
수를 믿고 성령으로 거듭난 크리스천은 절대로 귀신을 두려워하
면 안 됩니다. 우리가 귀신보다 더 강한 영적 권위를 소유하고 있
기 때문입니다. 귀신축사는 사람의 힘으로 하는 것이 아닙니다. 반
드시 성령의 권능을 힘입어야 가능한 일입니다. 성령의 권능은 축
사를 하는 사역자도 힘입어야 합니다. 귀신으로 고통을 당하는 성
도도 성령으로 장악이 되어야 합니다. 귀신이 떠나가는 것은 자신
(환자) 안에 성령으로 가득 채워지면 귀신이 밀려서 나가는 것입
니다. 능력 있다는 목사가 귀신을 불러서 내보내는 것이 아니고,
자신(환자) 안에 성령으로 채워지니 귀신이 스스로 물러가는 것입
니다. 그렇기 때문에 성령으로 세례 받고 충만하게 채워지지 않으

면 귀신을 떠나가지 않습니다. 아무리 떠나가라. 떠나가라. 저녁내 소리를 질러도 떠나가지 않습니다. 만약에 이렇게 억지로 축귀를 했을 지라도 환자가 스스로 방어할 성령의 권능이 없이 때문에 3일만 지나면 도로 원위치 됩니다. 그러므로 축귀사역의 열쇠는 성령의 권능을 힘입는 것입니다. 사역자 자신이 어떻게 하면 성령의 권능을 힘입을 수 있는지를 알아야 합니다.

또, 사역자 자신에게 임재 하여 계시는 성령의 역사를 피 사역자에게 전이 시켜 환자를 성령으로 장악하게 하는 비결도 터득하고 있어야 합니다. 이를 위해서 사역자는 성령의 깊은 임재를 체험해야 합니다. 성령의 임재는 사역자에게 역사하는 성령의 역사만큼 환자에게 전이되기 때문입니다. 그러므로 사역자가 깊은 임재를 체험했다면 축귀사역을 좀 더 수월해질 것입니다. 제가 지금까지 축귀사역을 하면서 체험한 바로는 보편적으로 이렇게 되어야 축귀가 쉽게 됩니다.

첫째, 본인이 인정해야 한다. 환자가 자신에게 악한 영이 역사한다는 것을 인정해야 합니다. 자신에게 일어나는 일련의 현상들이 악한 영에 의하여 일어난다고 인정하고 축귀를 사모해야 합니다. 축귀는 마음을 열지 않으면 절대로 할 수가 없습니다. 사역자가 아무리 성령의 권능이 강해도 피사역자가 축귀를 거부하는 마음이 조금이라도 결부가 되면 축귀는 되지 않습니다. 그러므로 무엇보다도 환자가 귀신축사를 인정해야 합니다. 만약에 환자가 인정하지 않았는데 억지로 축귀를 할 경우 축사가 되지 않을뿐더러, 축귀가 이루어지더라도 다시 들어오게 됩니다.

둘째, 성령으로 세례를 받아야 한다. 환자에게 역사하는 귀신은 사람보다 강한 영적인 존재입니다. 고로 축귀사역을 하는 사역자나 축귀를 받는 환자 모두가 성령으로 장악되어 영의 상태가 되어야 귀신이 떠나갈 수 있는 조건이 되는 것입니다. 성령은 귀신보다 강한 분이기 때문에 성령의 역사에 의하여 귀신이 정체를 폭로하는 것입니다.

자신에게 역사하던 귀신은 성령으로 세례를 받은 다음부터 떠나갑니다. 자신 안에서 일어나는 성령의 역사에 놀라서 귀신이 떠나갑니다. 성령세례를 받고 지속적으로 성령의 불세례를 받으면서 귀신이 떠나가는 것입니다. 그러므로 자신에게 역사하던 귀신이 완전하게 떠나가게 하려면 지속적으로 성령으로 불세례를 받으면서 축귀하야 합니다. 한번 성령세례 받았다고 귀신은 떠나가지 않습니다. 사람은 육성이 있기 때문입니다.

셋째, 성령의 임재로 장악이 되어야 한다. 성도에게 역사하는 귀신은 사람보다 강한 존재입니다. 사람에게서 역사하던 귀신이 떠나가려면 반드시 영적인 조건이 되어야 가능합니다. 절대로 육적인 상태에서는 귀신은 떠나가지 않습니다. 반드시 성령으로 전인격이 장악이 되어 영적인 상태가 되어야 떠나갑니다. 그러므로 사역을 하는 사역자도 성령의 임재가 되어야 합니다. 왜냐하면 사역자에게 임한 성령의 역사가 피사역자에게 전이되어 성령으로 장악되기 때문입니다.

축귀 사역에서 무엇보다도 중요한 것이 성령의 임재입니다. 사역자가 성령의 임재가 깊으면 축귀는 더 잘됩니다. 피사역자를 성령으로 깊게 임재 시킬 수가 있기 때문입니다. 그러므로 사역자는 피사역자가 성령으로 장악될 때까지 인내하면서 기다려야 합니다. 성령의 임재가 되어 눈으로 성령의 역사가 나타나기 시작하는 사람부터 축귀를 시작하는 것입니다. 소리를 크게 한다고 귀신이 떠나가는 것이 아닙니다. 환자 마음 안에서 성령의 임재가 강하게 나타나면 귀신은 소리 없이 떠나갑니다.

넷째, 내적치유가 되어야 한다. 축귀 사역을 하다가 보면 어떤 귀신은 성령의 임재만 되면 떠나갑니다. 그러나 상처가 있으면 귀신이 떠나가지 않습니다. 이때에는 상처를 치유해야 합니다. 상처의 치유역시 성령께서 하시는 것입니다. 사역자는 성령의 인도에 따라 행동하면 됩니다. 더 자세한 것은 "내적상처를 스스로 치유하는 기도문" "내적치유 쉽게 하는 법"을 참고하시기를 바랍니다.

다섯째, 죄의 처리가 필수이다. 귀신은 죄가 해결되기 전에는 절대로 떠나가지 않습니다. 죄는 자신이 지은 죄도 있을 수 있습니다. 또 자신도 모르는 조상이 지은 죄도 있을 수 있습니다. 조상이 지은 죄라면 이렇게 회개합니다. 자세한 치유 기도문은 "가계저주와 영원히 이별하는 길" 책을 참고하시기를 바랍니다.

여섯째, 성령으로 장악이 되어야 한다. 성령의 임재가 되어 축귀를 하면서 내적치유도 합니다. 죄도 회개를 합니다. 지속적으로 하다가 보면 성령으로 장악이 완전하게 됩니다. 그러므로 사역자는 인내하면서 성령으로 완전하게 장악이 될 때까지 기다려야 합니다. 성령으로 완전하게 장악이 되면 귀신이 쉽게 떠나갑니다. 기침을 하면서 떠나기도 합니다. 호흡으로 떠나기도 합니다.

그러나 알아야 할 것은 자신의 정체가 폭로된 귀신만 떠나갑니다. 그래서 성령의 은사인 지식의 말씀으로 찾아내어야 합니다. 제가 지금까지 축귀사역을 하면서 체험한 바로는 자신이 정체가 폭로되지 않는 귀신은 절대로 떠나가지 않고 숨어있는 것이 보통이었습니다. 축귀 사역의 성공여부는 무엇보다도 성령의 깊은 임재로 귀신의 정체를 폭로하는 것입니다. 무조건 이 사람에게 역사하는 귀신아 떠나가라. 귀신아 떠나가라. 소리쳐도 꼼작도 하지 않고 버티고 있습니다. 그래서 사역자는 순간순간 성령께서 알려주시는 레마를 받으면서 사역을 해야 합니다. 한마디로 떠나갈 시기가 되지 않은 귀신은 버티고 있다는 것입니다.

일곱째, 귀신이 떠나는 시기가 있다. 제가 지금까지 축귀 사역을 하면서 체험한 바로는 귀신이 떠나는 시기가 있다는 것입니다.

그래서 하나님에게 마음과 시간을 많이 드려야 한다는 것입니다. 그런데 많은 성도들이 쉽게 빨리 축귀를 하려고 합니다. 그러나 자신이 영적으로 완전하게 변하여 하나님이 원하시는 수준이 되지 않으면 귀신은 떠나가지 않습니다.

하나님은 문제를 통해서 성도를 영적으로 깊은 사람으로 만들어 가십니다. 그러기 때문에 영적인 수준이 되지 않으면 귀신이 떠나가지 않는 것입니다. 귀신을 빨리 떠나보내려고 기도만 많이 한다고 귀신이 떠나가지 않습니다. 자신의 전인격이 영적으로 변하여 말씀의 비밀을 많이 깨달아야 합니다. 말씀 속에서 영적인 원리들을 찾아내서 적용할 수 있는 수준이 될 때 귀신은 떠나갑니다.

여덟째, 사역자는 자신을 먼저 축귀해야 한다. 제가 성령치유 사역을 하면서 체험한 바로는 사역자가 먼저 축귀를 해야 한다는 것입니다. 그런데 많은 분들이 성령체험하고 치유 받고 은혜 몇 번 받았다고 다된 줄로 압니다. 그래서 자신을 관리하지 않아서 영육의 문제가 발생함으로 탈진이 찾아와 사역을 할 수 없는 지경에 이르기도 합니다. 사역자는 자신을 먼저 치유하고 축귀를 해야 합니다. 부단하게 자기관리를 해야 합니다. 사역자라도 육체를 가지고 있기 때문에 귀신을 축사하다가 자신이 도리어 귀신에게 공격을 당할 수도 있다는 것입니다.

영육치유를 행하는 사역자나 축사를 행하는 사역자는 환자의 상태에 대한 지식의 말씀으로 영적 전이를 경험하게 됩니다. 환자가 앓고 있는 질병의 정도나 또는 아직 환자가 질병을 제대로 깨닫지 못하고 있는 경우에 또는 사역자가 어느 곳에 손을 얹어야 할 것인지를 깨닫게 하기 위해서, 그리고 자신이 감당할 수 있는 문제인지를 가늠하게 하기 위해서 성령께서 환자의 고통을 사역자에게 전이시켜 느끼게 하는 것입니다. 예를 들어서 머리가 아픈 사람을 치유 기도하려고 하면 사역자의 머리가 아프다는 것입니다. 더 자세한 것은 "하나님의 복을 전이 받는 법"과 "영의전이 피해를 예방하라"를 참고 하시기를 바랍니다.

아홉째, 단번에 할 수 있는 사역이 아니다. 축귀사역은 단번에 할 수 있는 사역이 아닙니다. 어디까지나 하나님의 시간표에 맞추어야 합니다. 그런데도 많은 사역자들이 지금도 단번에 축귀를 하려고 날을 세워가며 축귀를 합니다. 절대로 축귀는 단번에 되지 않습니다. 피사역자가 생명의 말씀을 깨닫고 성령으로 장악되어 영적으로 변하는 만큼씩 귀신이 떠나갑니다. 이는 하나님의 방법입니다. 저도 사역초기 환자 한사람을 붙잡고 6-8시간씩 사역을 했습니다. 이렇게 오랜 시간 축귀를 하면 완전하게 회복이 됩니다. 그러나 환자가 귀신을 방어할 수 있는 영적인 능력이 없기 때문에 2-3일만 지나면 똑같아집니다. 이럴 때는 정말로 힘이 빠지지요.

그러나 영적으로 보면 맞습니다. 환자가 영적인 능력이 약하여 육체가 되기 때문에 귀신이 다시 침입하는 것입니다. 그래서 제가 알려드리는 방법을 가지고 환자 스스로가 영적으로 바르게 설수 있도록 영성훈련을 해야 합니다. 절대로 단번에 정상으로 회복되지 않습니다. 이렇게 오랜 시간 축귀를 하게 되면 환자도 고생스럽지만 사역자의 체력이 많이 소진이 됩니다. 지혜롭게 하나님의 방법으로 성령님이 앞서서 역사하는 사역을 하면 사역자도 편하고 피사역자도 영적으로 변하면서 사역을 할 수가 있습니다.

열째, 인내할 줄 알아야 한다. 축귀를 행하는 사역자나 피사역자 할 것 없이 인내해야 합니다. 우리가 영적으로 변하는 것도 인내해야 합니다. 자신이 변하고 있다면 하나님에 역사하고 계시는 것입니다. 그러므로 순간에 완전하게 치유가 되지 않더라도 낙심하지 말고 인내하면서 기다려야 합니다. 하나님에게 마음과 시간을 드리면서 인내하며 기다려야 합니다. 성령의 역사에 맞기면서 기다리면 자신이 영적으로 깊은 성도가 되는 것을 몸으로 느끼고 눈으로 보게 됩니다.

우리는 신명기 7장 17-24절 말씀을 비밀을 알아야 합니다. "네가 혹시 심중에 이르기를 이 민족들이 나보다 많으니 내가 어찌 그를 쫓아낼 수 있으리오. 하리라마는 그들을 두려워하지 말고 네 하나님 여호와께서 바로와 온 애굽에 행하신 것을 잘 기억하되, 네 하나님 여호와께서 너를 인도하여 내실 때에 네가 본 큰 시험과 이적과 기사와 강한 손과 편 팔을 기억하라 네 하나님 여호와께서 네가 두려워하는 모든 민족에게 그와 같이 행하실 것이요. 네 하나님 여호와께서 또 왕벌을 그들 중에 보내어 그들의 남은 자와 너를 피하여 숨은 자를 멸하시리니, 너는 그들을 두려워하지 말라, 너희의 하나님 여호와 곧 크고 두려운 하나님이 너희 중에 계심이니라. 네 하나님 여호와께서 이 민족들을 네 앞에서 조금씩 쫓아내시리니, 너는 그들을 급히 멸하지 말라. 들짐승이 번성하여 너를 해할까 하노라. 네 하나님 여호와께서 그들을 네게 넘기시고, 그들을 크게 혼란하게 하여 마침내 진멸하시고, 그들의 왕들을 네 손에 넘기시리니 너는 그들의 이름을 천하에서 제하여 버리라. 너를 당할 자가 없이 네가 마침내 그들을 진멸하리라." 하나님이 우리가 영적으로 자라는 만큼씩 귀신을 몰아내시는 것입니다. 인내하면서 기다려야 합니다. 하나님에게 마음과 시간을 드리면서 자신이 하나님이 원하시는 수준을 만들면 자신에게 역사하던 귀신은 모두 떠나가는 것입니다.

심장병과 류머티즘 관절염이 치유 받은 어느 권사의 이야기입니다. 이 권사는 한창 전쟁 중인 51년도에 태어났습니다. 어머니가 출산하고 보니 여자아이니까 할머니가 이 전쟁 중에 딸을 키워서 무엇 하느냐고 가져다 버리라고 하여 버렸다고 합니다. 버린 후 이틀이 지나서 죽었으면 땅에 묻어주려고 어머니가 현장에 가서 보았답니다. 그런데 아이가 그때까지 죽지 않고 울고 있기에 명이 긴 아이라고 데려다가 기른 아이가 바로 이 권사입니다.

권사는 이때 두려움과 공포에 시달린 후유증으로 심장병과 류머티즘 관절염으로 많이 고생을 하였습니다. 전철을 타려고 세 계단만 올라가도 쉬어야만 할 정도였다고 합니다. 그러다가 친구들의 권면을 받고 우리 교회에 오셔서 치유를 받았습니다. 자신을 지금까지 괴롭히던 질병을 치유 받을 수 있다는 사모하는 마음으로 맨 앞에 앉아서 은혜를 받았습니다. 성령의 불세례를 체험했습니다. 본인에게 호흡을 들이쉬고 내쉬면서 배에서 나오는 소리로 기도를 하라고 했습니다. 질병을 치유 받고 축귀를 하려면 기도가 바뀌어야 하기 때문입니다. 그래야 성령께서 장악하시고 역사합니다. 내가 알려준 대로 순수하게 기도를 했습니다. 성령이 완전하게 장악을 했습니다. 그래서 내가 기도시간마다 안수하면서 귀신을 물리쳤습니다. "예수 이름으로 명하노니 심장병을 일으키는 귀신은 떠나갈지어다." 하면 막 악을 쓰다가 기침을 한동안 하다가 떠나갔습니다. 또 예수 이름으로 명하노니 류머티즘 관절염을 일으키는 귀신은 떠나갈 지어다. 하면 막 발작을 하고 기침을 하면서 귀신들이 떠나갔습니다. 몇 주를 성령이 감동하시는 대로 안수하면서 명령을 했습니다. 얼마 후 저에게 이렇게 간증을 했습니다. "목사님 내가 처음 여기 올 때는 계단 세 개를 올라가서 쉬고, 또 올라가고 했는데 지금은 오십 계단을 거뜬하게 올라갑니다." 어머니 뱃속에서 태어난 후 들어온 두려움과 공포의 영으로 심장병과 류머티즘 관절염으로 고생을 했는데 말씀과 성령으로 내적치유하고 귀신을 쫓아내서 완벽하게 치유 받은 것입니다.

조상의 무당의 영으로 고생하다가 기적적으로 해결 받은 장로님의 이야기입니다. 일산에 있는 아주 큰 교회에 안수 집사로 교회를 아주 잘 다니는 성도가 치유를 받으러 왔습니다. 이유는 다리부터 머리까지 오른 쪽 한쪽이 저리고 아파서 견딜 수가 없다는 것입니다. 이렇게 고통을 당한지가 상당히 오래되어 치유하려고 별짓을 다했는데 치유가 되지 않아 자기의 여동생의 소개로 치유를 받으러 온 것입니다. 그런데 올 당시 자신만의 문제가 아니고 부인 집사는 유방암 3기로 고생을 하다가 수술하였으며, 자신의 둘째 아들은 간질과 정신적인 문제로 정상적인 생활을 못하는 형편이었습니다. 생각해 보세요. 안수 집사가 아내는 유방암으로 아들은 간질로 고생을 당한다니 한 번 생각해 보아야 할 문제입니다. 예수만 믿으면 영육의 문제가 해결된다는 논리가 맞지 않는 다고 생각하지 않습니까? 이분은 교회에서 아주 믿음생활을 모범적으로 잘하여 우리 교회에서 치유 받고 간 다음 장로가 되었습니다. 치유를 하기 위하여 상담을 했습니다. 그랬더니 자신의 할머니가 반 무당이라 자신이 어렸을 적에 몸이 조금만 아프면 무당에게 찾아가 복을 빌고, 무당이 어깨에 이상한 물건을 얹어놓을 때도 있었다는 것입니다. 그리고 자신의 모친도 시어머니의 영향으로 무당의 신끼가 내려와서 굉장한 시달림을 당하다가 예수를 믿었다는 것입니다. 그러니까 이 집안은 할머니의 우상숭배가 4때 째 내려와 고통을 당하고 있는 것입니다. 그래서 제가 편안하게 누우라고 하고 성령의 임재를 요청했습니다. 그리고 본인에게 우상숭배를 회개하라고 했습니다. 한 참 지나니 발작을 하기 시작을 했습니다. 오른 쪽 머리가 깨어지는 것같이 아프다고 하고, 오른 쪽 팔과 다리를 막 흔들리며 발작을 했습니다. 그러더니 갑자기 일어서서 뛰어다니면서 무당이 굿을 할 때에 손과 발을 움직이는 것같이 행동을 하면서 뛰어다녔습니다. 그래서 제가 성령님 더 강하게 역사하여 주시옵소서. 더 강하게 더 강하게 명령을 했습니다. 그랬더니 한 10분간을 뛰어다니다가 쓰러졌습니다. 그래서 제가 명령을 했습니다. 내가 예수 이름으로 이 가정에 무당의 영의 줄을 끊노라. 무당의 영의 줄은 예수 이름으로 끊어질 지어다. 그리고 무당에게 복을 빌고 무당에게 기도 받을 때 들어와 고통을 주고 있는 귀신은 예수 이름으로 물러갈지어다. 떠나갈지어다. 하니 막 오물을 토해내고 소리를 지르면서 귀신이 떠나갔습니다. 떠나갈 때 무당이 굿하는 현상을 하면서 떠나갔습니다. 그리고 한 몇 개월간 부인과 아들이 다니면서 치유를 받았습니다. 그리고 완치되어 2년이 지난 지금까지 아무런 일없이 잘 지내고 작년에 장로가 되어 믿음 생활 잘하고 있습니다. 여러분 이렇게 조상의 우상 숭배는 3-4대에 걸쳐서 고통을 줍니다. 그럼 언제까지 영향을 미치는 가, 저는 임상적으로 보아 예수 이름으로 권세를 주장하여 끊고 몰아낼 때 까지 영향을 준다고 개인적으로 믿고 있고 축귀하고 있습니다.

저는 강동구에 사는 최아무개 안수집사입니다. 제가 간증을 하는 것은 저같이 영적인 무지가운데 살면서 고통을 당하는 분들이 없기를 바라고 간증합니다. 저의 형제는 육남매입니다. 육남매 중에 저만 예수를 믿습니다. 총각 때 지금 집사람을 만나 예수를 믿게 되었습니다. 그런데 저만 가난하게 사는 것입니다. 그것뿐만이 아니고 허리디스크수술을 세 번이나 받았습니다. 이것도 별문제가 되지 않습니다. 이제 사업이 되지를 않았습니다. 칼국수 집을 경영했는데 매달 적자라 보증금을 거의 다 까먹어갔습니다. 너무 고통스러워 기도원에 갔다가 충만한 교회에서 문제를 해결 받은 성도를 만나게 되었습니다. 서로 대화를 하다가 알게 되어 충만한 교회 집회에 참석을 했습니다. 너무나 갈급하여 상담을 요청했습니다. 다행히 첫날 강 목사님이 상담을 해주셨습니다. 저의 이야기를 듣더니 목사님이 이렇게 질문을 하시는 것입니다. 집사님! 지금까지 신앙생활을 어떻게 하셨습니까? 그래서 예! 말씀중심의 신앙생활을 했습니다. 그랬더니 이렇게 말씀을 하셨습니다. 물론 말씀중심의 신앙생활을 해야 맞습니다. 그러나 성령의 역사를 체험하면서 말씀중심의 신앙생활을 하면 더욱 좋습니다. 나는 무슨 말인지 이해가 되지를 않았습니다. 그래서 목사님의 얼굴을 물끄러미 바라보았습니다. 목사님이 이렇게 말씀을 하셨습니다. 원래 세상에 살다가 예수를 믿으면 교회에 들어옵니다. 교회에 들어와서 말씀을 듣습니다. 말씀을 듣고 기도를 하다가 보면 성령의 세례를 받게 됩니다. 성령의 세례를 받은 후에 세상에서 받은 상처와 자신의 자아와 혈통으로 타고 내려오는 악한 영의 영향을 치유 받아야 온전하게 하나님의 복을 받으면서 살아갈 수가 있습니다. 그러면서 집사님 성령체험은 했습니까? 질문하는 것입니다. 그래서 그런 체험은 없이 그저 말씀중심의 신앙생활을 했다고 대답을 했습니다. 목사님이 말씀하시기를 성령을 체험해야 합니다. 성령을 체험하고 치유를 받아야 집사님 같이 예수를 믿으면서도 불필요한 고생을 하지 않습니다. 그래서 내가 목사님에게 이렇게 말했습니다. 목사님 예수만 믿으면 구원을 받고 만사형통하게 지내다가 천국 가는 것 아닙니까? 저는 지금까지 목사님들에게 이렇게 듣고 배웠습니다. 그랬더니 구원은 예수만 믿으면 되지만 성화는 말씀과 성령으로 치유 받으며 노력을 해야 되는 것입니다. 집사님 몇 주 다니면서 말씀을 듣고 성령으로 깨달아서 영적으로 사고를 하시기를 바랍니다. 순종하는 마음으로 두주를 다녔습니다. 두주동안 내가 지금까지 삼십년을 믿음생활하면서 체험하지 못한 성령의 뜨거운 불세례도 받았습니다. 방언기도가 열렸습니다. 말씀을 듣다가 내가 우상숭배를 한 것이 생각이 났습니다. 무엇인가하면 내가 어렸을 때 몸이 아프면 어머니가 무당에게 데리고 갔습니다. 가서 머리에 이상한 물건도 쓰게 했습니다. 무당에게 이름도 올렸습니다. 그것이 그때야 생각이 나는 것입니다. 무려 사십 오년이 지난일이 말입니다. 그래서 목사님에게 이야기를 했습니다. 목사님이 성령의 임재가운데 그때 그 상황을 눈으로 보면서 회개를 하라고 하셨습니다. 목사님이 머리에 안수를 하셨습니다. 조금 지나서 울음이 터졌습니다. 이상한 울음이 터졌습니다. 목사님이 무당의 영은 정체를 밝힐 지어다. 하고 명령을 하셨습니다. 목사님이 머리에 손을 얹고 내가 나사렛 예수 이름으로 명하노니 대물림되는 무당의 영은 정체를 밝힐지어다. 하시는 것입니다. 내가 오른 손을 마구 흔드는 것입니다. 마치 TV에 나오는 무당이 굿거리 하는 장면같이 손을 마구 흔들어 댔습니다. 목사님이 "예수 이름으로 명하노니 혈통을 타고 들어온 무당귀신의 줄은 끊어질지어다.""이제 내가 예수 이름으로 명하노니 혈통을 타고 들어온 무당귀신은 묶음을 풀고 나올지어다." 명령을 하시니까, 내 속에서 한참 괴성이 나오더니만 입에서 맑은 물이 막 토해지면서 귀신이 떠나가는 것입니다. 그리고 다시 "가난하게 하고 사업을 방해하는 귀신은 결박을 풀고 떠나갈지어다.""가난하게 하고 사업을 방해하는 귀신은 결박을 풀고 떠나갈지어다." 하시면서 목사님이 명령을 하니 내가 막 소리를 지르고 악을 쓰고 토하면서 악귀들이 떠나갔습니다. 그리고 목사님이 "이제 사업이 풀리고 재정에 복이 임하는 영이 임할 찌어다.""이제 사업이 풀리고 복이 임하는 영이 임할 찌어다." 하며 안수 기도를 해주셨습니다. 이렇게 하기를 삼일 동안 했습니다. 충만한 교회 치유집회는 시간, 시간 개인별로 안수기도를 하면서 치유를 합니다. 그리고 목사님이 나에게 이렇게 말을 하셨습니다. 집사님 지금은 다른 형제들은 다 잘사는데 집사님만 어렵게 지냈지만, 앞으로 삼년만 영적인 전쟁을 하면 집사님이 제일 영육 간에 복을 받고 다른 형제들이 못살게 될 것입니다. 믿고 영적전쟁 하면 반드시 그렇게 됩니다. 하나님은 집사님에게 소원을 두고 일을 하시기 때문입니다. 그래서 믿고 영적인 전쟁을 하면서 믿음생활을 한 결과 사업이 슬슬 풀리기 시작을 했습니다. 이제 어려움이 없이 믿음생활을 하고 있습니다. 제 인생이 바뀌고 있습니다. 지금 생각을 하면 내가 영적으로 무지해서 지금까지 고생을 했다는 것입니다.

25장 기적적인 문제해결을 통해 증명하셨다.

(요일 2:27)"너희는 주께 받은바 기름 부음이 너희 안
에 거하나니 아무도 너희를 가르칠 필요가 없고 오직 그
의 기름 부음이 모든 것을 너희에게 가르치며 또 참되고
거짓이 없으니 너희를 가르치신 그대로 주 안에 거하라"

예수를 믿고 성령의 거듭난 크리스천은 모든 문제의 해답은
하나님께서 가지고 있으며 하나님께서 하라는 대로 순종하면 해
결이 된다는 믿음이 중요합니다. 크리스천은 예수를 믿을 때 죽
었습니다. 다시 예수로 태어났습니다. "내가 그리스도와 함께 십
자가에 못 박혔나니 그런즉 이제는 내가 사는 것이 아니요 오직
내 안에 그리스도께서 사시는 것이라 이제 내가 육체 가운데 사
는 것은 나를 사랑하사 나를 위하여 자기 자신을 버리신 하나님
의 아들을 믿는 믿음 안에서 사는 것이라(갈 2:20)" 모든 문제는
하나님게서 해결하여 주신다는 믿음이 중요합니다.

예수를 믿고 성령의 인도를 받아 교회에 나온 크리스천은 하
나님의 방법으로 문제를 해결해야 합니다. 자신의 문제를 해결
하려고 이리 뛰고, 저리 뛰고 해도 해결되지 않습니다. 세상방법
으로 해결이 된 다해도 임시요법에 불과한 것입니다. 다시 재발
한다는 말입니다. 하나님의 자녀의 문제는 하나님의 방법으로
해결을 해야 합니다. 문제가 생겼을 때 불필요한 시간 낭비 마시
고 주님만이 나의 모든 문제의 해결 자가 되십니다. 주여! 나를

도와주옵소서. 나를 불쌍히 여겨 주옵소서. 하고 주님께 나와 기도하면 해결하여 주십니다.

한 가지 알아야 할 것은 툭하면 하나님께 "의뢰합니다. 맡깁니다."합니다. 맡기고 의뢰한다는 의미를 잘 알아야 합니다. 맡기고 의뢰한다는 것은 하나님께 기도하여 하나님의 지혜를 구하는 것입니다. 하나님께서 주시는 지혜대로 순종하면 문제가 해결이 되는 것입니다. 우리가 알아야 할 것은 크리스천은 예수를 믿는 순간에 자신은 죽고 예수로 태어난 사람입니다. 죽은 사람이 문제를 해결할 도리가 없습니다. 다시 사신 예수님이 문제를 해결해야 합니다. 그래서 예수님께 기도하여 알려주시는 지혜대로 순종하는 것입니다. 그러면 믿음을 보시고 성령께서 해결하시는 것입니다. 시편 46편 10절에 이와 같이 말씀합니다. "이르시기를 너희는 가만히 있어 내가 하나님 됨을 알지어다" 가만히 있어라. 왜 안절부절못하고 입을 열어서 원망과 불평을 하고 아이고 나 죽네! 부정적인 소리를 쏟아놓느냐? 가만히 좀 있어라. 입 다물고 내가 어떻게 일하는지 좀 살펴보고 믿음으로 지켜보고 주님 역사하심을 살펴보아라. 시편 46편 10절 말씀 다시 기억합니다. "이르시기를 너희는 가만히 있어 내가 하나님 됨을 알지어다. 내가 뭇 나라 중에서 높임을 받으리라. 내가 세계 중에서 높임을 받으리라 하시 도다. 이 놀라운 일 가운데 내가 하나님의 은혜와 기적을 나타내서 모든 사람들 가운데 모든 나라 가운데 영광을 받을 것이다. 높임을 받을 것이다. 그러므로 너희는 가만히 있어라." 가만히 있으라는 표현이 성경에 여러 곳 나오는데 그 대표적인 하나가 홍해가 막혀있고 뒤에는 바로의 군대가 쫓아와서 430년 만에 애굽에서 탈출한 이스라엘 백성이 원망과 불평을 쏟아놓을 때 가만히 있으라는 말이 나옵니다.

출애굽기 14장 11절을 보면, 그들이 입을 열어 불평합니다. "그들이 또 모세에게 이르되 애굽에 매장지가 없어서 당신이 우리를 이끌어 내어 이 광야에서 죽게 하느냐 어찌하여 당신이 우리를 애굽에서 이끌어 내어 우리에게 이같이 하느냐" 430년 동안 저들이 노예 생활을 하던 애굽에서 해방 받아서 저들이 약속의 땅 가나안으로 가는데 불과 얼마 지나지 않아서 그 기쁨은 사라져버리고 앞에 홍해가 막히고 뒤에 군사가 쫓아오니까 우리를 차라리 종살이 하게 내버려두지 왜 우리를 건져내갖고 여기서 죽게 하느냐? 우리를 묻을 묘지가 없어서 이곳에 까지 끌고 나오느냐? 다 입을 열고 불평합니다. 문제를 만났을 때 제일 먼저 우리가 하는 것이 불평입니다.

원망입니다. 남의 탓입니다. 모세를 탓하고 하나님을 원망했어요. 문제가 생겼을 때 내가 문제가 무엇일까? 내 자신을 살펴봐야 하는데 당신 때문에 그렇소… 당신 때문에 그렇소… 원망하면 문제가 더 커져버립니다. 모세가 하나님이 함께 하신다는 음성을 듣고 담대히 말씀 했습니다. 출애굽기 14장 13절, 14절 말씀을 봅니다. "모세가 백성에게 이르되 너희는 두려워하지 말고 가만히 서서 하나님께서 오늘 너희를 위하여 행하시는 구원을 보라 너희가 오늘 본 애굽 사람을 영원히 다시 보지 아니하리라 하나님께서 너희를 위하여 싸우시리니 너희는 가만히 있을

지니라" "하나님께서 우리를 위하여 대신 싸우실 것이므로 너희는 가만히 있을 것이라. 잠잠하고 조용하고 불평하지 말고 가만히 있어라. 그저 주님께서 하라는 대로 순종하고 맡기고 주님 앞에 감사하며 찬양하며 나아갈 것이라." 이것이 바로 하나님이 하실 것을 믿는 살아있는 믿음입니다.

모세가 하나님께서 말씀하신 대로 의심 없이 지팡이를 바다위로 내미니까, 홍해에 길이 생겨서 건너간 것입니다. "여호와께서 너희를 위하여 싸우시리니 너희는 가만히 있을지니라. 여호와께서 모세에게 이르시되 너는 어찌하여 내게 부르짖느냐 이스라엘 자손에게 명령하여 앞으로 나아가게 하고 지팡이를 들고 손을 바다 위로 내밀어 그것이 갈라지게 하라. 이스라엘 자손이 바다 가운데서 마른 땅으로 행하리라(출 14:14-16)"

필자역시 현실 문제를 하나님께 기도하여 하나님의 방법으로 해결하면서 영적으로 바뀌고 하나님께서 사용하는 영의 사람이 되니 성령의 인도를 받고 생활하고 있습니다. 필자가 공직에서 나와서 신학대학원을 다니기 위하여 안산으로 올라왔습니다. 올라와서 보니까, 신도시가 조성이 되고 있었습니다. 아파트 분양이 한창 되고 있었습니다. 우리가 안산에 10월초에 올라오게 되었는데 익 년 2월 26일에 입주하는 아파트가 있었습니다. 분양 사무실에 가보니 좋은 층은 다 분양이 되고 1층과 5층만 남아있었습니다. 5층을 분양을 받았습니다. 일단 안산에서 전세를 얻어서 살았습니다. 살림이 많아서 주인 세대를 전세금 사천만원을 주고 살았습니다. 그런데 문제가 발생을 했습니다.

안산에 세를 들어 사는 사람들이 시화에 아파트 분양을 받아서 이사를 가니 안산에 있는 집이 나가지를 않는 것입니다. 잘 아시다시피 아파트는 입주 날자가 되면 입주를 하든지 안하든지 분양대금은 모두 지불을 해야 합니다. 만약에 지불하지 못하면 이자를 내야 합니다. 안산에 있는 집이 나가야 분양대금을 지불하고 들어가는데 부동산이란 부동산 모두에 집을 내놓고 기다려도 전화가 한 통화도 오지를 않는 것입니다.

이제 입주 날자가 20일 밖에 남지 않았습니다. 얼마나 다급한지 제가 다니던 교회 목사님을 청해 다가 심방을 하면서 기도를 부탁을 했습니다. 그런데 오셔서 하는 말이 도저히 집이 나갈 수 있는 확률이 없다는 것입니다. 나가도 육 개월 이상이 걸린다는 것입니다. 아니 빨리 나가도록 기도를 해달라고 심방을 청했는데 마음에 상처만 받는 말을 하는 것입니다. 내가 지금 목사가 되고 영적인 것을 깨닫고 보니, 그 목사님이 육신에 속한 율법적인 목사님 이었다는 것입니다. 한마디로 하나님의 살아 역사하심을 체험하지 못했기 때문에 세상 돌아가는 것을 보고 세상 사람이 하는 말하고 똑 같은 말을 했다는 것입니다. 혹을 떼려고 했다가 혹을 붙인 격이 되었습니다. 만약에 내가 심방을 했다면 이렇게 말했을 것입니다. "집사님! 걱정하지 마세요. 하나님은 살아계십니다. 기도하면 하나님의 기적 같은 역사를 체험할 것입니다. 우리 기도합시다." 이렇게 조언을 했을 것입니다.

필자가 그 목사님에게 인간적인 조언을 듣고 마음에 충격을 받았습니다. 이제 절대로 사람에게 내 앞 일을 물어보지 않겠다고 결심을 했습니다. 그래서 어떻게 합니까? 내가 직접 하나님에게 기도하는 수밖에 없는 상황에 처했습니다. 돈을 벌지 않으면서 이자를 내다가 보면 퇴직금 받은 것 다 날아가게 생겼습니다. 새벽마다 가서 하나님에게 기도를 했습니다. "하나님 어떻게 해야 합니까? 집이 나가야 이사를 가고, 물질에 손해가 없습니다. 제가 다른 일 하겠다고 여기에 왔습니까? 하나님의 일을 하겠다고 여기에 와서 아파트를 분양받았는데 이 집이 안 나가면 물질의 손해가 너무 막심합니다. 하나님! 어떻게 해야 합니까?" 하면서 계속해서 4일을 기도를 했습니다. 응답이 없습니다.

이제 16일 밖에 남지 않았습니다. 5일째 되는 날 기도하니 이렇게 감동을 하시는 것입니다. "A4지에 상황을 적어서 20장을 만들어서 전봇대와 나무에 붙여라." 그래서 집에 오자마자 20장을 만들어서 전봇대와 나무에 붙였습니다. 그리고 오전이 지나고 오후 2시가 되었습니다. 전화가 왔습니다. 집을 보러 오겠다는 것입니다. 어디에 사느냐고 했더니 우리 집에서 150미터 떨어진 곳에 살고 있었습니다. 항상 문제가 있는 가까운 곳에 해답이 있는 법입니다. 당장 와서 보라고 했습니다. 집을 보러 와서 하는 말이 2월 26일 날 집을 비워줄 수가 있느냐는 것입니다. 2월 26일은 아파트 입주하는 날입니다. 자기가 와서 집을 보니 집도 깨끗하고 자기가 찾던 집이라는 것입니다.

그래서 계약하고 2월 26일 날 전세금을 받아서 이사를 했습니다. 집이 나갈 수 있다고 말한 사람은 아무도 없었습니다. 심지어 집주인이 계약서를 작성하러 와서 저에게 하는 말이 기적

같은 일이 일어났다는 것입니다. 자기는 한 일 년이 지나야 나갈 줄로 생각하고 있었다는 것입니다. 제가 이렇게 말했습니다. "하나님이 알려주신 대로 했더니 집이 나갔습니다. 하나님은 살아계십니다. 주인아저씨도 예수를 믿으세요." 담대하게 하나님이 하셨다고 불신자에게 말하도록 해주셨습니다. 할렐루야! 하나님이 하셨습니다. 하나님은 무에서 유를 창조하는 하나님이십니다. 살아계신 기적의 하나님 이십니다. 현실적인 상황을 보고 사람들이 모두 안 된다고 해도 포기하지 않고 하나님께 기도했더니 방법을 알려주셨습니다. 그대로 순종하니 문제가 기적같이 해결이 되었습니다. 필자가 이 일로 하나님을 향한 믿음이 견고해졌습니다. 이후로 하나님의 음성을 듣고 행하는 습관이 생겼습니다. 하나님께 현실 문제를 놓고 기도하면 해결책을 주신다고 믿고 행하기 시작했습니다. 이렇게 하나님과 관계가 열리니까, 하나님께서 목회를 어떻게 하라고 알려주시기도 했습니다.

사람이 모두 안 된다고 해도 포기하지 말고 직접 하나님에게 물어보면서 기도하세요. 그러면 믿음을 보고 하나님이 응답하여 주십니다. 절대 하나님의 음성을 듣고 따라가는데 사람의 말을 듣고 낙심하면 안 됩니다. 살아계신 하나님께서 현실 문제를 해결할 수 있는 지혜를 주시어 순종하면 해결하여 주십니다. 현실 문제의 해결을 통하여 영적으로 바뀌고 믿음이 자라게 하십니다. 그리고 전인적인 축복을 허락하시는 것입니다.

교회가 재정적으로 어려워서 있는 물질 다 날아가고 해결할 방도가 없을 때의 일입니다. 성령 체험을 함과 동시에 성령치유 사역을 한창 하던 때에 낮에 사모와 함께 기도하고 있는데 갑자기 성령께서 "혈통으로 대물림 되어서 너의 목회를 방해하고 가난하게 하는 귀신을 몰아내라!" 라고 하시는 것입니다. 그래서 저는 "예수 이름으로 명하노니 나의 목회를 방해하고 가난하게 하는 더러운 귀신은 예수 이름으로 명하노니 물러갈지어다" 하고 세 번을 명령 하였습니다. 그랬더니 막 하품이 나오기를 한 20여 차례 나오면서 더러운 귀신들이 떠나가는 것이었습니다. 그러기를 한참 하더니 곧이어 아랫배가 뒤틀리고 아프면서 귀신들이 떠나갔습니다. 그 전까지만 해도 필자의 교회에서 강력한 성령의 불의 역사가 일어나는 가운데 성도들을 붙잡고 기도하며 내적치유를 하고 귀신들을 축사하고 병을 고쳐도 저를 괴롭히고 목회를 방해하며 가난하게 하던 귀신들은 떠나가지 않았던 것입니다.

지속적으로 성령의 임재가운데 하나님에게 기도하며 대적기도를 했습니다. "내가 나사렛 예수의 이름으로 명하노니 교회에 역사하며 재정에 고통을 주는 영들은 떠나갈지어다. 내가 나사렛 예수의 이름으로 명하노니 교회에 역사하며 성도들을 충동하여 하나님에게 드리는 일에 인색하게 하는 영들은 떠나갈지어다. 성도들을 가난하게 하는 영은 떠나갈지어다. 내가 나사렛 예수의 이름으로 명하노니 교회에 역사하며 성도들의 가정의 재정에 고통을 주는 영들은 떠나갈지어다. 교회에 역사하며 재정에 고통을 주는 악한 영들은 떠나갈지어다. 우리 교회에 성도들이 들어오지 못하게 막고 있는 귀신들은 떠나갈지어다.

우리 교회에 역사하며 성장을 방해하는 귀신들은 떠나갈지어다. 멀리 멀리 떠나갈지어다. 천사들아 도울 지어다." 라고 성령의 임재 가운데 지속적으로 명령을 했습니다. 한 달 정도 지난 다음에 제가 꿈에 자전거를 타고 가는데 길이 진흙으로 자전거가 나가지를 않았습니다. 그래서 힘들어 하다가 길 옆 배수관을 보았더니 검정 뱀이 목만 내밀고 있었습니다. 그래서 뱀을 잡아 내어 발로 밟으니까? 뱀이 자꾸 커지더니만 입이 커다란 미물로 변했습니다. 죽여 버리려고 계속 발로 밟았으나 죽지를 않았습니다. 그래서 제가 습관적으로 천사들아 나를 도와라 하니까, 군인들이 차를 몰고 와서 미물을 짓이기고 지나갔습니다. 그래서 보니 아주 납작하게 죽어 있었습니다. 그 다음에 길을 보니 진흙탕 길이 아니라 아주 잘 다듬어진 길이 되었습니다.

그래서 제가 자전거를 아주 쉽게 타고 갔습니다. 그 더러운 영들이 나의 가는 길에 진흙탕을 만들어 가지고 교회 성장을 방해하고 재정을 고통스럽고 힘들게 한 것입니다. 그 꿈을 꾸고도 지속적으로 영적싸움을 했습니다. 입버릇처럼 기도를 했습니다. 서서히 재정에 풀리기 시작을 했습니다. 그 이후로 재정에 대하여 별로 어려움을 느끼지 못했습니다. 꿈속에서 천사들을 불러 영적전쟁에 승리하니 재정에 고통이 해결되고 대로가 열렸습니다. 아파트도 얻어서 교회에서 나가게 되었습니다. 더군다나 서울로 이전하게 된 것입니다. 할렐루야!

교회가 서울로 이전할 때의 일입니다. 하나님께서 시작부터 끝까지 저를 통하여 이루셨습니다. 임대료부터 시작해서, 내부 시설공사 대금, 이사비용까지 성도들을 감동하게 하시어 부담하도록 역사하시어 살아계신 하나님을 증명하셨습니다. 필자가 내부 인테리어를 위하여 기도하니 성령께서 목록을 작성하여 벽에다가 붙여두어라. 하여 그대로 순종했습니다. 그랬더니 당일 모든 것이 해결이 되도록 역사하셨습니다. 믿음이 부족했던 필자에게 역시 목회는 하나님께서 직접 하시는 것이라고 믿게 하셨습니다. 이전하는 모든 일이 일사천리로 진행되어 은혜가운데 서울로 이전하였습니다.

지금교회 임대료의 문제를 놓고 기도하여 응답을 받은 간증입니다. 이전할 장소는 정해졌는데 이제 임대료가 문제입니다. 종전에 임대했던 장소보다 장소가 두 배로 넓습니다. 당연히 임대료가 두 배로 많습니다. 임대료가 되어야 이전을 하지 않겠습니까? 그래서 하나님에게 기도를 했습니다. 며칠을 연속적으로 기도를 했습니다. 하나님! 이전할 장소는 정해졌는데 임대료가 문제입니다. 임대료를 조치하여 주옵소서. 하면서 밤낮으로 기도를 했습니다. 하나님 어떻게 해야 합니까? 생각나게 해주옵소서. 알려주옵소서. 하면서 지속적으로 기도를 했습니다. 한 삼일을 한 것 같습니다. 새벽 3시정도 되었는데 응답이 온 것입니다. 어디에 전화하여 보아라. 간단합니다. 어디에 전화하여 보아라. 내가 성령께서 전화하여 보라는 곳을 알았으면 기도를 했겠습니까?

저는 생각도 하지 못한 곳을 성령께서 아시고 저에게 알려주신 것입니다. 그래서 알았습니다. 대답하고 잠을 자고 새벽기도를 하고 일과 시간이 되어 성령께서 전화하여 보라는 장소에 전화를 했습니다. 그랬더니 임대료 부족한 액수가 된다는 것입니다. 그래서 이전한다는 공포를 하고 일을 추진하니 일사천리로 일이 술술 풀렸습니다. 기도하세요. 기도하면 하나님이 응답을 주십니다. 응답을 주시면 그대 순종하면 일이 기적같이 해결이 됩니다. 이는 하나님께서 동행하며 친히 목회를 하신다고 믿게 하기 위함이고, 살아계신 하나님이시라고 입으로 시인하게 하기 위함입니다. 하나님은 성도에게 살아계신 하나님을 증명시킵니다.

지금 교회를 인테리어 작업을 할 때입니다. 지금 교회는 지하에 있습니다. 우리가 형편이 좋지 못해서 지하에 있는 것이 아닙니다. 서울도 강남에서 성령치유사역을 하려니 소음이 문제가 됩니다. 주변에서 시끄럽다고 민원이 들어가면 신경이 쓰여서 집회를 못합니다. 그래서 지하에 들어와 있는 것입니다. 그런데 지하답지 않게 환기가 잘됩니다. 그래서 이 장소를 임대하였습니다. 그런데 문제가 있었습니다. 화장실이 없는 것입니다. 화장실이 있어야 하는데 없으니 문제가 생긴 것입니다. 인테리어 작업을 할 때 화장실 문제를 해결해야 치유 기도하면서 편리하게 용변을 볼 수가 있지 않습니까? 여성분들이 지하에서 나와서 일층까지 가서 볼일을 본다면 얼마나 불편하겠습니까? 그래서 인테리어 하는 집사님에게 화장실이야기를 했습니다. 그랬더니 자신은 할 수가 없다는 것입니다.

지하에 화장실을 만드는 것은 전문가 외에 할 수 있는 일이 아니라는 것입니다. 그래서 제가 사는 부근에 설비하는 곳이 있어서 사장보고 와서 보고 견적을 내보라고 했습니다. 그랬더니 800만원을 주어야 화장실을 만들 수가 있다는 것입니다. 비싼 이유를 물으니 공사비는 2-300만원 들지만, 기술 값이 500만 원 이상이라는 것입니다.

여기서 특별히 목회자분들에게 말씀드리고 싶은 것이 있습니다. 세상에서 일을 하는 사람들이 목사라고 하면 아무것도 모르는 바보인줄 안다는 것입니다. 저는 예수를 믿어 교외에 다니고 장로이고 권사이고, 안수집사라고 해도 단번에 믿지를 않습니다. 여기저기 확인하여 결정을 합니다. 절대로 단번에 정하지 않습니다. 잘못하면 사기를 당할 수도 있기 때문입니다.

기술 값이 500만 원 이상이라고 하여 하도 기가 막혀서 어떻게 하는 것이냐고 물으니 일층 화장실하고 연결을 하면 될 것이라는 것입니다. 저는 원래 안 되는 것을 도전하여 되게 하는 것을 즐기는 사람입니다. 일단 알았다고 하고 좀 더 생각을 해보아야 되겠다고 설비하는 사장을 보냈습니다. 하나님에게 기도하여 응답을 받아야 되겠다는 감동이 왔습니다. 하나님에게 기도하기 시작을 했습니다. 하나님! 어떻게 했으면 좋겠습니까? 계속 방법을 알려 달라고 기도했습니다. 이틀을 기도했습니다. 밤에도 잠을 거의 자지 않고 기도를 했습니다. 이튿날 밤이 되었습니다. 새벽 4시쯤 되었을 때 성령의 감동이 왔습니다. 지금 인테리어 작업하는 사람들에게 하라고 해라! 지금 인테리어 작업하는 사람들에게 하라고 해라! 그래서 오전에 인테리어 하는 노 집사님에게 어떻게 하면 화장실을 만들 수 있는지 방법을 생각하라고 했습니다. 대신 방법을 생각하여 일을 하여 화장실을 완성하면 일당을 두 배로 주겠다고 했습니다.

원래 하루하루 벌어서 사는 사람은 돈에 약합니다. 일당을 두 배로 주겠으니 일을 하지 말고, 기발한 방법을 생각하라고 했습니다. 그날 일을 하고 갔습니다. 다음날 오전에 제가 성전 작업하는 곳에 왔습니다. 그랬더니 일하시는 집사님이 이렇게 하면 된다고 합니다. 자신이 집에 돌아가서 여기저기 동업종하는 사람들에게 전화하여 방법을 물어본 것입니다. 그래서 알아낸 것입니다. 방법을 설명하는데 아주 간단합니다.

그래서 작업을 시작하여 품삯까지 포함하여 300만원 들이고 지금 화장실을 만들어서 아주 잘 사용하고 있습니다. 하나님이 지혜를 주셔서 500만원을 번 것입니다. 하나님에게 지혜를 구하면 돈도 벌게 하십니다. 무엇이든지 자신의 짧은 지식으로 하려고 하지 말고 하나님에게 기도하여 지혜를 구하세요. 하나님은 무한한 지혜를 가지고 계십니다. 우리가 믿는 하나님은 대단하십니다. 하나님은 사람이 생각하지 못한 방법으로 화장실을 만들도록 해주셨습니다. 어려운 일이든지 쉬운 일이든지 막론하고 하나님에게 질문하여 하나님의 기발한 지혜를 받아 해결하시기를 바랍니다.

지금 사택을 준비할 때에 하나님께서 기적 같은 역사를 하셨습니다. 그때 기적 같은 역사를 하시지 않았더라면 사택 때문에 아주 고생을 많이 했을 것입니다. 반 전세를 얻어서 살고 있었는데 계약기간이 다되었습니다. 기도했습니다. 그랬더니 성령께서 감동하시기를 아파트를 구입하라는 것입니다. 그래서 제가 돈이 없습니다. 돈이 있어야 아파트를 구입하지요. 그랬더니 이렇게 감동하시는 것입니다. "돈은 걱정하지 마라. 적당한 아파트를 골라라, 그러면 구입할 수 있는 지혜가 떠오를 것이다." 그래서 알아보기 시작을 했습니다. 당시 아파트 값이 떨어질 대로 떨어진 상태에 있었습니다. 그래서 적당한 아파트를 골랐습니다. 우선 계약금을 주고 계약을 했습니다. 잔금은 전세금하고 은행 대출을 받기로 했습니다. 그런데 도저히 이해하기 힘든 기적같은 상황이 발생했습니다. 갑자기 아파트가격이 폭등한 것입니다. 우리가 계약한 아파트도 4주 사이에 1억 정도가 오른 것입니다. 아파트 계약한 사람이 계약을 파기하려했습니다. 그런데 하나님께서 그 사람을 성령께서 감동하시어 두려운 마음을 주신 것입니다. 저녁에 잠을 자는데 목사님이시라는데 계약을 해지하여 거리에 나가 살도록 하면 저주를 받을 지도 모른다는 생각을 주신 것입니다. 그래서 계약을 해지 하지 못한 것입니다.

계약한 일자에 교회에 다니는 재력 있는 분들이 몇 천씩 차용을 해주어서 중도금을 치르고 전세금과 은행 대출을 받아서 해결하였습니다. 매매가가 오르니까 자연스럽게 은행 대출금액도 올라가서 은혜롭게 잘 해결되었습니다. 그래서 하나님께서 미리 아시고 아파트를 구입하라고 하신 것입니다. 모든 것이 살아계신 하나님의 역사입니다. 만약에 그때 아파트를 구입하지 않았더라면 지금 얼마나 고생을 하고 있을지 상상이 되지 않습니다. 하나님은 살아계십니다. 기도하면 어떻게 해야 하는지 방법까지 알려 주십니다. 기도하여 응답을 받아 순종하십시오, 그러면 날마다 하나님의 살아계심을 증명하는 삶을 살수가 있습니다.

이 책을 통해 예수님이 땅끝까지 전파 되기를 소원합니다.
(출판으로 인한 이익금은 문서선교와 개척교회 선교에 사용합니다.)

살아계신 하나님을 증명하라

발 행 일 l 2016. 07. 12초판 1쇄 발행

지 은 이 l 강요섭

펴 낸 이 l 강무신

편집담당 l 강무신

디 자 인 l 강요섭

교정담당 l 강무신

펴 낸 곳 l 도서출판 성령

신고번호 l 제22-3134호(2007.5.25)

등록번호 l 114-90-70539

주   소 l 서울 서초구 방배천로 4안길 20(방배동)

전   화 l 02)3474-0675/ 3472-0191

E-mail l kangms113@hanmail.net

유   통 l 하늘유통. 031)947-7777

ISBN l 978-89-97999-47-7 부가기호 l 03230

가   격 l 16,000원